全日本情報学習振興協会 版

1級まで完全対応！

マイナンバー実務検定 公認テキスト

弁護士
水町 雅子 著

一般財団法人 全日本情報学習振興協会

■ はじめに ■

　平成27年10月からマイナンバーの付番が開始され、平成28年1月からマイナンバーの利用が開始されました。マイナンバーという名称を聞いたことがある方は多いと思いますが、マイナンバー制度に対する誤解も少なくありません。しかし日本に住むすべての人にマイナンバーは関係し、特にビジネスパーソンの多くは業務上マイナンバーを取り扱う可能性があります。マイナンバーを正しく使うためには、制度の正しい理解が必要で、さらには、マイナンバーを取り扱う際に遵守しなければならないルールの正しい理解が欠かせません。

　マイナンバーを取り扱う際は、マイナンバーを過度に恐れる必要はありませんが、マイナンバーを正しく使い、マイナンバー制度が意図している効果を実現していくとともに、マイナンバーが悪用されることなく、プライバシー権などが侵害されないよう、マイナンバーを適切に取り扱うことが必要です。マイナンバーを取り扱う際のルールは、番号法、個人情報保護法、行政機関個人情報保護法、独立行政法人等個人情報保護法、個人情報保護条例に定められており、これらの法律の理解が必要です。本書はマイナンバー制度により深くかかわる方向けの1級テキストであり、番号法、個人情報保護法制について網羅的に解説を行っています。マイナンバーに関しては番号法の概要だけを知っていればよいというものではなく、個人情報保護法制に関する理解をした上で、番号法の詳細を知っていく必要があります。やや複雑・技術的な法律ではありますが、しっかり理解することが重要です。

　番号法は成立後も段階的な施行が予定されており、平成30年に全面的に施行される予定です。また同年には番号法の改正も検討される予定です。本書が番号法、個人情報保護法制の理解と誤解の払拭、円滑な利用のために役立てば幸いです。

2016年6月

　　　　　　　　　　　　　　　　　　　　　　　　　　　水町　雅子

マイナンバー実務検定　試験概要

マイナンバー実務検定の実施級と、対象者レベル

- 実務検定1級 ◀ 企業・官公庁の実務者レベル
- 実務検定2級 ◀ 企業・官公庁の管理・指導者レベル
- 実務検定3級 ◀ 業務に直接携わらない一般社会人レベル

マイナンバー実務検定／受験要項

試験会場（予定）			
	北海道・東北	札幌	北海道教育大学（札幌校）
		仙台	東北大学（川内キャンパス）
	関東	23区内	東京大学（駒場Ⅰキャンパス）または 上智大学（四谷キャンパス）
		町田	相模女子大学
		横浜	神奈川大学（横浜キャンパス）
		前橋	前橋工科大学
		越谷	文教大学（越谷キャンパス）
		千葉	敬愛大学（稲毛キャンパス）
		松戸	松戸商工会議所（本館）
	中部	名古屋	愛知大学（名古屋キャンパス）
		津	サン・ワーク津
	関西	大阪	関西大学（千里山キャンパス）
		京都	立命館大学（衣笠キャンパス）
		神戸	神戸芸術工科大学
	中国・四国	岡山	専門学校ビーマックス　◆創立記念館
		広島	県立広島大学（広島キャンパス）
	九州・沖縄	福岡	九州大学（箱崎キャンパス）
		沖縄	沖縄大学

問題数	1級…80問／2級…60問／3級…50問
試験形態	マークシート方式
試験時間	1級：10時00分～12時15分 2級：14時00分～15時45分 3級：10時00分～11時15分
制限時間	1級…120分 2級…90分 3級…60分
合格点	80％以上

※何級からでも受験できます。
※1級と2級、または2級と3級での併願が可能です。

マイナンバー実務検定 出題範囲

1級・2級 出題範囲

1級・2級	番号法の背景・概要	番号法成立の経緯・背景、番号法の成立と施行
		番号法のメリット、今後の課題・留意点等
	第1章（総則）	目的（1条）
		定義（2条）
		個人番号、個人番号カード、個人情報、特定個人情報、個人情報ファイル、特定個人情報ファイル、本人、行政機関、個人番号利用事務、情報提供ネットワークシステム、法人番号等
		基本理念（3条）
		国の責務（4条）
		地方公共団体の責務（5条）
		事業者の努力（6条）
	第2章（個人番号）	指定及び通知（7条）
		個人番号とすべき番号の生成（8条）
		利用範囲（9条）
		再委託（10条）
		委託先の監督（11条）
		個人番号利用事務実施者等の責務（12条・13条）
		提供の要求（14条）
		提供の求めの制限（15条）
		本人確認の措置（16条）
	第3章（個人番号カード）	個人番号カードの交付等（17条）
		個人番号カードの利用（18条）
	第4章 第1節（特定個人情報の提供の制限等）	特定個人情報の提供の制限（19条）
		収集等の制限（20条）
	第4章 第2節（情報提供ネットワークシステムによる特定個人情報の提供）	情報提供ネットワークシステム（21条）
		特定個人情報の提供（22条）
		情報提供等の記録（23条）
		秘密の管理（24条）
		秘密保持義務（25条）

1級・2級	第5章 第1節 （特定個人情報保護評価等）	特定個人情報ファイルを保有しようとする者に対する指針（26条）
		特定個人情報保護評価（27条）
		特定個人情報ファイルの作成の制限等（28条）
	第5章 第2節 （行政機関個人情報保護法等の特例等）	行政機関個人情報保護法等の特例（29条）
		情報提供等の記録についての特例（30条）
		地方公共団体等が保有する特定個人情報の保護（31条）
		個人情報取扱事業者でない個人番号取扱事業者が保有する特定個人情報の保護等（32条〜35条）
	第6章（特定個人情報の取扱いに関する監督等）	指導及び助言、勧告及び命令、適用除外等（36条〜41条）
	第7章（法人番号）	通知等（42条〜45条）
	第8章（雑則）	雑則（46条〜50条）
	第9章（罰則）	罰則（51条〜60条）
	附則	附則
	特定個人情報の適正な取扱いに関するガイドライン	条文に関連する箇所が出題範囲となります。
	関連法令等 ※番号法に関連する箇所、基本的な部分が出題範囲となります。	施行令、施行規則、行政機関個人情報保護法、個人情報保護法、特定個人情報保護評価に関する規則、特定個人情報保護評価指針、住民基本台帳法、行政手続等における情報通信の技術の利用に関する法律（行政手続IT利用法）、地方公共団体情報システム機構法等

3級　出題範囲

3級	番号法成立の経緯・背景	番号法成立の経緯・背景
		番号法の成立と施行
		番号法の今後の課題や留意点
	番号法の概要	番号制度の仕組み
		個人番号・法人番号に対する保護
	個人と番号法	個人番号の通知（通知カード）、個人番号カード
		情報ネットワークシステム、マイナポータル
		個人番号を利用する場面や取扱いの際の遵守事項等
	民間企業と番号法	民間企業にとっての番号法
		個人番号や法人番号を利用する場面や取扱いの際の遵守事項等
	地方公共団体・行政機関・独立行政法人等と番号法	地方公共団体・行政機関・独立行政法人等にとっての番号法
		個人番号や法人番号を利用する場面や取扱いの際の遵守事項等
		特定個人情報について
	番号法のこれから	番号制度の活用と今後の展開
	罰則	罰則
	特定個人情報の適正な取扱いに関するガイドライン	条文に関連する箇所が出題範囲となります。
	関連法令等	施行令、施行規則、個人情報保護法等、番号法に関連する箇所、基本的な部分が出題範囲となります。

※ここでは「番号法」と表記していますが、「番号利用法」、「マイナンバー法」とも呼ばれる場合もあります。正式な法律名は「行政手続における特定の個人を識別するための番号の利用等に関する法律」です。
※条文の番号は「平成28年1月1日施行版」のものとなります。
※出題の順番、内容等は変更となる場合がございます。
※平成28年7月現在の情報です。最新の情報はHPでご確認ください。

主催・お問合せ先

一般財団法人　全日本情報学習振興協会

東京都千代田区三崎町3-7-12 清話会ビル5階　TEL. 03-5276-0030　FAX. 03-5276-0551
http://www.joho-gakushu.or.jp/

目　次

「はじめに」……………………………………………………………… 3
試験概要 ………………………………………………………………… 5

第1編　番号制度のしくみ

第1章　はじめに
　1　番号制度とは ……………………………………………………… 14
　2　番号制度の趣旨 …………………………………………………… 15
　3　番号制度の範囲 …………………………………………………… 16
　精選過去問題で確認 ………………………………………………… 18

第2章　番号法の構成と理念
　1　番号法の構成 ……………………………………………………… 22
　2　番号法の目的と理念 ……………………………………………… 24
　ポイント（番号法の構成と理念）………………………………… 35
　精選過去問題で確認 ………………………………………………… 36

第3章　付番・カード
　1　個人番号の付番（第7条・第8条）…………………………… 40
　2　個人番号の変更（第7条第2項・第8条）…………………… 43
　3　通知カード ………………………………………………………… 44
　4　個人番号カード …………………………………………………… 46
　ポイント（付番・カード）………………………………………… 50
　精選過去問題で確認 ………………………………………………… 51

第4章　番号制度の用語
　1　個人番号（第2条第5項・第8項）…………………………… 60
　2　法人番号（第2条第15項）……………………………………… 62
　3　特定個人情報（第2条第8項・第3項）……………………… 63
　4　特定個人情報ファイル（第2条第9項・第4項）…………… 67
　5　本人（第2条第6項）…………………………………………… 69
　6　個人番号利用事務（第2条第10項）…………………………… 70

7　個人番号関係事務（第2条第11項）……………………………72
　　8　個人番号利用事務等（第10条）…………………………………74
　　9　個人番号利用事務実施者（第2条第12項）……………………74
　　10　個人番号関係事務実施者（第2条第13項）……………………75
　　11　個人番号利用事務等実施者（第12条）…………………………76
　　12　個人情報保護委員会（個人情報保護法第5章）…………………77
　　13　特定個人情報保護評価（第26条・第27条）……………………78
　　14　通知カード（第7条）……………………………………………79
　　15　個人番号カード（第2条第7項）………………………………80
　　ポイント（番号制度の用語）…………………………………………81
　　精選過去問題で確認……………………………………………………82

第5章　附則

　　1　施行期日………………………………………………………………88
　　2　マイナポータル………………………………………………………89
　　精選過去問題で確認……………………………………………………91

第2編　特定個人情報等の保護措置

第1章　個人番号をめぐる法令・ガイドライン

　　1　関係する法令…………………………………………………………96
　　2　番号法と個人情報保護法との関係…………………………………97
　　3　事業者における個人情報取扱事業者とそれ以外…………………100
　　4　ガイドライン…………………………………………………………103
　　ポイント（個人番号をめぐる法令・ガイドライン）………………107
　　精選過去問題で確認……………………………………………………108

第2章　利用関連規制

　　1　利用範囲の制限………………………………………………………114
　　2　その他の利用関連規制………………………………………………123
　　精選過去問題で確認……………………………………………………130

第3章　提供関連規制
1　提供の制限 …………………………………… 142
2　本人確認 …………………………………… 154
3　その他の提供関連規制 …………………… 158
精選過去問題で確認 ………………………… 163

第4章　管理関連規制
1　安全管理措置 ……………………………… 176
2　その他の管理関連規制 …………………… 191
精選過去問題で確認 ………………………… 195

第5章　委託関連規制
1　委託先の監督 ……………………………… 202
2　再委託 ……………………………………… 204
精選過去問題で確認 ………………………… 207

第6章　情報提供ネットワークシステム
1　情報提供ネットワークシステムとは …… 218
2　情報提供ネットワークシステムを使用した情報連携 …… 221
精選過去問題で確認 ………………………… 225

第7章　特定個人情報保護評価
1　特定個人情報保護評価の概要 …………… 232
2　特定個人情報保護評価の実施手続 ……… 233
3　特定個人情報保護評価の違反 …………… 235
精選過去問題で確認 ………………………… 236

第8章　個人情報保護委員会
1　個人情報保護委員会の任務 ……………… 242
2　個人情報保護委員会の権限 ……………… 244
3　個人情報保護委員会の組織 ……………… 249
精選過去問題で確認 ………………………… 251

第9章　罰則
　　1　総論 ……………………………………………………………… 258
　　2　罰則の内容 ……………………………………………………… 259
　　精選過去問題で確認 ……………………………………………… 263

凡例 ……………………………………………………………………… 270

資料編 …………………………………………………………………… 271
　　行政手続における特定の個人を識別するための番号の利用等に関する法律
　　特定個人情報の適正な取扱いに関するガイドライン（行政機関等・地方公共団体等編）
　　（別冊）金融業務における特定個人情報の適正な取扱いに関するガイドライン
　　特定個人情報保護評価に関する規則
　　特定個人情報保護評価指針
　　個人情報の保護に関する法律

著者プロフィール ……………………………………………………… 504

第1編

番号制度のしくみ

第1章 はじめに

1 番号制度とは

(1) 制度概要

　平成25年5月に番号法が成立した。番号法は平成25年から一部施行されているが、実質的な稼働は平成27年からである。平成27年10月5日には、住民票を持っているすべての人に対する個人番号の付番が開始され、通知カードが簡易書留で郵送された。そして平成28年1月1日から、個人番号の利用が始まった。

　番号制度は、個人に個人番号を付番し、法人に法人番号を付番し、それらを活用することで、行政効率化、国民利便性の向上を図る制度である。

　個人番号は、住民票の対象者全員に付番され、全国民と外国人住民に付番される。法人番号は、設立登記をした法人以外、例えば、行政機関、地方公共団体、法人でない一定の社団・財団等にも付番される。このように、番号制度は、きわめて多くの人、法人等に関係する制度である。

　法人番号の対象者は法人であるため、プライバシー権侵害の問題が発生する恐れはほぼ考えられない。そのため、法人番号は、原則として、自由に利活用することができる。

　これに対して、個人番号の対象者は個人であるため、悪用された場合にプライバシー権侵害等の恐れがある。そこで、番号法では大部分の規定をプライバシー権保護、個人情報の保護に充て、充実した個人情報保護を図っている。個人番号を取り扱う際には、番号法に基づきさまざまな規制が課されることになるので、番号法の正確な理解が必要である。

　また、番号法は、成立し施行された後も、継続的に改正が行われる可能性がある。既に、平成27年通常国会にて、改正法が成立した。改正法も段階的に施行され、平成30年を目途に、全面的に施行される予定である。今後も、番号制度の拡充や、特定個人情報保護のために、さらなる改正が行

われる予定がある。

（2）番号法の適用対象

　番号法は、個人番号の取扱いのルールや番号制度の基本にかかわる事項を定めた法律である。

　個人番号は、行政機関、地方公共団体だけでなく、事業者、個人においても取り扱われる。また個人番号は住民票を有する全ての人に指定されるため、日本国内に住所を有する日本国民だけでなく、外国人住民に対しても関係する制度である。したがって、番号法は、行政機関や地方公共団体のみに適用される法律ではなく、事業者や個人に対しても適用される法律である。

　番号法に規定されている義務の多くは、個人番号利用事務等実施者という、他人の個人番号を取り扱う者に課せられるが、それにとどまらず、あらゆる者に対する義務もある。また個人番号利用事務等実施者は、業務上個人番号を取り扱う者のみをいうわけではなく、例えば、家族の個人番号を取り扱う個人もこれに該当することから、番号法は一個人に対しても影響のある重要な法律であるということができる。

2　番号制度の趣旨

　番号制度は、個人情報を正確に管理することに資する制度である。

　現代では、個人情報を取り扱うことなく業務を行うことは困難である。国でも、例えば税務署では「誰の収入がいくらで税額がいくらでいつ税金が納付されたか」を把握しなければならない。健康保険組合でも「誰の収入がいくらで保険料がいくらで給付金額がいくらか」を管理しなければならない。

　そして個人情報を扱うには、それが誰の情報かを正確に管理することが重要である。万一間違いがあれば、せっかく納めた税金や保険料の記録が曖昧になってしまったり、振り込まれるはずの年金や還付金が振り込まれなかったりする恐れがあり、情報の正確な管理が求められる。

誰の情報かを確認するために、通常は、氏名・住所・生年月日・性別の全部又は一部が用いられる。しかし、氏名・住所・性別は変更される可能性があり、変更前のある人と変更後のある人が同一人物かどうか確認するために、戸籍や住民票の写しを必要とする等、手続に時間を要する場合がある。また変更がない場合でも、漢字表記や外字の問題から、「渡辺花子さん」と「渡邊花子さん」が同一人物かわからない場合もありえる。

特に行政サービスは、国民や住民といった広範囲の人を対象にするため、同姓同名の人が存在する可能性がある。また年金に代表されるように、長期間にわたり広範囲の情報を管理しなければならないことも多い。

この点、誰の情報かを確認するために、番号を用いれば、氏名・住所等の変更の影響を受けることなく、また漢字表記等の影響を受けることなく、正確な本人特定が可能となる。さらには、コンピュータ処理も容易となり、処理の迅速化も期待される。

3 番号制度の範囲

個人番号は、悪用されるとプライバシー権侵害等の危険がある。例えば、さまざまな個人情報が個人番号と紐づいてしまうと、個人番号さえわかれば、さまざまな個人情報を整理したり検索したりすることができてしまう。そこで番号法では、個人番号を利用できる範囲を限定し、個人番号と紐づく個人情報の範囲を限定している。

具体的には、社会保障・税・災害対策分野に、原則として限定される。個人番号は、この3分野の中の、番号法上明記された範囲内でしか、利用することはできない。

行政機関や自治体では、社会保障分野として、雇用保険、年金、健康保険、共済、生活保護、公営住宅、児童手当、予防接種、奨学金、その他の福祉などで、個人番号を利用する。税務分野では、国税、地方税で、個人番号を利用する。災害対策分野では、災害対策基本法による被災者台帳の作成に関する事務などで、個人番号を利用する。

民間事業者では、原則として、社会保障・税の行政手続でのみ、個人番

号を取り扱う。社会保障分野として、雇用保険の手続、年金の手続、健康保険の手続などで、個人番号を取り扱う。これらなどの手続の対象者の個人番号を取り扱うので、社会保障分野で取り扱う個人番号の対象者は従業者と扶養家族が原則である。

　税務分野では、国税、地方税の手続で、個人番号を取り扱う。給与所得の源泉徴収票や、報酬、料金、契約金及び賞金の支払調書、不動産の使用料等の支払調書などに、個人番号を記載するため、個人番号を取り扱う。この税務手続の対象者は、従業者と扶養家族に限られない。弁護士、税理士、デザイナー、家主など、税務手続の対象者である個人の個人番号を取り扱うことになる。

　災害対策分野の行政手続は、民間事業者においては行っていないと考えられることから、民間事業者が個人番号を取り扱うのは、社会保障・税の行政手続が原則となる。

　なお、上記の社会保障・税・災害対策の3分野であっても、個人番号はあくまで個人に対して指定されるものであるので、事務や手続の対象者が個人の場合に個人番号を取り扱うことになる。対象者が法人の場合は、法人番号を取り扱う。

第1章　精選過去問題で確認

問題 1 以下のアからエまでの記述のうち、番号法の概要に関する【問題文A】から【問題文C】の内容として正しいものを1つ選びなさい。

【問題文A】番号法の正式名称は、「行政手続における特定の個人を識別するための番号の利用等に関する法律」といい、平成25年5月に制定された。

【問題文B】番号法は、行政機関、地方公共団体、独立行政法人等に適用があるが、民間事業者には適用されないことになっている。

【問題文C】個人情報保護法や行政機関個人情報保護法は、国会において審議されている番号法の改正法案が成立すれば、番号法が全面施行されることから、平成28年1月に廃止される予定である。

ア． Aのみ正しい。
イ． Bのみ正しい。
ウ． Cのみ正しい。
エ． すべて誤っている。

(第1回マイナンバー実務検定2級　問題2)

解説　番号法の概要

本問は、番号法の概要についての理解を問うものである。

A．正しい。番号法の正式名称は、「行政手続における特定の個人を識別するための番号の利用等に関する法律」といい、平成25年5月に制定された。従って、本記述は正しい。

B．誤り。番号法は、行政機関、地方公共団体、独立行政法人等に適用されるほか、民間事業者にも適用される。従って、本記述は誤っている。

C．誤り。国会において審議されている番号法の改正法案が成立したとしても、個人情報保護法や行政機関個人情報保護法が平成28年1月に廃止される予定はない。従って、本記述は誤っている。

以上により、問題文BCは誤っているが、Aは正しい。従って、正解は肢アとなる。

> **問題 2** 以下のアからエまでの記述のうち、個人番号に関する【問題文A】から【問題文C】の内容として正しいものを1つ選びなさい。
>
> 【問題文A】 日本に住所を有している日本国民は、個人番号が付けられる対象になる。
>
> 【問題文B】 外国に住んでいる日本国民は、日本国籍を有しているのであるから、日本に住所を有していなかったとしても、個人番号が付けられる対象になる。
>
> 【問題文C】 外国に住んでいる外国人は、個人番号を付けられる対象にはならないが、日本に住所を有している外国人は、個人番号が付けられる対象になる。
>
> **ア．** Aのみ誤っている。
> **イ．** Bのみ誤っている。
> **ウ．** Cのみ誤っている。
> **エ．** すべて正しい。
>
> （第1回マイナンバー実務検定3級　問題34）

解説 個人番号

本問は、番号法における「個人番号」についての理解を問うものである。

A．正しい。住民票コードが住民票に記載されている日本の国籍を有する者は、個人番号が付けられる（7条参照）。よって、日本に住所を有している日本国民は、個人番号が付けられる対象になる。従って、本記述は正しい。

B．誤 り。住民票コードが住民票に記載されている日本の国籍を有する者及び一定の要件を満たす外国人住民に、個人番号が付けられるが、日本に住所がない日本国民は、個人番号が付けられる対象にはならない。従って、本記述は誤っている。

C．正しい。住民基本台帳法30条の45の表の上欄に掲げる外国人住民（中長期在留者、特別永住者、一時庇護許可者及び仮滞在許可者、経過滞在者）には、個人番号が付けられる。従って、日本に住所を有している外国人は、個人番号が付けられる対象になる。従って、本記述は正しい。

以上により、問題文ＡＣは正しいが、Ｂは誤っている。従って、正解は肢イとなる。

第2章 番号法の構成と理念

1 番号法の構成

番号法は9章から構成されている。

(1) 第1章総則

第1章は総則で、目的(第1条)、定義(第2条)、基本理念(第3条)、国の責務(第4条)、地方公共団体の責務(第5条)、事業者の努力(第6条)規定が設けられている。

(2) 第2章個人番号

第2章は個人番号に関する規定が置かれ、個人番号の付番・生成(第7条・第8条)、利用範囲の限定(第9条)、再委託(第10条)、委託先の監督(第11条)、安全管理措置(第12条)、連携(第13条)、提供要求(第14条)、提供の求めの制限(第15条)、本人確認(第16条)が規定されている。

(3) 第3章個人番号カード

第3章は個人番号カードに関する規定が置かれ、個人番号カードの交付等(第17条)、空き領域の活用(第18条)が規定されている。

(4) 第4章特定個人情報の提供

第4章は特定個人情報の提供に関する規定が置かれ、第1節は全般的な提供規制が、第2節は情報提供ネットワークシステムによる提供に関する規定が置かれている。

第4章では、提供制限(第19条)、収集・保管制限(第20条)、情報提供ネットワークシステム(第21条)、情報提供ネットワークシステムを使用した情報提供(第22条)、情報提供等記録(第23条)、秘密の管理(第24

条)、秘密保持義務（第25条）が規定されている。

（5）第5章特定個人情報の保護
　第5章は特定個人情報保護評価と一般法の読替等に関する規定が置かれ、第1節は特定個人情報ファイルに関する規制が、第2節は一般法の特例等に関する規定が置かれている。

　第5章では、特定個人情報保護評価に関する指針（第26条）、特定個人情報保護評価（第27条）、ファイル作成制限（第28条）、研修の実施（第28条の2）、委員会による検査等（第28条の3）、漏えい等に関する報告（第28条の4）、特定個人情報に対する行政機関個人情報保護法、独立行政法人等個人情報保護法、個人情報保護法の特例（第29条）、情報提供等記録に対する行政機関個人情報保護法、独立行政法人等個人情報保護法、個人情報保護法の特例（第30条）、地方公共団体への条例改正等義務（第31条）、個人番号取扱事業者への目的外利用の制限（第32条）、個人番号取扱事業者への安全管理措置（第33条）、個人番号取扱事業者への従業者への監督（第34条）、個人番号取扱事業者への適用除外（第35条）、委員会のサイバーセキュリティに関する連携協力（第35条の2）が規定されている。

（6）第6章特定個人情報の取扱いに関する監督等
　第6章は監督等に関する規定が置かれ、助言・指導（第36条）、勧告・命令（第37条）、報告徴収・立入検査（第38条）、適用除外（第39条）、措置要求（第40条）、内閣総理大臣に対する意見の申出（第41条）が規定されている。

（7）第7章法人番号
　第7章は法人番号に関する規定が置かれ、法人番号の通知等（第42条）、特定法人情報の提供の求め（第43条）、法人番号の指定等に関する資料提供（第44条）、特定法人情報の正確性確保（第45条）が規定されている。

(8) 第8章雑則・第9章罰則

　第8章は雑則で、指定都市の特例（第46条）、事務の区分（第47条）、権限又は事務の委任（第48条）、主務省令（第49条）、政令委任（第50条）が規定されている。

　第9章は罰則である。

図表1 ■番号法の章構成

第一章	総則	第一条―第六条
第二章	個人番号	第七条―第十六条
第三章	個人番号カード	第十七条・第十八条
第四章	特定個人情報の提供	
第一節	特定個人情報の提供の制限等	第十九条・第二十条
第二節	情報提供ネットワークシステムによる特定個人情報の提供	第二十一条―第二十五条
第五章	特定個人情報の保護	
第一節	特定個人情報保護評価等	第二十六条―第二十八条の四
第二節	行政機関個人情報保護法等の特例等	第二十九条―第三十五条の二
第六章	特定個人情報の取扱いに関する監督等	第三十六条―第四十一条
第七章	法人番号	第四十二条―第四十五条
第八章	雑則	第四十六条―第五十条
第九章	罰則	第五十一条―第六十条
附則		

2　番号法の目的と理念

(1) 目的（第1条）

【番号法第1条】
この法律は、
①行政機関、地方公共団体その他の行政事務を処理する者が、
　・個人番号及び法人番号の有する特定の個人及び法人その他の団体を識別する機能を活用し、
　・並びに当該機能によって異なる分野に属する情報を照合してこれ

> らが同一の者に係るものであるかどうかを確認することができるものとして整備された情報システムを運用して、
> ・効率的な情報の管理及び利用
> ・並びに他の行政事務を処理する者との間における迅速な情報の授受を行うことができるようにするとともに、
> これにより、
> ②行政運営の効率化及び行政分野におけるより公正な給付と負担の確保を図り、かつ、
> ③これらの者に対し申請、届出その他の手続を行い、又はこれらの者から便益の提供を受ける国民が、手続の簡素化による負担の軽減、本人確認の簡易な手段その他の利便性の向上を得られるようにするために
> 必要な事項を定めるほか、
> ④個人番号その他の特定個人情報の取扱いが安全かつ適正に行われるよう
> ・行政機関の保有する個人情報の保護に関する法律（平成十五年法律第五十八号）、
> ・独立行政法人等の保有する個人情報の保護に関する法律（平成十五年法律第五十九号）及び
> ・個人情報の保護に関する法律（平成十五年法律第五十七号）の特例を定めることを目的とする。

番号法では、第1条で法の目的を4点定めている。①効率的な情報の管理・利用・授受、②行政運営の効率化、公正な給付と負担の確保、③国民の利便性向上、④特定個人情報の安全・適正な取扱いの確保である。

①効率的な情報の管理・利用・授受

行政機関、地方公共団体等は、個人番号と法人番号を活用することで、特定の個人や法人等を正確・迅速に識別することができる。この意味は、次のとおりである。

国税庁が確定申告を受け付ける際や、地方公共団体が福祉サービスの申請を受け付ける際に、これまでは、氏名・住所等によって、対象者を把握していた。しかし氏名・住所等による対象者把握は、同姓同名者がいれば人違いをしてしまったり、氏名の変更、住所の変更、外字などがあったとすれば、本来は同一人であるところを別人と認識してしまったりするなど、非効率な部分もあった。

　この点、氏名・住所等ではなく、個人番号を用いれば、同じ個人番号を持つ人物は基本的に存在しないので、人違いをすることなく、正確・迅速・確実に対象者を把握することができる。これによって、対象者の情報を効率的に管理・利用することが可能となる。例えば国税庁であれば、誰が納税者で、今年いくら納税し、昨年いくら納税したかといった情報を、対象者を勘違いすることなく、正確・確実に管理・利用することができる。

　この効果は、一つの組織の中の情報だけでなく、別の組織の情報や、別の分野の情報であっても、同じである。異なる組織の情報や異なる分野の情報であっても、個人番号を用いれば、同一人の情報であることを確認することができるので、他の組織・分野と迅速に情報の授受を行えるようになる。

　例えば、国税庁であれば、給与を支払っている会社から、誰に対しいくら給与を支払ったかという給与所得の源泉徴収票情報を取得するが、この際に、氏名・住所などではなく、個人番号を用いることで、国税庁と会社という別の組織であっても、対象者を正確に特定することができるため、人違いを起こすことなく、情報の授受ができることになる。また、国税庁は年金支払者からも、誰に対しいくら年金を支払ったかという情報を取得するが、税と年金という異なる分野の情報であっても、個人番号を用いることで、正確に情報の授受ができる。

　個人については個人番号を用いるが、法人については法人番号を用いることで、個人の情報だけでなく、法人についても同様の効果が見込まれる。

②行政運営の効率化、公正な給付と負担の確保
　現代では個人情報を取り扱うことなく、業務を遂行することは難しい。

特に行政では、国民の様々な個人情報を処理して業務遂行を行っているが、対象者を正確に把握できないと、業務のミス、遅延につながる。個人番号の上記効果を享受できれば、業務のミス、遅延が改善され、行政運営の効率化が図られる。

　また、個人番号は、社会保障・税分野で利用される番号である。社会保障・税分野、特に少子高齢社会においては、給付と負担の公正性の担保が重要である。個人番号・法人番号を用いることで、正確な情報に基づくきめ細やかな社会保障給付の実現、所得の過少申告等の効率的な防止・是正等が図られる。

③国民の利便性向上

　また、国民の利便性向上も、番号法の目的である。行政機関、地方公共団体等が個人番号・法人番号を用いることで、行政にとっては、①効率的な情報の管理・利用・授受、②行政運営の効率化という効果をもたらす。国民にとっても、②公正な給付と負担の確保という効果をもたらすが、それにとどまらず、番号制度を活用して③国民の利便性向上を図るものである。

　具体的には、行政における効率的な情報の管理・利用・授受によって、行政手続が簡素化し、国民にとっては手続に要する負担が軽減される。これは例えば、地方公共団体で手続をする際に、課税証明書や住民票の写しを国民自身が取得して、地方公共団体窓口に提出することがこれまでは求められてきたが、番号制度によって、課税証明書や住民票の写しなどの情報を、地方公共団体自身が効率的に授受することができるため、国民に取得を求めず、地方公共団体自らで取得することにより、国民が手続の際に用意すべき書類等が削減されることが考えられる。

④特定個人情報の安全・適正な取扱いの確保

　上記のような効果を狙い番号制度が導入されたわけであるが、特定個人情報の取扱いが安全・適正に行われることが、その大前提である。

　もっとも、特定個人情報も個人情報の一種である。番号法が成立する前より、個人情報に関しては法令が存在していた。民間事業者にとっては個

人情報保護法であるが、行政機関にとっては行政機関個人情報保護法であり、独立行政法人等にとっては独立行政法人等個人情報保護法、地方公共団体にとっては個人情報保護条例である。

　特定個人情報は個人情報の一種であるため、その取扱いは基本的にはこれらの法律にのっとることになるが、個人番号の特殊性から、これらの法律だけでは安全・適正の担保に不十分な部分も考えられる。そこで番号法では、これらの法律の特例を定め、特定個人情報に対し、それ以外の個人情報よりも厳格な規律を定めることとされた。

（2）基本理念（第3条）

【番号法第3条】
・個人番号及び法人番号の利用は、この法律の定めるところにより、次に掲げる事項を旨として、行われなければならない。
一　行政事務の処理において、
　　個人又は法人その他の団体に関する情報の管理を一層効率化するとともに、
　　当該事務の対象となる者を特定する簡易な手続を設けることによって、
　　国民の利便性の向上及び行政運営の効率化に資すること。
二　情報提供ネットワークシステムその他これに準ずる情報システムを利用して
　　迅速かつ安全に情報の授受を行い、情報を共有することによって、
　　社会保障制度、税制その他の行政分野における給付と負担の適切な関係の維持に資すること。
三　個人又は法人その他の団体から提出された情報については、
　　これと同一の内容の情報の提出を求めることを避け、
　　国民の負担の軽減を図ること。
四　個人番号を用いて収集され、又は整理された個人情報が法令

に定められた範囲を超えて利用され、又は漏えいすることが
　ないよう、
　その管理の適正を確保すること。
・個人番号及び法人番号の利用に関する施策の推進は、
　個人情報の保護に十分配慮しつつ、
　行政運営の効率化を通じた国民の利便性の向上に資することを旨
　として、
　社会保障制度、税制及び災害対策に関する分野における利用の促
　進を図るとともに、
　他の行政分野及び行政分野以外の国民の利便性の向上に資する分
　野における利用の可能性を考慮して行われなければならない。
・個人番号の利用に関する施策の推進は、個人番号カードが第一項
　第一号に掲げる事項を実現するために必要であることに鑑み、
　行政事務の処理における本人確認の簡易な手段としての個人番号
　カードの利用の促進を図るとともに、
　カード記録事項が不正な手段により収集されることがないよう配
　慮しつつ、
　行政事務以外の事務の処理において個人番号カードの活用が図ら
　れるように行われなければならない。
・個人番号の利用に関する施策の推進は、
　情報提供ネットワークシステムが第一項第二号及び第三号に掲げ
　る事項を実現するために必要であることに鑑み、
　個人情報の保護に十分配慮しつつ、
　社会保障制度、税制、災害対策その他の行政分野において、行政
　機関、地方公共団体その他の行政事務を処理する者が迅速に特定
　個人情報の授受を行うための手段としての情報提供ネットワーク
　システムの利用の促進を図るとともに、
　これらの者が行う特定個人情報以外の情報の授受に情報提供ネッ
　トワークシステムの用途を拡大する可能性を考慮して行われなけ

> ればならない。

番号法では、第3条で基本理念を定めている。①個人番号・法人番号の利用の旨、②番号制度の保護・利用促進、③個人番号カードの保護・利用促進、④情報提供ネットワークシステムの保護・利用促進である。

①個人番号・法人番号の利用の旨

個人番号や法人番号を利用する際は、次の4点を旨として、行われなければならない旨が定められている。

- 行政事務を処理する際に、国民の利便性の向上及び行政運営の効率化に資する。
- 情報提供ネットワークシステムその他の情報システムを活用して、給付と負担の適切な関係の維持に資する。
- 個人や法人から何度も同じ情報の提出を求めることなく、国民の負担の軽減を図る。
- 個人番号を用いて収集・整理された個人情報が、法令に定められた範囲を超えて利用されたり、漏えいしたりすることがないよう、適正な管理を行う。

これらは、第1条に定める番号法の目的に対応している。

②番号制度の保護・利用促進

番号制度が効果を発揮するためには、番号制度が正しく活用されなければならない。そのため、政府その他の機関における番号制度の利用促進が重要である。

また番号制度は、範囲拡大も検討されうるものである。現時点では、社会保障・税・災害対策分野に限定された制度であるが、将来的にもこの限定が維持されるかどうかは、決定しているわけではない。番号制度は、個人番号を始めとする個人情報の保護が図られることが大前提ではあるが、さまざまな分野で活用されるほど、その効果を発揮することができる。

例えば、国民の利便性向上が制度の目的とされているが、社会保障・

税・災害対策分野のみの番号制度となると、国民がメリットを実感できる場面も限られる。国民にとってより身近な場面で活用された方が、国民の利便性向上が促進すると考えられる。

一方で、番号制度が様々な分野で利用されればされるほど、万一、不正や漏えいがあった場合の被害は大きくなる。番号制度が社会保障・税・災害対策分野に限定されていれば、個人番号で検索できる情報もこの範囲に限定されるが、さまざまな分野に拡大されていくと、個人番号からさまざまな情報を検索することが可能となり、個人番号が悪用された場合の被害が甚大となる恐れがある。

そこで、番号制度の用途拡大については、さまざまな観点からの検討が必要であり、番号制度の促進を巡っての留意点が、番号法第3条第2項に規定されている。

・まず、個人情報の保護に十分配慮することが大前提である。
・その上で、行政運営の効率化を通じた国民の利便性の向上を旨とする。
・社会保障制度、税制及び災害対策に関する分野における利用の促進を図るとともに、
・他の行政分野及び行政分野以外の国民の利便性の向上に資する分野における利用の可能性を考慮する。

③個人番号カードの保護・利用促進

番号制度に伴い、個人番号カードが新設された。個人番号カードは、本人確認手段として有意義なものであると考えられたためである。そのため、政府その他の機関における個人番号カードの利用促進が重要である。

その際、個人番号カードは、行政においてのみ利用されるにとどまらず、民間部門においても活用するよう、施策を推進することが、番号法第3条第3項に規定されている。

もっとも、個人番号カードの利用を促進するには、個人の保護が図られることが大前提である。そこで番号法第3条第3項には、個人番号カードに記録された事項が不正手段によって収集されることがないよう配慮することが、明記されている。

④情報提供ネットワークシステムの保護・利用促進

　番号制度に伴い、情報提供ネットワークシステムなる情報システムが新設された。番号制度によって異なる分野・組織間の情報授受が正確化・迅速化するが、一方で、本人の関与できないところで、さまざまな個人情報が授受されることがないよう、保護が図られることが必要不可欠である。そこで番号法では特定個人情報を授受できる場合を厳格に限定するとともに、行政における情報授受の方法として、情報提供ネットワークシステムの利用を原則とすることで、違法・不正な情報の授受を防止する。情報提供ネットワークシステムでは法律に基づく情報の授受しか許可せず、厳重なセキュリティ対策も施される。

　番号制度が効果を発揮するためには、この情報提供ネットワークシステムが正しく活用されることが必要である。そこで番号法第3条第4項では、情報提供ネットワークシステムの利用促進について定めている。

　また、国費を投入して構築されるシステムであることから、安全が担保されることを大前提として、特定個人情報以外の個人情報の授受にも、情報提供ネットワークシステムを活用することができるよう考慮して、情報提供ネットワークシステムの設計、施策策定等を行うことが定められている。

（3）国の責務（第4条）

> 【番号法第4条】
> ・国は、前条に定める基本理念（以下「基本理念」という。）にのっとり、
> 　個人番号その他の特定個人情報の取扱いの適正を確保するために必要な措置を講ずるとともに
> 　個人番号及び法人番号の利用を促進するための施策を実施するものとする。
> ・国は、教育活動、広報活動その他の活動を通じて、
> 　個人番号及び法人番号の利用に関する国民の理解を深めるよう努めるものとする。

番号法第4条では、番号制度に関する国の責務が定められている。国は、番号制度の保護と促進をともに図らなければならない。保護という面では、特定個人情報の取扱いの適正を確保するために必要な措置を講ずる責務が定められ、促進という面では、個人番号・法人番号の利用を促進するための施策を実施する責務が定められている。

また、番号制度がどのようなもので、どのように個人番号・法人番号を利用するかがわからなければ、国民にとって不安も大きくなると考えられる。そこで、教育・広報等を通して、番号制度に対する国民の理解を深めるよう、努力しなければならない責務も合わせて定められている。

（4）地方公共団体の責務（第5条）

【番号法第5条】
・地方公共団体は、基本理念にのっとり、
　個人番号その他の特定個人情報の取扱いの適正を確保するために必要な措置を講ずるとともに、
　個人番号及び法人番号の利用に関し、国との連携を図りながら、
　自主的かつ主体的に、その地域の特性に応じた施策を実施するものとする。

番号法第5条では、番号制度に関する地方公共団体の責務が定められている。番号制度の多くは、行政機関ではなく、地方公共団体において実施される。なぜなら、行政機関は国民個人と触れ合って事務処理をする場面は、税務署・年金事務所・ハローワーク等を別とすれば、あまり多くないためである。

これに対し地方公共団体では、国民・住民個人と触れ合って事務処理をする場面も多く、税では住民税・固定資産税などの地方税、社会保障では、国民健康保険・介護保険・後期高齢者医療保険・生活保護・公営住宅その他の福祉など、さまざまな事務を処理し、番号制度を活用していくことになる。

そこで地方公共団体では、国との連携を図りながら、自らが主体的に、

番号制度を活用していくこと、そしてその前提として特定個人情報を適正に取り扱うことが求められる。

(5) 事業者の努力 (第6条)

> 【番号法第6条】
> ・個人番号及び法人番号を利用する事業者は、基本理念にのっとり、国及び地方公共団体が個人番号及び法人番号の利用に関し実施する施策に協力するよう努めるものとする。

番号法第6条では、番号制度に関する民間事業者の責務が定められている。個人番号・法人番号の多くは、行政機関や地方公共団体で実施されるが、事業者も個人番号・法人番号を取り扱うことが求められる。

なぜなら、国税庁であれば、誰がいくら所得があり、課税額はいくらかという情報を管理しなければならないが、そのためには、給与・配当・報酬等を支払っている会社から、誰に対しいくら支払ったかという情報を取得しなければならない。ハローワークも雇用保険に関し、誰がどのような状況かという情報を管理しなければならないが、そのためには、従業者を雇用保険に加入させるなどする会社から、情報を取得しなければならない。

民間事業者が番号制度に関与しなければ、番号制度の効果を十分に発揮することはできないので、民間事業者の責務を番号法第6条で定めているものである。

> **ポイント**（番号法の構成と理念）
> ・番号法の目的は、①効率的な情報の管理・利用・授受、②行政運営の効率化、公正な給付と負担の確保、③国民の利便性向上、④特定個人情報の安全・適正な取扱いの確保
> ・個人番号の利用範囲、個人番号カードの利用範囲、情報提供ネットワークシステムの範囲は、保護が図られることを前提に、さらなる拡大も検討されうるものである

第2章　精選過去問題で確認

問題 1 番号法1条には、番号法の目的が規定されている。この番号法の目的に関する以下のアからエまでの記述のうち、誤っているものを1つ選びなさい。

ア．行政運営の効率化を図ることが規定されている。
イ．行政分野におけるより公正な給付と負担の確保を図ることが規定されている。
ウ．国民が、手続の簡素化による負担の軽減、本人確認の簡易な手段その他の利便性の向上を得られるようにすることが規定されている。
エ．行政運営における透明性の向上を図ることが規定されている。

（第1回マイナンバー実務検定2級　問題4）

解説　番号法の目的（1条）

本問は、番号法の目的（1条）についての理解を問うものである。

ア．正しい。1条には、行政運営の効率化を図ることが規定されている。従って、本記述は正しい。

イ．正しい。1条には、行政分野におけるより公正な給付と負担の確保を図ることが規定されている。従って、本記述は正しい。

ウ．正しい。1条には、国民が、手続の簡素化による負担の軽減、本人確認の簡易な手段その他の利便性の向上を得られるようにすることが規定されている。従って、本記述は正しい。

エ．誤り。1条には、「行政運営における透明性の向上を図ること」は規定されていない。従って、本記述は誤っている。
なお、「行政運営における透明性の向上を図ること」は、行政手続法の目的に含まれているものである。

解答 ▶▶ エ

> **問題 2** 番号法1条には、番号法の目的が規定されている。その中には「行政運営の効率化を図ること」や「行政分野におけるより公正な給付と負担の確保を図ること」のほかに、「行政運営における透明性の向上を図り、行政運営における危険性を排除すること」が規定されている。
>
> **ア**．正しい　　**イ**．誤っている
>
> （第3回マイナンバー実務検定3級　問題6）

解説　番号法の目的（1条）

本問は、番号法の目的（1条）についての理解を問うものである。

イ．誤り。1条には、番号法の目的として、「行政運営の効率化を図ること」や「行政分野におけるより公正な給付と負担の確保を図ること」が規定されているが、「行政運営における透明性の向上を図り、行政運営における危険性を排除すること」は規定されていない。従って、本記述は誤っている。

解答 ▶▶ イ

問題 3 番号法における国・地方公共団体・事業者の責務等に関する以下のアからエまでの記述のうち、誤っているものを1つ選びなさい。

ア．国は、基本理念にのっとり、個人番号その他の特定個人情報の取扱いの適正を確保するために必要な措置を講ずるとともに、個人番号及び法人番号の利用を促進するための施策を実施するものとすると規定されている。

イ．国は、教育活動、広報活動その他の活動を通じて、個人番号及び法人番号の利用に関する国民の理解を深めるよう努めるものとすると規定されている。

ウ．地方公共団体は、基本理念にのっとり、個人番号その他の特定個人情報の取扱いの適正を確保するために必要な措置を講ずるとともに、個人番号及び法人番号の利用に関し、自主的かつ主体的に、国とは連携せずに、その地域の特性に応じた施策を実施するものとすると規定されている。

エ．個人番号及び法人番号を利用する事業者は、基本理念にのっとり、国及び地方公共団体が個人番号及び法人番号の利用に関し実施する施策に協力するよう努めるものとすると規定されている。

(第1回マイナンバー実務検定2級　問題8)

解説 国・地方公共団体・事業者の責務等（4条～6条）

本問は、番号法における国・地方公共団体・事業者の責務等（4条～6条）についての理解を問うものである。

ア．正しい。4条1項は、「国は、…基本理念（以下「基本理念」という。）にのっとり、個人番号その他の特定個人情報の取扱いの適正を確保するために必要な措置を講ずるとともに、個人番号及び法人番号の利用を促進するための施策を実施するものとする。」と規定している。従って、本記述は正しい。

イ．正しい。4条2項は、「国は、教育活動、広報活動その他の活動を通じて、個人番号及び法人番号の利用に関する国民の理解を深めるよう努めるものとする。」と規定している。従って、本記述は正しい。

ウ．誤り。5条は、「地方公共団体は、基本理念にのっとり、個人番号その他の特定個人情報の取扱いの適正を確保するために必要な措置を講ずるとともに、個人番号及び法人番号の利用に関し、国との連携を図りながら、自主的かつ主体的に、その地域の特性に応じた施策を実施するものとする。」と規定している。すなわち、国との連携を図りつつ、個人番号及び法人番号の利用に関し地域の特性に応じた施策を実施することを規定している。従って、本記述は誤っている。

エ．正しい。6条は、「個人番号及び法人番号を利用する事業者は、基本理念にのっとり、国及び地方公共団体が個人番号及び法人番号の利用に関し実施する施策に協力するよう努めるものとする。」と規定している。従って、本記述は正しい。

解答 ▶▶ ウ

第3章 付番・カード

1 個人番号の付番（第7条・第8条）

【番号法第7条】
・市町村長（特別区の区長を含む。）は、
　住民基本台帳法第30条の3第2項の規定により
　住民票に住民票コードを記載したときは、
　政令で定めるところにより、速やかに、
　番号法第8条第2項の規定により機構から通知された個人番号とすべき番号を
　その者の個人番号として指定し、
　その者に対し、当該個人番号を
　通知カード
　（氏名、住所、生年月日、性別、個人番号その他総務省令で定める事項が記載されたカードをいう。）により
　通知しなければならない。
・市町村長は、番号法第7条第1項・第2項の規定による通知をするときは、
　当該通知を受ける者が個人番号カードの交付を円滑に受けることができるよう、
　当該交付の手続に関する情報の提供その他の必要な措置を講ずるものとする。

【番号法第8条】
・市町村長は、
　番号法第7条第1項又は第2項規定により個人番号を指定するときは、

あらかじめ機構に対し、
当該指定しようとする者に係る住民票に記載された住民票コードを通知するとともに、
個人番号とすべき番号の生成を求めるものとする。
・機構は、
番号法第8条第1項の規定により市町村長から個人番号とすべき番号の生成を求められたときは、
政令で定めるところにより、
番号法第8条第3項の規定により設置される電子情報処理組織を使用して、
次に掲げる要件に該当する番号を生成し、
速やかに、当該市町村長に対し、通知するものとする。
一　他のいずれの個人番号（番号法第7条第2項の従前の個人番号を含む。）とも異なること。
二　番号法第8条第1項の住民票コードを変換して得られるものであること。
三　番号法第8条第2項第2号の住民票コードを復元することのできる規則性を備えるものでないこと。
・機構は、
番号法第8条第2項の規定により
個人番号とすべき番号を生成し、並びに当該番号の生成及び市町村長に対する通知について管理するための電子情報処理組織を設置するものとする。

（1）個人番号の指定

　個人番号は、市町村長（特別区の区長を含む。）により指定・通知される（番号法第7条第1項）。指定の契機は、住民基本台帳法に基づき、住民票に住民票コードが記載されたときであり、多くは、出生時等である。なお、平成27年10月から一斉に開始された個人番号の指定・通知は番号制

度開始のための一回限りの初期一斉付番であるため、本条ではなく、番号法附則第3条に基づく。

(2) 個人番号の生成

　個人番号は、全国で重複のないものとしなければならないので、市町村長にて個別に一から生成するものではない。地方公共団体情報システム機構から通知された「個人番号とすべき番号」を、市町村長が個人番号として指定・通知する。

　個人番号とすべき番号は、他のいずれの個人番号とも異なるものとすることが、法律上要求されている（番号法第8条第2項第1号）。個人番号とすべき番号は、住民票コードを変換して生成するが（同項第2号）、住民票コードを復元できるような規則性を有しないようにしなければならない（同項第3号）。

(3) 個人番号の通知

　個人番号の通知は、通知カードにて行われる。市町村長は地方公共団体情報システム機構に対し住民票コードを提供することで個人番号とすべき番号の生成を要求する（番号法第8条第1項）。そして地方公共団体情報システム機構から個人番号とすべき番号を受け取り、個人番号を指定したら、本人に対し個人番号を通知しなければならない（番号法第7条第1項）。個人番号が記載された通知カードを本人に対し世帯ごとに送付することで、個人番号の通知を行う。

　なお、個人番号の指定は、市町村長が、地方公共団体情報システム機構から個人番号とすべき番号の通知を受けた時に行われたものとされる（番号法施行令第2条第1項）。

　市町村長は、個人番号の通知をするときに、個人番号カードの交付が円滑になるよう、交付手続に関する情報提供などを行わなければならない（番号法第7条第3項）。これに基づき、通知カード送付時に、個人番号カード申請書が同封された。

2　個人番号の変更（第7条第2項・第8条）

【番号法第7条第2項】
・市町村長は、
・当該市町村（特別区を含む。）が備える住民基本台帳に記録されている者の
　個人番号が漏えいして不正に用いられるおそれがあると認められるときは、
・政令で定めるところにより、
　その者の請求又は職権により、
・その者の従前の個人番号に代えて、
・番号法第8条第2項の規定により機構から通知された個人番号とすべき番号をその者の個人番号として指定し、
・速やかに、その者に対し、当該個人番号を通知カードにより通知しなければならない。

(1) 個人番号を変更できる場合

　個人番号は原則として生涯不変の番号である。番号変更をいつでもできるとすると、個人番号によって対象者を特定しようとしても、変更履歴を管理しなければならず、個人番号による対象者特定の正確化・迅速化・効率化の効果が十分に発揮できない可能性がある。一方で、どのような場合でも個人番号が変更できないとすると、個人に重大な悪影響が及ぼさせる恐れも考えられる。そこで番号法では、個人番号が漏えいして不正に用いられる恐れがあると認められるときにのみ、個人番号を変更することを認めている（番号法第7条第2項）。

(2) 個人番号の変更契機

　個人番号を変更する契機となるのは、本人の請求か市町村長の職権である。つまり本人が個人番号の変更を請求した場合に、個人番号が漏えいし

て不正に用いられる恐れがあると認められれば、個人番号が変更できるほか、本人が変更請求をしていない場合でも、個人番号が漏えいして不正に用いられる恐れがあると認められるときは、市町村長が職権で変更することができる。

（3）個人番号の変更・通知

　個人番号を変更するのは、市町村長である。変更後の個人番号の生成、通知は、新規の個人番号の生成、通知と同様である。つまり、市町村長は地方公共団体情報システム機構に対し住民票コードを提供することで新たな個人番号とすべき番号の生成を要求する（番号法第8条第1項）。そして地方公共団体情報システム機構から個人番号とすべき番号を受け取り、個人番号を指定したら、本人に対し個人番号を通知しなければならない（番号法第7条第2項）。

　変更後の個人番号の通知も、通知カードを用いる。新たな個人番号が記載された通知カードを送付することで、変更後の個人番号が通知されることになる。

3　通知カード

（1）通知カードの記載事項

　通知カードには、氏名、住所、生年月日、性別、個人番号、通知カードの発行の日、本人に係る住民票に住民基本台帳法施行令第30条の26第1項に規定する通称が記載されているときは当該通称が記載され（番号法第7条第1項、カード省令第7条）、様式はカード省令別記様式第一に従う（番号法第7条第8項・カード省令第9条）。

　通知カードは個人番号カードと異なり、これ1枚で番号法上の本人確認を行うことは原則できない。

3 通知カード

図表2 ■ 通知カード様式

別記様式第1（第9条関係）

```
┌─────────────────────────────────┐
│              通知カード            │
│                                 │
│   個人番号                       │
│   氏　名                         │
│                                 │
│   住　所                         │
│                                 │
│         年    月    日生   性別   交付地市町村名 │
│   発行日     年    月    日       │
└─────────────────────────────────┘
```

備考 1　大きさは、縦53.92mm以上54.03mm以下、横85.47mm以上85.72mm以下とする。
　　 2　本人に係る住民票に住民基本台帳法施行令第三十条の二十六第一項に規定する通称が記載されている場合には、氏名／通称として、併せて記載する。
　　 3　裏面には追記欄を設ける。

（2）送付時・送付方法

　通知カードが送付されるのは、最初にマイナンバーが付番されるとき（番号法第7条第1項）、マイナンバーが変更になったとき（同条第2項）である。
　通知カードの送付方法は限定されており、郵便又は一般信書便事業者若しくは特定信書便事業者による信書便により、行われる（番号法施行令第2条第2項）。

（3）通知カードの交付を受けた者が行うべきこと

　通知カードの交付を受けた者は、通知カードの正確性担保その他の理由により、次のことをしなければならない。
　まず、通知カードの交付を受けている者は、住民基本台帳法第22条第1項の規定により転入に際する届出をする場合には、合わせて通知カードを市町村長に提出しなければならない（番号法第7条第4項）。この場合は、住所が変更になるためである。市町村長は、提出を受けた通知カードについて、住所の変更等を行わなければならない。

転入の場合以外でも、通知カードの交付を受けている者は、通知カードの記載事項に変更があったときは、その変更があった日から14日以内に、住所地市町村長にその旨を届け出て、通知カードを提出しなければならない（番号法第7条第5項）。この場合も市町村長は、提出を受けた通知カードについて、記載事項の変更等を行わなければならない。

　また、通知カードの交付を受けている者は、通知カードを紛失したときは、直ちに、その旨を住所地市町村長に届け出なければならない（番号法第7条第6項）。紛失した通知カードを発見したときは、遅滞なく、その旨を住所地市町村長に届け出なければならない（カード省令第12条）。

　個人番号カードの交付を受けようとする場合や、個人番号の変更に伴い番号法施行令第3条第5項又は第4条第2項の規定により通知カードの返納を求められたときなどには、通知カードを住所地市町村長に返納しなければならない（番号法第7条第7項・施行令第5条第1項）。

4　個人番号カード

(1) 個人番号カードの記載事項

　個人番号カードには、氏名、住所、生年月日、性別、個人番号、個人番号カードの有効期間が満了する日、本人に係る住民票に住民基本台帳法施行令第30条の26第1項に規定する通称が記載されているときは当該通称が記載され、かつ本人の写真が表示されている（番号法第2条第7項、カード省令第1条）。電磁的方法により、これらのほか、住民票コードが記録されている（番号法第2条第7項、カード省令第1条）。

　様式はカード省令別記様式第二に従う（番号法第17条第8項・カード省令第25条、**図表3**）。

　個人番号カードは通知カードや住民票の写しと異なり、これ1枚で番号法上の本人確認を行うことができる。

図表3 ■ 個人番号カード様式

別記様式第2（第25条関係）

（表）

```
氏　名                    個人番号
住　所                    カード

        ┌─────┐                        性別
        │     │     年　月　日生　年　月　日まで有効
        │  写 │     交付地市町村長名
        │     │
        │  真 │
        │     │
        └─────┘
```

（裏）

```
              個人番号
              氏　名

                           年　月　日生



        ┌┄┄┄┄┄┐
        ┆ 図形 ┆
        ┆      ┆
        └┄┄┄┄┄┘
```

備考　1　大きさは、縦53.92mm以上54.03mm以下、横85.47mm以上85.72mm以下とする。
　　　2　半導体集積回路を組み込む。
　　　3　本人に係る住民票に住民基本台帳法施行令第三十条の二十六第一項に規定する通称が記載されている場合には、氏名／通称として、併せて記載する。
　　　4　表面には追記欄を設ける。
　　　5　裏面中「図形」の部分については、総務大臣が定める技術的基準によるものとする。

(2) 個人番号カードの交付

　個人番号カードは、本人が申請した場合にのみ交付される。この点は、付番対象者全員に送付される通知カードと異なる点である。個人番号カードの交付は市町村長が行う。個人番号カードは顔写真付の公的身分証となるものであることなどから、その交付時に厳格な本人確認が行われる（番号法第17条第1項）。

(3) 個人番号カードの有効期間

　個人番号カードの有効期間は個人番号カードの発行日において20歳以上の者は10年（正確には、発行日から発行日後の10回目の誕生日まで）、個人番号カードの発行日において20歳未満の者は5年（正確には、発行日から発行の日後の5回目の誕生日まで）である（番号法第17条第8項、カード省令第25条第1項）。

　個人番号カードは、次の場合には効力を失う（番号法第17条第6項、番号法施行令第14条）。

（A）有効期間が満了した場合
（B）国外に転出をしたとき
（C）転出届をした場合に、最初の転入届を行うことなく、転出届により届け出た転出の予定年月日から30日を経過したか、又は転入をした日から14日を経過したとき
（D）転出届をした場合に、転出届に係る最初の転入届を受けた市町村長に個人番号カードの提出を行うことなく、最初の転入届をした日から90日を経過したか、又は当該市町村長の統括する市町村から転出をしたとき
（E）死亡したとき
（F）住民基本台帳法の適用を受けない者となったとき
（G）住民票が消除されたとき（転出届（国外への転出に係るものを除く。）に基づき住民票が消除されたとき、住民基本台帳法施行令第8条の2の規定により住民票が消除されたとき及び（B）又は（E）（F）に掲げる場合に該当したことにより当該住民票が消除されたと

きを除く。)。
（H）住民票に記載されている住民票コードについて記載の修正が行われたとき
（I）個人番号の変更に伴い返納を求められた個人番号カードにあっては、個人番号カードが返納されたとき又は住民票に記載されている個人番号について記載の修正が行われたときのいずれか早いとき
（J）任意に返納された個人番号カード（番号法施行令第15条第4項）にあっては、当該個人番号カードが返納されたとき
（K）錯誤・過失により返納を命ぜられた個人番号カード（番号法施行令第16条第1項）にあっては、個人番号カードの返納を命ずる旨を通知又は公示したとき

（4）個人番号カードの交付を受けた者が行うべきこと

　個人番号カードの交付を受けた者は、個人番号カードの正確性担保その他の理由により、次のことをしなければならない。

　まず、住民基本台帳法第24条の2第1項に規定する最初の転入届をする場合には、あわせて、個人番号カードを市町村長に提出しなければならない（番号法第17条第2項）。この場合は、住所が変更になるためである。これを受け市町村長は、個人番号カードについて、カード記録事項の変更その他当該個人番号カードの適切な利用を確保するために必要な措置を講じ、これを返還しなければならない（番号法第17条第3項）。

　また、転入の場合以外でも、個人番号カードの交付を受けた者は、カード記録事項に変更があったときは、その変更があった日から14日以内に、住所地市町村長に届け出て、個人番号カードを提出しなければならない（番号法第17条第4項）。

　個人番号カードの交付を受けた者は、個人番号カードを紛失したときは、直ちに、その旨を住所地市町村長に届け出なければならない（番号法第17条第5項）。

　個人番号カードの有効期間が満了した場合、（3）の（D）（H）に該当したとき、個人番号の変更に伴い個人番号カードの返納を求められたとき、

錯誤・過失より個人番号カードの返納を命ぜられたときには、個人番号カードを住所地市町村長に返納しなければならない（番号法第17条第7項、施行令第15条第1項）。

> **ポイント**（付番・カード）
> ・個人番号は、市町村長により指定・通知される。指定の契機は、住民基本台帳法に基づき、住民票に住民票コードが記載されたとき
> ・個人番号の通知は、通知カードにて行われる
> ・個人番号が漏えいして不正に用いられる恐れがあると認められるときにのみ、個人番号を変更することが認められる
> ・個人番号を変更する契機となるのは、本人の請求か市町村長の職権
> ・通知カードは個人番号カードと異なり、1枚で番号法上の本人確認を行うことは原則できない
> ・個人番号カードの有効期間は10年（個人番号カードの発行日において20歳未満の者は5年）

第3章　精選過去問題で確認

問題 1　「個人番号」の変更に関する以下のアからエまでの記述のうち、正しいものを1つ選びなさい。

ア．個人番号が漏えいして不正に用いられるおそれがあると認められなくても、市町村長の判断で、個人番号の変更が行われる。

イ．個人番号が漏えいして不正に用いられるおそれがあると認められるときは、市町村長が職権により個人番号の変更を行うことができるが、そのような場合であっても、本人からの請求では変更できない。

ウ．個人番号が記載された個人番号カードが盗まれて当該個人番号カードが不正に利用される危険性がある場合は、「個人番号が漏えいして不正に用いられるおそれがあると認められるとき」に当たるので、個人番号の変更が認められる。

エ．個人番号の変更が行われた場合、変更後の個人番号の通知方法は定められておらず、任意の書面で行われるものとされている。

（第3回マイナンバー実務検定2級　問題13）

> **解説** 個人番号の変更（7条）

「個人番号」とは、7条1項又は2項の規定により、住民票コードを変換して得られる番号であって、当該住民票コードが記載された住民票に係る者を識別するために指定されるものをいう（2条5項）。本問は、番号法における「個人番号」の変更についての理解を問うものである。

ア．誤 り。 市町村長の判断で職権により個人番号の変更が認められるとしても、それは、「個人番号が漏えいして不正に用いられるおそれがあると認められるとき」に限られる。よって、個人番号が漏えいして不正に用いられるおそれがあると認められるときでない場合には、個人番号の変更は行われない。従って、本記述は誤っている。

イ．誤 り。 個人番号が漏えいして不正に用いられるおそれがあると認められるときは、その者の請求又は職権により、個人番号の変更が認められる（7条2項）。よって、職権のみならず、本人からの請求によっても、個人番号が漏えいして不正に用いられるおそれがあると認められるときであれば、個人番号の変更が認められる。従って、本記述は誤っている。

ウ．正しい。 個人番号が記載された個人番号カードが盗まれて当該個人番号カードが不正に利用される危険性がある場合は、「個人番号が漏えいして不正に用いられるおそれがあると認められるとき」（7条2項）に当たるので、個人番号の変更が認められる。従って、本記述は正しい。

エ．誤 り。 個人番号の通知と同様に、個人番号の変更の通知は通知カードにより行うものとされている（7条2項）。従って、本記述は誤っている。

解答 ▶▶ ウ

問題 2 以下のアからエまでの記述のうち、個人番号の生成に関する【問題文A】から【問題文C】の内容として正しいものを1つ選びなさい。

【問題文A】個人番号は、他のいずれの個人番号とも異なるものでなければならないが、死者の個人番号と同じでもよいとされている。

【問題文B】個人番号は、他のいずれの個人番号とも異なるものでなければならないが、異なるものであれば、本人が個人番号を指定できる。

【問題文C】住民票コードを復元することのできる規則性を備えていることが、個人番号の生成の要件とされている。

ア．Aのみ正しい。
イ．Bのみ正しい。
ウ．Cのみ正しい。
エ．すべて誤っている。

(第3回マイナンバー実務検定2級　問題16)

> **解説** 個人番号とすべき番号の生成（8条）

「個人番号」とは、7条1項又は2項の規定により、住民票コードを変換して得られる番号であって、当該住民票コードが記載された住民票に係る者を識別するために指定されるものをいう（2条5項）。本問は、番号法における「個人番号」の生成についての理解を問うものである。

A．誤　り。個人番号の付番に当たっては、他のいずれの個人番号とも異なることが要件となっている（8条2項1号）。そして、死者の個人番号と同じでもよいとはされていない。従って、本記述は誤っている。

B．誤　り。個人番号の付番に当たっては、他のいずれの個人番号とも異なることが要件となっている（8条2項1号）。すなわち、番号の重複を避ける等のため、地方公共団体情報システム機構が、市町村長からの求めに応じて個人番号とすべき番号を生成し、それに基づいて市町村長が個人番号を指定することとされている。よって、本人は、個人番号を指定できない。従って、本記述は誤っている。

C．誤　り。個人番号の付番に当たっては、住民票コードを復元することのできる規則性を備えるものでないことが要件となっている（8条2項3号）。従って、本記述は誤っている。

以上により、問題文ＡＢＣはすべて誤っている。従って、正解は肢エとなる。

解答 ▶▶ エ

問題 3 以下のアからエまでの記述のうち、個人番号カードの利用に関する【問題文A】から【問題文C】の内容として正しいものを1つ選びなさい。

【問題文A】個人番号カードのICチップ内には、氏名、住所、生年月日、性別、個人番号、顔写真等のカード記録事項が記録され、カード記録事項が記録された領域には、権限のある者しかアクセスすることができない措置が講じられる。

【問題文B】住民基本台帳カードについては、市町村の機関が、そのICチップ内の空き領域を活用して独自の利用を行うことができなかったが、個人番号カードについては、条例で定めるところにより、住民サービスのために、そこに組み込まれたICチップ内の空き領域を活用して独自利用することが可能となった。

【問題文C】個人番号カードのICチップ内の空き領域を活用するためには、カード記録事項の漏えい、滅失又は毀損の防止その他のカード記録事項の安全管理を図るため必要なものとして総務大臣が定める基準に従って個人番号カードを取り扱わなければならない。

ア．Aのみ誤っている。
イ．Bのみ誤っている。
ウ．Cのみ誤っている。
エ．すべて正しい。

(第2回マイナンバー実務検定1級　問題35)

解説　個人番号カードの利用

本問は、個人番号カードの利用（2条7項、18条）についての理解を問うものである。

A．正しい。個人番号カードのICチップ内には、氏名、住所、生年月日、性別、個人番号、顔写真等のカード記録事項が記録され、カード記録事項が記録された領域には、権限のある者しかアクセスすることができない措置が講じられる（2条7項）。従って、本記述は正しい。

B．誤り。多くの市町村において、ICカードを用いた住民サービスを展開している状況を踏まえ、住民基本台帳カードについては、条例で定めるところにより、そのICチップ内の空き領域を活用して、住民サービスのために独自の利用を行うことができることとされている。このような住民基本台帳カードを活用した独自利用は、地域の実情やニーズを踏まえつつ各市町村において積極的に取り組まれてきたものであり、個人番号カード導入後も引き続き継続して実施していく必要がある。このため、個人番号カードについても、市町村の機関が、条例で定めるところにより、そこに組み込まれたICチップ内の空き領域を活用して独自利用することができることとされている（18条1号）。従って、本記述は誤っている。

C．正しい。個人番号カードのICチップ内の空き領域を活用するためには、カード記録事項の漏えい、滅失又は毀損の防止その他のカード記録事項の安全管理を図るため必要なものとして総務大臣が定める基準に従って個人番号カードを取り扱わなければならない（18条）。従って、本記述は正しい。

以上により、問題文ACは正しいが、Bは誤っている。従って、正解は肢イとなる。

問題 **4** 個人番号に関する以下のアからエまでの記述のうち、正しいものを1つ選びなさい。

ア． 個人番号は、日本国籍を有しない者には付番されないため、外国人住民には付番されない。

イ． 個人番号は、戸籍謄本に基づく番号であり、本籍地の市町村長によって付番される。

ウ． 個人番号の指定は、番号の重複を避けるため、特定個人情報保護委員会が、市町村長からの求めに応じて個人番号とすべき番号を生成し、それに基づいてなされる。

エ． 個人番号には、生存する個人のものだけでなく、死者のものも含まれることから、番号法の規定のうち、個人番号を対象としている規定については、死者の個人番号についても適用される。

(第3回マイナンバー実務検定1級　問題1)

解説 個人番号（2条5項）

本問は、個人番号（2条5項）についての理解を問うものである。

ア．誤り。 個人番号の付番の対象となる者には、住民票コードが住民票に記載されている外国人住民（中長期在留者、特別永住者、一時庇護許可者、仮滞在許可者、経過滞在者）（住民基本台帳法30条の45）も含まれる。よって、個人番号は、日本に滞在している外国人住民にも付番され得る。従って、本記述は誤っている。

イ．誤り。 個人番号は、住民票コードを変換して得られる番号であり（2条5項）、住民票のある市町村長によって付番される（7条1項、附則3条）。従って、本記述は誤っている。

ウ．誤り。 個人番号の指定は、番号の重複を避ける等のため、地方公共団体情報システム機構が、市町村長からの求めに応じて個人番号とすべき番号を生成し、それに基づいてなされる（7条1項、8条2項）。従って、本記述は誤っている。

エ．正しい。 個人番号には、生存する個人のものだけでなく、死者のものも含まれる。よって、番号法の規定のうち、個人番号を対象としている規定（利用制限、安全管理措置等）については、死者の個人番号についても適用される。従って、本記述は正しい。

解答 ▶▶ エ

> **難問 チャレンジ**
>
> 個人番号カードの券面には、氏名、住所、生年月日、性別、個人番号その他政令で定める事項が記載され、顔写真が表示されるが、税や年金の情報などプライバシー性の高い情報及び総務省令で定める事項は、個人番号カードに組み込まれるICチップ内に記録される。
>
> **ア．正しい　　イ．誤っている**
>
> （第4回マイナンバー実務検定1級　問題40－選択肢イより）

解説 個人番号カードの利用

本問は、個人番号カードの利用（2条7項、18条）についての理解を問うものである。

イ．誤り。 個人番号カードの券面には、氏名、住所、生年月日、性別、個人番号その他政令で定める事項が記載され、本人の写真が表示される。そして、個人番号カードに組み込まれるICチップ内に、券面に記載・表示された事項及び総務省令で定める事項（公的個人認証サービスの電子証明書等）が記録される（2条7項）。これに対して、税や年金の情報などプライバシー性の高い情報は、券面にもICチップ内にも記録されない。それゆえ、これらの情報は、個人番号カードからは判明しない。従って、本記述は誤っている。

解答 ▶▶ イ

第4章 番号制度の用語

　番号法では様々な用語が登場し、これらの用語を正確に理解しなければ、番号法自体を正確に理解することはできない。番号法は規律ごとにその対象が異なる場合があるため、用語の定義を正確に把握することで、番号法に定める規律が何を対象にしているのか、何に義務が生じるのかを理解することができる。定義の学習は退屈とも考えられるが、番号法の学習に当たって重要となる点であるので、しっかりと理解することが求められる。

1　個人番号（第2条第5項・第8項）

【番号法第2条第5項】
この法律において「個人番号」とは、
・番号法第7条第1項又は第2項の規定により、
・住民票コード（住民基本台帳法第7条第13号に規定する住民票コードをいう。）を変換して得られる番号であって、
・当該住民票コードが記載された住民票に係る者を識別するために指定されるものをいう

【番号法第2条第8項】
・個人番号に対応し、
　当該個人番号に代わって用いられる番号、記号その他の符号であって、住民票コード以外のものを含む。番号法第7条第1項及び第2項、第8条並びに第51条並びに附則第3条第1項から第3項まで及び第5項を除く

（1）マイナンバーの正式名称

　個人番号の定義は第2条第5項に定められている。個人番号とは、住民票に記載された個人に対し指定される番号であって、番号法第7条第1項又は第2項の規定により指定され、住民票コードを変換して生成される番号のことをいう。すなわち、個人番号は住民票を有する個人全員に対して付番される。全国民ならず外国人住民についても住民票を有していれば、個人番号が付番される。

　個人番号は、愛称として「マイナンバー」とも呼ばれる。

（2）死者の個人番号も対象

　個人番号は、法律上、生存者のもののみをいうという限定がないため、生存者の個人番号に限定されず、死者の個人番号も、法律上の個人番号に該当する。したがって、番号法上、「個人番号」に対する義務については、生存者の個人番号のみならず、死者の個人番号についても義務が生じることになる。

　これに対し、後記の「特定個人情報」は、法律上、生存者のもののみをいうという限定があるため、生存者の特定個人情報にのみ限定され、死者のものは特定個人情報に該当しない。したがって、番号法上、「特定個人情報」に対する義務については、生存者の特定個人情報のみをその対象としており、死者の特定個人情報については義務が生じない。

（3）個人番号そのもの以外も対象（第2条第8項）

　番号法上、個人番号には、個人番号そのもの以外のもの（対応符号、個人番号に対応する符号）も含まれる（番号法第2条第8項括弧書き）。例えば、個人番号の末尾に1を足したものなどが、これに当たる。番号法の規制を回避しようと、個人番号を加工し、「これは個人番号には当たらないから、番号法の適用対象外だ」というような言い訳を許さないようになっている。

　対応符号は、脱法的に生成されたものだけでなく、適法に生成されたものも含む。例えば、情報提供ネットワークシステム上では個人番号そのも

のは使用しないことによって、連携される情報が誰のものであるかは、一見した限りではわからないようにされる。その際、個人番号の代わりに、対応符号が使用され、この対応符号は、番号法上、個人番号そのものと同等の保護を受ける。もっとも対応符号に対しては、番号法第7条第1項・第2項、第8条等は適用にならない（番号法第2条第8項括弧書き）。なぜなら、これらは個人番号の付番などに関する規定であり、対応符号には当てはまらないためである。

対応符号は、個人番号と1対1対応する番号類すべてをいうわけではない。例えば、民間事業者では、個人番号と社員番号を1対1で対応させて管理する場合も考えられるが、この場合の社員番号は、対応符号に該当しない。対応符号とは、個人番号と性質上同視できるものをいい、個人番号と1対1対応する社員番号は、個人番号と性質上同視できないためである。同様に、個人番号と1対1対応させて管理される基礎年金番号、雇用保険被保険者番号、宛名番号、氏名なども、対応符号に該当しない。

注意しなければならないのは、個人番号に1を足したり、冒頭に1桁足したり、暗号化したり、個人番号の数字を一定の法則でアルファベットに置き換えたりなどしても、個人番号としての規制を免れることはできないという点であり、社員番号等、個人番号と1対1対応するものすべてについて、個人番号と同等の規制が課せられるわけではない。

2　法人番号（第2条第15項）

【番号法第2条第15項】
この法律において「法人番号」とは、
・番号法第42条第1項又は第2項の規定により、
・特定の法人その他の団体を識別するための番号として指定されるものをいう。

法人番号の定義は番号法第2条第15項に定められている。法人番号とは、法人その他の団体を識別するために指定される番号であって、番号法第42

条第1項又は第2項の規定により指定される番号のことをいう。

　法人番号には、正式な愛称はないが、一部報道などでは、「法人版マイナンバー」とも呼ばれる。

3　特定個人情報（第2条第8項・第3項）

> 【番号法第2条第8項】
> この法律において「特定個人情報」とは、
> ・個人番号
> ・（個人番号に対応し、
> 　当該個人番号に代わって用いられる番号、記号その他の符号であって、住民票コード以外のものを含む。
> 　番号法第7条第1項及び第2項、第8条並びに第51条並びに附則第3条第1項から第3項まで及び第5項を除く）
> をその内容に含む個人情報をいう。

（1）個人番号を含む個人情報

　特定個人情報の定義は番号法第2条第8項に定められている。特定個人情報とは、個人番号を含む個人情報をいう。「特定個人情報」とは、個人情報のうちの特定部分をいうとの意味であり、個人番号と関係ない個人情報は、特定個人情報には該当しない。また、個人情報にそもそも該当しないものは、特定個人情報にも該当しない。

（2）特定個人情報の定義における個人情報

> この法律において「個人情報」とは、
> ・行政機関個人情報保護法第2条第2項に規定する個人情報であって行政機関が保有するもの、
> ・独立行政法人等個人情報保護法第2条第2項に規定する個人情報で

> あって独立行政法人等が保有するもの又は
> ・個人情報保護法第2条第1項に規定する個人情報であって行政機関及び独立行政法人等以外の者が保有するもの
> をいう。

　特定個人情報とは、個人番号を含む個人情報をいう。個人番号については既に解説した通りである。特定個人情報の定義における、個人情報とは何を指すのか。

①主体ごとに異なる個人情報の定義

　これは、主体によって異なる。事業者にとっては個人情報保護法に定義された個人情報をいい、行政機関にとっては行政機関個人情報保護法に定義された個人情報をいい、独立行政法人等にとっては独立行政法人等個人情報保護法に定義された個人情報をいい、地方公共団体にとっては個人情報保護法に定義された個人情報をいう（番号法第2条第3項）。

②具体的な差異

　上記に掲げられた個人情報の定義の根拠法の違いによる具体的な差異は、個人情報保護法の定義に依拠する事業者・地方公共団体と、その他の法律の定義に依拠する行政機関・独立行政法人等との間で生じる。両方とも生存する個人に関する情報であって、特定の個人を識別できるものをいう。また両方とも、情報単体では特定の個人を識別できなくても、他の情報と組み合わせることで特定の個人を識別できる情報も、個人情報に含むことになる。

　差異は、他の情報と組み合わせる労力にある。民間事業者・地方公共団体の場合は、容易に組み合わせられる情報で特定の個人を識別できれば、個人情報に該当するが、行政機関・独立行政法人等の場合は、容易かどうかにかかわらず、他の情報と組み合わせることで特定の個人を識別できれば、個人情報に該当する。

　例えば、顧客に対して顧客番号を付番している場合を考える。この場合、

3 特定個人情報（第2条第8項・第3項）

顧客番号単体では誰の情報かわからなくても、顧客情報と紐づいている氏名等の別の情報を組み合わせれば、誰の情報かわかるようになるのが、通常である。事業者・地方公共団体の場合は、顧客番号と氏名等が容易に組み合わせられなければ、顧客番号単体は、個人情報に該当しない。これに対し、行政機関・独立行政法人等の場合は、顧客番号と氏名等が容易でなくても組み合わせられれば、顧客番号単体も個人情報に該当する。

もっとも、顧客番号と氏名等は、通常、容易に組み合わせられるようになっていると考えられるので、この場合、事業者・地方公共団体と、行政機関・独立行政法人等との間で、差異は生じず、どちらにおいても、顧客番号単体は個人情報に該当することになろう。

図表4 ■ 地方公共団体における個人情報の定義と規制

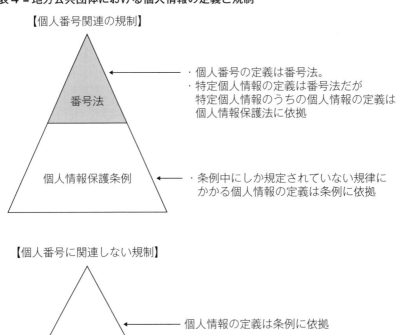

③地方公共団体における留意点

　地方公共団体においては、個人情報保護条例上の定義ではなく、個人情報保護法の定義に依拠することになるので注意が必要である。もっとも、それは番号法上の規制についてであって、個人情報保護条例上の規制については、個人情報保護法の定義ではなく、個人情報保護条例上の定義に依拠する。

（3）死者の情報は特定個人情報に含まれない
①死者は個人番号に対する規制のみ

　個人番号とは異なり、特定個人情報は生存者の特定個人情報しか含まず、死者の情報は特定個人情報には該当しない。なぜなら、個人情報の定義として、個人情報保護法も行政機関個人情報保護法も独立行政法人等個人情報保護法も、生存する個人に関する情報としているからである（個人情報保護法第2条第1項、行政機関個人情報保護法第2条第2項、独立行政法人等個人情報保護法第2条第2項）。

　したがって、死者の個人番号については、特定個人情報に対する規制は及ばず、個人番号に対する規制のみ及ぶことになる。

②理由

　死者の情報については、これまでの個人情報保護法では、同時に遺族の個人情報に該当しない限りは保護の対象外とされていたが、番号制度導入に伴い、死者の情報についても一定の範囲は、保護対象とすべきと考えられた。そこで死者の情報であっても義務を課すべきものについては、個人番号に対する義務とし、生存者の情報についてのみ義務を課すべきものについては、特定個人情報に対する義務として、規定されている。

③地方公共団体における留意点

　なお、地方公共団体においては留意を要する。個人情報保護条例上、死者の情報も個人情報に含めていたとしても、番号法の特定個人情報に対する規制では、番号法第2条第3項で個人情報保護法の個人情報の定義に依

拠することとなっているため、番号法上の規制については、死者の情報はその義務が及ばない。これに対し、個人情報保護条例上の規制は、個人情報保護条例上の定義に依拠するので、死者の情報を個人情報に含めている場合は、個人情報保護条例上、死者の情報についても、義務が及ぶことになる。

4 特定個人情報ファイル（第2条第9項・第4項）

【番号法第2条第9項】
この法律において「特定個人情報ファイル」とは、
個人番号をその内容に含む個人情報ファイルをいう。

(1) 個人番号を含む個人情報ファイル

特定個人情報ファイルの定義は番号法第2条第9項に定められている。特定個人情報ファイルとは、個人番号を含む個人情報ファイルをいう。つまり、個人番号と関係ない個人情報ファイルは、特定個人情報ファイルには該当しない。

個人情報ファイルを簡単にいうと、検索性のある個人情報の集合物のことで、電子ファイルだけでなく紙ファイルも含む。個人情報ファイルに該当しないものは、特定個人情報ファイルにも該当しない。

(2) 特定個人情報ファイルの定義における個人情報ファイル

【番号法第2条第4項】
この法律において「個人情報ファイル」とは、
・行政機関個人情報保護法第2条第4項に規定する個人情報ファイルであって行政機関が保有するもの、
・独立行政法人等個人情報保護法第2条第4項に規定する個人情報ファイルであって独立行政法人等が保有するもの又は
・個人情報保護法第2条第2項に規定する個人情報データベース等で

> あって行政機関及び独立行政法人等以外の者が保有するものをいう。

　特定個人情報ファイルとは、個人番号を含む個人情報ファイルをいい、個人番号については既に解説した通りである。特定個人情報ファイルの定義における、個人情報ファイルとは何を指すのか。

①主体ごとに異なる個人情報ファイルの定義
　これは、主体によって異なる。民間事業者にとっては個人情報保護法に定義された個人情報データベース等をいい、行政機関にとっては行政機関個人情報保護法に定義された個人情報ファイルをいい、独立行政法人等にとっては独立行政法人等個人情報保護法に定義された個人情報ファイルをいい、地方公共団体にとっては個人情報保護法に定義された個人情報データベース等をいう（番号法第2条第4項）。
　例えば、従業者の個人番号を氏名・住所・給与額などと一緒に電子データとして保管している場合を考える。この場合、原則として、特定の個人情報を検索できるよう体系的に構成されていると考えられるので、個人情報ファイルに該当する。またこれが紙に記載又は印刷され、従業員の氏名順・社員ID順などで綴ってある場合にも、特定の個人情報を検索できるよう体系的に構成されていると考えられるので、個人情報ファイルに該当する。
　個人情報データベース等と個人情報ファイルとは、名称・定義が若干異なっているが、具体的な差異はあまりないと考えられる。

②地方公共団体における留意点
　地方公共団体においては、個人情報保護条例上の定義ではなく、個人情報保護法の定義に依拠するが、それは番号法上の規制についてであって、個人情報保護法上の規制については、個人情報保護法の定義ではなく、個人情報保護条例上の定義に依拠する。

(3) 個人番号、特定個人情報、ファイルの関係性

　以上、個人番号、特定個人情報、特定個人情報ファイルについて解説した。番号法上、規制対象が、条文ごとに、個人番号であったり、特定個人情報であったり、特定個人情報ファイルであったりと分かれるので、これらの関係性を理解し、何に対し規制がかかるのか、正確な理解が求められる。

　個人番号、特定個人情報、特定個人情報ファイルの関係性は、図表5の通りである。特定個人情報ファイルは個人情報の集合物であるので、特定個人情報ファイルであれば、特定個人情報にも同時に該当する。

図表5 ■個人番号、特定個人情報、特定個人情報ファイル

5　本人（第2条第6項）

【番号法第2条第6項】
この法律において「本人」とは、
個人番号によって識別される特定の個人をいう。

　個人情報保護法の「本人」と同様の考えかたであり、識別される個人を「本人」という（番号法第2条第6項）。本人は頻出する用語である。よりわかりやすくいえば、個人番号／特定個人情報の対象者のことをいうと言えるが、法律上の正式な定義は「本人」であるので、「本人」と規定されているときに、何を意味しているかきちんと理解する必要がある。

6　個人番号利用事務（第2条第10項）

【番号法第2条第10項】
この法律において「個人番号利用事務」とは、
・行政機関、地方公共団体、独立行政法人等その他の行政事務を処理する者が
・番号法第9条第1項又は第2項の規定により
・その保有する特定個人情報ファイルにおいて個人情報を効率的に検索し、及び管理するために
・必要な限度で
・個人番号を利用して処理する事務をいう。

(1) 個人番号の重要な利用場面

　個人番号利用事務の定義は番号法第2条第10項に定められている。個人番号利用事務を正確に理解することは、個人番号の利用範囲の制限、特定個人情報の提供制限その他、個人番号や特定個人情報の取扱いに関する規制を理解する上で、重要である。
　個人番号は、利用場面が大きく3つに分かれる。1つは個人番号利用事務、2つめは個人番号関係事務、3つめはその他である。個人番号利用事務は個人番号を活用し、番号制度の目的・効果を発揮していく場面といえ、きわめて重要な利用場面である。

(2) 健康保険組合の事務も個人番号利用事務に該当

　個人番号利用事務の多くは、行政機関・地方公共団体が遂行する事務である。事業者に関係する場合は、健康保険組合が遂行する事務や、公的機関や健康保険組合等の事務の委託を受ける場合など、限定されている。
　個人番号利用事務は、その定義上、「行政機関、地方公共団体、独立行政法人等その他の行政事務を処理する者」が処理する事務とされているものの、事業者である健康保険組合が遂行する事務も、個人番号利用事務に

該当する。健康保険組合が遂行する事務は、公益性等の点から、行政事務に相当する事務であると番号法上考えられており、番号法別表第一で個人番号を主体的に利用することが認められているためである。

（3）別表第一事務

　個人番号利用事務とは、（A）番号法別表第一に規定された事務（第9条第1項・別表第一）と（B）地方公共団体が条例で定める事務（第9条第2項）に分けられる。

　（A）番号法別表第一に規定された事務には、年金、雇用保険、労災保険、健康保険、介護保険、予防接種、児童手当、生活保護、公営住宅、国税・地方税、被災者生活再建支援の事務等がある。詳細は番号法別表第一・同主務省令を参照されたい。

（4）条例事務（独自事務）

　番号法上、地方公共団体以外の機関、例えば、行政機関や事業者においては、番号法に規定された事務以外では個人番号を利用することができないが、地方公共団体のみ、条例に定めることで、番号法に規定された事務以外でも個人番号を利用することができる。地方公共団体の条例上、個人番号利用事務として、例えば、乳幼児医療費助成、外国人に関する生活保護事務などが定められている。

　これはいわゆる個人番号利用の独自事務と呼ばれている事務である。

（5）個人番号を利用できる限度

　なお、個人番号利用事務に該当すれば自由に個人番号を利用できるわけではない。番号法上、個人番号を利用することができるのは、個人番号利用事務のために保有する特定個人情報ファイルにおいて、個人情報を効率的に検索・管理するために必要な限度においてのみである（番号法第2条第10項）。

7　個人番号関係事務（第2条第11項）

【番号法第2条第11項】
この法律において「個人番号関係事務」とは、
・番号法第9条第3項の規定により
・個人番号利用事務に関して行われる
・他人の個人番号を必要な限度で利用して行う事務をいう。

(1) 個人番号利用事務に対する手続等

　個人番号利用事務において個人番号を利用するためには、個人番号利用事務に対する手続を行う事業者等においても、個人番号を利用する必要がある。事業者等が個人番号を利用して行う事務が、個人番号関係事務であり、主に、行政機関などへの届け出・手続等がこれに該当する。
　もっとも、個人番号関係事務を実施するのは事業者に限られない。行政機関や地方公共団体であっても、職員の給与に対する税務手続や共済関係の手続を行う必要があり、かかる手続で個人番号を利用することは、番号法上、個人番号関係事務に該当する。

(2) 個人番号関係事務の例

　具体例を挙げて検討する。国税庁は番号法別表第一事務として、国税の賦課徴収事務を行う（番号法別表第一の38の項）。国税庁において個人番号をキーにした正確な所得把握を行うためには、納税者から、個人番号・法人番号が何番でいくら所得があるのかなどの申告を受け、さらに支払者から、個人番号・法人番号が何番の誰にいくら支払ったのかなどの提出を受ける必要がある。
　この国税庁の実施する国税の賦課徴収事務は、個人番号利用事務であるが、支払者などが国税庁に対し行う手続・報告などが、個人番号関係事務に該当する。国税庁が行う個人番号利用事務に関して行われる、番号法第9条第3項の規定に基づき、他人の個人番号を利用して行う事務であるた

めである。

その他、事業者が行う個人番号関係事務の例として、雇用保険について、事業主がハローワークに対して行う、従業員等の雇用保険被保険者資格取得届の事務なども挙げられる。

図表6 ■ 個人番号関係事務

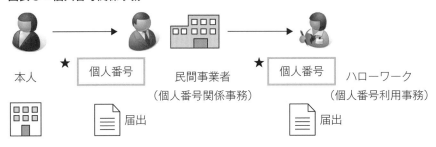

（3）「民―民―官」と流通する個人番号

個人番号は、「民―民―官」と流通する番号であると言われることがあるが、これはまさに個人番号関係事務の存在を示すものである。「民―民―官」の最初の「民」は従業員等の個人番号の本人を指す。次の「民」はその個人番号を取得する民間事業者を指す。そして最後の「官」は民間事業者からさらに個人番号を取得する税務署等を指している。

つまり、「民―民―官」とは、従業員等（民）から民間事業者（民）へ、そして民間事業者（民）から税務署等（官）へ、個人番号が届け出られることを指している。

図表7 ■ 「民―民―官」と流通する個人番号

（4）他人の個人番号を利用するものに限る

　個人番号関係事務は、他人の個人番号を利用して行う事務をいうため、自身の個人番号のみを使用する場合はこれに該当しない。したがって、納税者が自身の個人番号だけを使用して確定申告等を行う場合は、個人番号関係事務に該当しない。

　これに対し、納税者が扶養親族等の個人番号を確定申告等で利用する場合は、他人の個人番号を利用して行っているため、個人番号関係事務に該当する。

　支払者が税務署に法定調書を提出する際は、支払者自身の個人番号又は法人番号も記載するが、給与や報酬等を支払っている相手方の個人番号を記載するため、他人の個人番号を利用して行っているといえ、これも個人番号関係事務に該当する。

8　個人番号利用事務等（第10条）

【番号法第10条】
個人番号利用事務又は個人番号関係事務（以下「個人番号利用事務等」という。）の全部又は一部の委託を受けた者は…（以下略）

　個人番号利用事務等とは、個人番号利用事務と個人番号関係事務をいう（番号法第10条）。したがって、個人番号利用事務等に対する規制は、個人番号利用事務にのみ該当するものではなく、個人番号関係事務に対しても該当する。

9　個人番号利用事務実施者（第2条第12項）

【番号法第2条第12項】
この法律において「個人番号利用事務実施者」とは、
・個人番号利用事務を処理する者及び
・個人番号利用事務の全部又は一部の委託を受けた者をいう。

個人番号利用事務実施者は、
(A) 個人番号利用事務を処理する者と
(B) 個人番号利用事務の全部又は一部の委託を受けた者
をいう。

(A) 個人番号利用事務を処理する者は、行政機関や地方公共団体が主であり、事業者は少なく、健康保険組合がこれに該当する。

(B) 個人番号利用事務の全部又は一部の委託を受けた者とは、例えば地方公共団体が実施する国民健康保険事務等に関するシステムについて、委託を受けて運用する事業者、同事務に関する資料を委託を受けて印刷する事業者などがこれに該当する。民間事業者が多いと考えられるが、公的機関についても、個人番号利用事務の委託を受ければ、これに該当する。例えば、地方公共団体から委託を受けた国民健康保険団体連合会や、地方公共団体から委託を受けた他の地方公共団体などがこれに該当する。

10　個人番号関係事務実施者（第2条第13項）

【番号法第2条第13項】
この法律において「個人番号関係事務実施者」とは、
・個人番号関係事務を処理する者及び
・個人番号関係事務の全部又は一部の委託を受けた者をいう。

（1）個人番号関係事務実施者の具体例

個人番号関係事務実施者は、
(A) 個人番号関係事務を処理する者と
(B) 個人番号関係事務の全部又は一部の委託を受けた者
をいう。

(A) 個人番号関係事務を処理する者とは、例えば、税務署に法定調書

を提出する事業者、行政機関や地方公共団体等である。
（B）個人番号関係事務の全部又は一部の委託を受けた者とは、例えば、法定調書作成システムの運用、法定調書の印刷などを、委託を受けて行う事業者である。

（2）個人が個人番号関係事務実施者に当たる場合

一般個人も個人番号関係事務実施者に該当する。個人番号関係事務とは、他人の個人番号を利用する事務であるため、自分の個人番号を事業者・地方公共団体等に通知する個人は、個人番号関係事務実施者には該当しない。しかし、子どもを扶養している場合等に、被扶養者である子どもの個人番号を事業者・地方公共団体等に通知する個人は、他人である子どもの個人番号を、法令に基づき個人番号利用事務の処理のために利用することになるので、個人番号関係事務実施者に該当する。

11　個人番号利用事務等実施者（第12条）

【番号法第12条】
個人番号利用事務実施者及び個人番号関係事務実施者（以下「個人番号利用事務等実施者」という。）は…（以下略）

（1）個人番号利用事務等実施者とは

個人番号利用事務等実施者とは、
（A）個人番号利用事務実施者と
（B）個人番号関係事務実施者をいう。

（2）事務と実施者の関係性

個人番号利用事務、個人番号関係事務、個人番号利用事務等、個人番号利用事務実施者、個人番号関係事務実施者、個人番号利用事務等実施者の関係は、図表8を参照のこと。

図表8 ■ 個人番号利用事務等と個人番号利用事務等実施者

事務		ひと	
個人番号利用事務 （例）健康保険	個人番号 利用事務等	個人番号利用事務実施者 （例）行政機関、地方公共団体、健康保険組合	個人番号利用 事務等実施者
個人番号関係事務 （例）法定調書の提出		個人番号関係事務実施者 （例）法定調書を提出する民間企業	

12 個人情報保護委員会（個人情報保護法第5章）

（1）個人情報保護委員会の役割

　個人情報保護委員会とは、個人情報に関して不正行為・違法行為がなされないように監視・監督を行う、中立的な第三者機関であり、内閣府の外局として置かれた機関をいう。

　これまでも個人情報保護法では、個人情報を取り扱う際のさまざまなルールを定めてきたが、そのルールがきちんと守られているか確認する第三者機関は存在していなかった。個人情報保護委員会が設立されたことで、法律がルールを定めるだけではなく、法律に定められたルールが遵守されているかを第三者機関が監視・監督することができ、ルールの実効化を図るとともに、より適切な特定個人情報の取扱いの担保を企図する。

（2）個人情報保護委員会の独立性

　特定個人情報その他の個人情報は、行政機関や地方公共団体でも多く取り扱われる。行政機関が行政機関を監視・監督するに当たり、なれ合いが生じないよう、個人情報保護委員会は、行政機関からの独立性が高い機関として設置された。大臣による各省庁とは異なり、有識者等から構成される委員長及び委員の合議体であり、公正取引委員会、原子力規制委員会と同等の組織である。

(3) 特定個人情報保護委員会からの改組

　元々は番号法で、特定個人情報に対する監視・監督を行う第三者機関、「特定個人情報保護委員会」として設立されたが、その監視・監督対象を特定個人情報から個人情報全般へと拡大する法改正がなされ、「個人情報保護委員会」に改組された。

13　特定個人情報保護評価（第26条・第27条）

> 【番号法第26条】
> 特定個人情報保護評価
> （特定個人情報の漏えいその他の事態の発生の危険性及び影響に関する評価をいう。）…（以下略）

(1) プライバシー影響評価とは

　特定個人情報保護評価（番号法第26条・第27条）とは、日本版プライバシー影響評価（Privacy Impact Assessment, PIA）である。

　一度流出した情報をすべて回収することは困難であるなど、プライバシー対策は問題が生じてから事後的に行うのではなく、事前に対策を講じることが重要である。そのために、諸外国ではプライバシー影響評価が実施され、個人情報を取り扱う前に、個人情報を取り扱うことでどのような悪影響が想定され、そのような悪影響を防止するために具体的にどのような対策を講じるかが検討されている。

　諸外国では個人番号に限らず個人情報全般に対し実施されている仕組みであるが、日本では、番号制度導入に伴い、個人番号に関連した部分に対してのみ、プライバシー影響評価が義務付けされた。

　もっとも、諸外国ではマイナンバーに限った制度ではないこと、また個人情報保護に対する国民意識が高まる一方で、ビッグデータを始めとした個人情報活用のニーズも増大する中、個人番号に限らず個人情報全般に対しプライバシー影響評価を実施することは極めて有用であり、かつ今後の

法改正の動向によっては、プライバシー影響評価の義務付け範囲が拡大されることも考えられる。

（2）漏えい対策に限らずプライバシーリスク全般を対象にする

　特定個人情報保護評価は、プライバシー影響評価として検討されてきた制度である。法律上、カタカナを用いるのが難しいことから、プライバシー影響評価ではなく、特定個人情報保護評価という名称が用いられている。

　特定個人情報保護評価は、特定個人情報の取扱いに伴うリスクを緩和・軽減するための対策を検討するためのものである。特定個人情報の取扱いに伴うリスクとは、特定個人情報の漏えいに限定されるものではない。外部漏えいしなかったとしても、内部者が特定個人情報を不正使用した、不必要に過剰収集したなどといった場合も、特定個人情報の不適切な取扱いといえ、このようなことが発生しないよう、事前に十分な対策を講じる必要がある。

　法律上は、「特定個人情報の漏えいその他の事態の発生の危険性及び影響に関する評価をいう」と定義されているが、「漏えいその他の」とある通り、漏えいはあくまで例示にすぎず、幅広い観点から、特定個人情報を取り扱うことで悪影響が生じないか、検討していくものである。

14　通知カード（第7条）

【番号法第7条】
通知カード
（氏名、住所、生年月日、性別、個人番号その他総務省令で定める事項が記載されたカードをいう。…）（以下略）

　通知カードとは、個人番号の付番対象者全員に郵送される、個人番号が記載された紙カードをいう。平成27年10月から一斉に通知カードの送付が開始されたが、以降も、子供の出生等に伴い新規に個人番号が付番されれば、通知カードが送付される。

15　個人番号カード（第2条第7項）

【番号法第2条第7項】
この法律において「個人番号カード」とは、
・氏名、住所、生年月日、性別、個人番号その他政令で定める事項が記載され、
・本人の写真が表示され、かつ、
・これらの事項その他総務省令で定める事項（以下「カード記録事項」という。）が電磁的方法（電子的方法、磁気的方法その他の人の知覚によって認識することができない方法をいう。）により記録されたカードであって、
・この法律又はこの法律に基づく命令で定めるところによりカード記録事項を閲覧し、又は改変する権限を有する者以外の者による閲覧又は改変を防止するために必要なものとして総務省令で定める措置が講じられたものをいう。

　個人番号カードとは、通知カードとは別個のカードを指す。申請者にのみ交付される、個人番号や顔写真その他が記載されたICカードをいう。個人番号カードは券面に氏名、住所、生年月日、性別、個人番号等が記載されるのみではなく、電磁的方法によりICチップ内にこれらの情報が記録される。

15　個人番号カード（第2条第7項）

> **ポイント**（番号制度の用語）
>
> 【個人番号】
> ・マイナンバーの正式名称は個人番号
> ・個人番号に対する規制は、死者のものに対しても及ぶが、特定個人情報に対する規制については死者のものに対しては及ばない。もっとも、死者の特定個人情報が遺族の（特定）個人情報でもある場合は、（特定）個人情報に対する規制が及ぶ
> ・個人番号の末尾に1を足したものなども、個人番号に該当し、規制が及ぶ
>
> 【特定個人情報】
> ・個人番号をその内容に含む個人情報を特定個人情報という
> ・個人番号と異なり、特定個人情報は死者の情報を含まない
> ・特定個人情報の定義中の個人情報は、主体によって定義は異なるが、概ね内容は同じ
>
> 【特定個人情報ファイル】
> ・個人番号をその内容に含む個人情報ファイルを特定個人情報ファイルという
> ・特定個人情報ファイルは、電子ファイルだけでなく紙ファイルも含む
>
> 【個人番号利用事務】
>
> 【個人番号関係事務】

第4章　精選過去問題で確認

問題 1 番号法2条は、さまざまな用語の定義を規定している。この定義に関する以下のアからエまでの記述のうち、正しいものを1つ選びなさい。

ア．番号法2条における「行政機関」とは、行政機関個人情報保護法における行政機関のことをいう。

イ．番号法2条における「個人情報」とは、行政機関個人情報保護法における個人情報であって行政機関が保有するものをいう。

ウ．番号法2条における「個人情報ファイル」とは、行政機関個人情報保護法2条4項に規定する個人情報ファイルであって行政機関が保有するもの、独立行政法人等個人情報保護法2条4項に規定する個人情報ファイルであって独立行政法人等が保有するものをいい、個人情報保護法における個人情報データベース等は含まれない。

エ．番号法2条における「個人番号」とは、住民票に記載されている住民票コードを変換することなく用いられている番号であって、当該住民票コードが記載された住民票に係る者を識別するために指定されるものをいう。

（第3回マイナンバー実務検定2級　問題6）

> **解 説**　各種用語の定義（2条）

本問は、番号法における各種用語の定義（2条）についての理解を問うものである。

ア．正しい。番号法2条における「行政機関」とは、行政機関個人情報保護法2条1項に規定する行政機関のことをいう（2条1項）。従って、本記述は正しい。

イ．誤り。番号法2条における「個人情報」とは、行政機関個人情報保護法2条2項に規定する個人情報であって行政機関が保有するもの、独立行政法人等個人情報保護法2条2項に規定する個人情報であって独立行政法人等が保有するもの又は個人情報保護法2条1項に規定する個人情報であって行政機関及び独立行政法人等以外の者が保有するものをいう（2条3項）。よって、独立行政法人等個人情報保護法や個人情報保護法における個人情報も含まれる。従って、本記述は誤っている。

ウ．誤り。番号法2条における「個人情報ファイル」とは、行政機関個人情報保護法2条4項に規定する個人情報ファイルであって行政機関が保有するもの、独立行政法人等個人情報保護法2条4項に規定する個人情報ファイルであって独立行政法人等が保有するもの、個人情報保護法2条2項に規定する個人情報データベース等であって行政機関及び独立行政法人等以外の者が保有するものをいう（2条4項）。よって、個人情報保護法における個人情報データベース等も含まれる。従って、本記述は誤っている。

エ．誤り。番号法2条における「個人番号」とは、7条1項又は2項の規定により、住民票コードを変換して得られる番号であって、当該住民票コードが記載された住民票に係る者を識別するために指定されるものをいう（2条5項）。従って、本記述は誤っている。

解答 ▶▶ ア

> **問題 2** 番号法におけるさまざまな用語の定義に関する以下のアからエまでの記述のうち、誤っているものを1つ選びなさい。
>
> **ア．** 番号法における「行政機関」とは、行政機関個人情報保護法2条1項に規定する行政機関のことをいう。
>
> **イ．** 番号法における「独立行政法人等」とは、独立行政法人等個人情報保護法2条1項に規定する独立行政法人等のことをいう。
>
> **ウ．** 番号法における「個人情報」とは、行政機関個人情報保護法2条2項に規定する個人情報であって行政機関が保有するもの、独立行政法人等個人情報保護法2条2項に規定する個人情報であって独立行政法人等が保有するもの又は個人情報保護法2条1項に規定する個人情報であって行政機関及び独立行政法人等以外の者が保有するものをいう。
>
> **エ．** 番号法における「個人情報ファイル」とは、行政機関個人情報保護法2条4項に規定する個人情報ファイルであって行政機関が保有するもの、独立行政法人等個人情報保護法2条4項に規定する個人情報ファイルであって独立行政法人等が保有するものをいい、個人情報保護法における個人情報データベース等は含まれない。
>
> （第2回マイナンバー実務検定2級　問題5）

> **解 説**　各種用語の定義（2条）

本問は、番号法における各種用語の定義（2条）についての理解を問うものである。

ア．正しい。番号法における「行政機関」とは、行政機関個人情報保護法2条1項に規定する行政機関のことをいう（番号法2条1項）。従って、本記述は正しい。

イ．正しい。番号法における「独立行政法人等」とは、独立行政法人等個人情報保護法2条1項に規定する独立行政法人等のことをいう（番号法2条2項）。従って、本記述は正しい。

ウ．正しい。番号法における「個人情報」とは、行政機関個人情報保護法2条2項に規定する個人情報であって行政機関が保有するもの、独立行政法人等個人情報保護法2条2項に規定する個人情報であって独立行政法人等が保有するもの又は個人情報保護法2条1項に規定する個人情報であって行政機関及び独立行政法人等以外の者が保有するものをいう（番号法2条3項）。従って、本記述は正しい。

エ．誤 り。番号法における「個人情報ファイル」とは、行政機関個人情報保護法2条4項に規定する個人情報ファイルであって行政機関が保有するもの、独立行政法人等個人情報保護法2条4項に規定する個人情報ファイルであって独立行政法人等が保有するもの又は個人情報保護法2条2項に規定する個人情報データベース等であって行政機関及び独立行政法人等以外の者が保有するものをいう（番号法2条4項）。よって、個人情報保護法における個人情報データベース等も含まれる。従って、本記述は誤っている。

解答　エ

問題 3 特定個人情報保護評価に関する以下のアからエまでの記述のうち、誤っているものを1つ選びなさい。

ア. 特定個人情報保護評価とは、特定個人情報ファイルを保有しようとする者が、特定個人情報の漏えいその他の事態を発生させるリスクを分析し、そのようなリスクを軽減するための適切な措置を講ずることを宣言する制度のことをいう。

イ. 行政機関の長等がなすべき特定個人情報保護評価の実施時期は、特定個人情報ファイルを保有する前であるとされている。

ウ. プライバシー性の高い情報が含まれるので、特定個人情報保護評価の結果を記載した書面を公示したり、広く国民の意見を求めたりすべきでないとされている。

エ. 特定個人情報保護評価の対象者は、行政機関の長、地方公共団体の機関、独立行政法人等及び地方独立行政法人、地方公共団体情報システム機構のみならず、情報提供ネットワークシステムを使用して情報連携を行う個人番号利用事務実施者としての民間事業者も含まれる。

(第3回マイナンバー実務検定2級　問題49)

解説　特定個人情報保護評価（26条、27条）

本問は、特定個人情報保護評価（26条、27条）についての理解を問うものである。

ア．正しい。 特定個人情報保護評価とは、特定個人情報ファイルを保有しようとする者が、特定個人情報の漏えいその他の事態を発生させるリスクを分析し、そのようなリスクを軽減するための適切な措置を講ずることを宣言する制度のことをいう（26条1項）。従って、本記述は正しい。

イ．正しい。 行政機関の長等がなすべき特定個人情報保護評価は、事後的対応にとどまらない積極的な事前対応を行う目的で実施するものであるため、「特定個人情報ファイルを保有する前に」実施しなければならないものとされている（27条1項）。従って、本記述は正しい。

ウ．誤り。 行政機関の長等は、特定個人情報ファイル（専ら当該行政機関の長等の職員又は職員であった者の人事、給与又は福利厚生に関する事項を記録するものその他の特定個人情報保護委員会規則で定めるものを除く。）を保有しようとするときは、当該特定個人情報ファイルを保有する前に、特定個人情報保護委員会規則で定めるところにより、27条1項に掲げる事項を評価した結果を記載した書面（評価書）を公示し、広く国民の意見を求めるものとされている（27条1項）。従って、本記述は誤っている。

エ．正しい。 特定個人情報保護評価の対象者は、行政機関の長、地方公共団体の機関、独立行政法人等及び地方独立行政法人、地方公共団体情報システム機構のみならず、情報提供ネットワークシステムを使用して情報連携を行う個人番号利用事務実施者としての民間事業者も含まれる（27条1項における「行政機関の長等」は、2条14項に規定されている。）。すなわち、情報提供ネットワークシステムを使用して情報連携を行う個人番号利用事務実施者としての民間事業者は、制度への関与の程度が深く、特定個人情報ファイルの保有が本人に対して与える影響も大きいものと考えられ、公的性格の強い事業者が予定されているため、特定個人情報保護評価の対象者に含まれるものとされている。例えば、健康保険組合等が挙げられる。従って、本記述は正しい。

解答　ウ

第5章 附則

1 施行期日

　番号制度はさまざまな事務、多数の行政機関、独立行政法人等、地方公共団体、民間事業者等に影響する制度であり、十分な準備期間を要する大規模な制度であるため、番号法の施行は段階的となり施行日は6段階に分かれている。

　1段階目は、平成25年5月31日であり、定義規定の施行等がなされた。

　2段階目は、平成26年1月1日であり、特定個人情報保護委員会の設立がなされた。

　3段階目は、平成26年4月20日であり、特定個人情報保護評価の施行等がなされた。

　4段階目は、平成27年10月5日であり、個人番号の通知等がなされた。

　5段階目は、平成28年1月1日であり、個人番号の利用開始等がなされた。

　6段階目は、平成29年予定であり、情報提供ネットワークシステム関連の施行がなされる予定である。

図表9 ■ 施行日

段階	概要	施行日
1段階目 (附則1条1号施行日)	定義規定の施行等	平成25年 5月31日
2段階目 (附則1条2号施行日)	特定個人情報保護委員会の設立等	平成26年 1月1日
3段階目 (附則1条3号施行日)	特定個人情報保護評価等	平成26年 4月20日
4段階目 (附則1条柱書施行日)	個人番号の通知等	平成27年 10月
5段階目 (附則1条4号施行日)	個人番号の利用開始等	平成28年 1月
6段階目 (附則1条5号施行日)	情報提供ネットワークシステムを通じた情報連携等	平成29年 7月目途

2　マイナポータル

①概要

　マイナポータルとは、ユーザそれぞれにカスタマイズされた情報を表示するポータルサイトをいう。社会保障・税・災害対策の３分野の情報発信や特定個人情報の開示等が、このサイト上で行われる。

　また、情報提供ネットワークシステムの履歴が確認でき、自分のマイナンバーがどの機関の間でやりとりされたかなどを確認することができる。

　将来的には、相続や結婚などの手続時に、マイナポータルにその旨を登録すれば、本人が選択した金融機関、クレジットカード会社、ガス会社、電気会社、公共機関等に、相続開始や改姓の連絡を一気に行えるようになることも、検討されている。

②法律の規定

　法律はあくまで法律事項を定めるものであるので、制度にとって重要なものであっても法律事項でなければ、法律上には登場しないことになる。マイナポータルもその一つであり、法律の本則では規定されていない。もっとも附則で、今後の検討に際し、マイナポータルに関しても規定がなされている。

　具体的には番号法附則第６条第３項で、附則第１条柱書施行日から一年（平成28年10月）を目途として、情報提供等記録開示システムを設置することが規定されている。情報提供等記録開示システムが、番号法上のマイナポータルの名称である。

　さらに附則第６条第３項では、マイナポータルが設置されたとしても、デジタルディバイド対策を行わなければならないことも合わせて規定しており、年齢、身体的な条件その他の情報提供等記録開示システムの利用を制約する要因にも配慮した上で、その活用を図るために必要な措置を講ずることが規定されている。

　附則第６条第３項では、マイナポータル上で、情報提供等記録の開示請求、開示決定・不開示決定に関する通知を行うことのみが規定されている

が、附則第6条第4項にて、情報提供等記録の開示に係る機能を持つマイナポータルを設置した後、適時に、その他の機能の拡充を図ることが規定されている。具体的には、以下の機能が掲げられている。

- 個人情報の開示に関する手続（自己情報開示）
- 個人番号利用事務実施者が本人に対し有益な情報を提供すること（プッシュ型サービス）
- 1つの書面で複数手続が行えるようにすること（ワンストップサービス）

第5章　精選過去問題で確認

問題 1 マイナポータルに関する以下のアからエまでの記述のうち、誤っているものを1つ選びなさい。

ア．マイナポータルとは、番号制度のシステム整備の一環として構築することが予定されている情報提供等記録開示システムのことをいう。

イ．マイナポータルでは、行政機関が保有する自分に関する情報や行政機関から自分に対しての必要なお知らせ情報等を、自宅のパソコン等から確認することができるように整備することが予定されている。

ウ．マイナポータルは、平成29年1月からの利用が予定されている。

エ．利便性確保の点から、自宅等のパソコンからマイナポータルへログインする際、個人認証をするためのICカードリーダー等は不要とすることになっている。

(第3回マイナンバー実務検定3級　問題45)

> **解説**　マイナポータル

本問は、マイナポータル（情報提供等記録開示システム）についての理解を問うものである。

ア．正しい。 マイナポータルとは、番号制度のシステム整備の一環として構築することが予定されている情報提供等記録開示システムのことをいう（番号法附則6条5項）。従って、本記述は正しい。

イ．正しい。 マイナポータルでは、行政機関がマイナンバー（個人番号）の付いた自分の情報をいつ、どことやりとりしたのか確認できるほか、行政機関が保有する自分に関する情報や行政機関から自分に対しての必要なお知らせ情報等を自宅のパソコン等から確認できるものとして整備することが予定されている。従って、本記述は正しい。

ウ．正しい。 マイナポータルは、平成29年1月からの利用が予定されている。従って、本記述は正しい。

エ．誤り。 自宅等のパソコンからマイナポータルへログインする際、ICカードリーダー等を必要とする予定になっている。なお、タブレット端末やスマートフォン等からもマイナポータルを利用できるようにする想定だが、認証方式等については現在検討中になっている。従って、本記述は誤っている。

> **解答** ≫ **エ**

問題2 マイナポータルに関する以下のアからエまでの記述のうち、誤っているものを1つ選びなさい。

ア. マイナポータルとは、番号制度のシステム整備の一環として構築することが予定されている情報提供ネットワークシステムによる特定個人情報提供システムのことをいい、平成29年4月からの利用が予定されている。

イ. マイナポータルは、なりすましにより特定個人情報を詐取されることのないように、利用の際は情報セキュリティ及びプライバシー保護に配慮した厳格な本人認証が必要とされており、個人番号カードのICチップに搭載される公的個人認証を用いたログイン方法を採用する予定である。そのため、原則として、個人番号カードがなければ利用できないものと考えられている。

ウ. マイナポータルでは、行政機関が保有する自分に関する情報や行政機関から自分に対しての必要なお知らせ情報等を、自宅のパソコン等から確認することができるように整備することなどが予定されている。

エ. 個人番号カードを取得せず、マイナポータルを利用できなくても、自分の情報を確認できる方法として、別途、情報保有機関に「書面による開示請求」をする方法が考えられている。

(第3回マイナンバー実務検定1級 問題45)

精選過去問題で確認

解説　マイナポータル

本問は、マイナポータルについての理解を問うものである。なお、「マイナポータル」とは、情報提供等記録開示システムの正式名称である。

ア 誤　り。　マイナポータルとは、番号制度のシステム整備の一環として構築することが予定されている情報提供等記録開示システムのことをいう（番号法附則6条5項）。平成29年1月からの利用が予定されている。従って、本記述は誤っている。

イ 正しい。　マイナポータルは、なりすましにより特定個人情報を詐取されることのないように、利用の際は情報セキュリティ及びプライバシー保護に配慮した厳格な本人認証が必要であり、そのため、個人番号カードのICチップに搭載される公的個人認証を用いたログイン方法を採用する予定である。よって、個人番号カードがなければ原則として利用できないものと考えられている。従って、本記述は正しい。

ウ 正しい。　マイナポータルでは、行政機関が保有する自分に関する情報や行政機関から自分に対しての必要なお知らせ情報等を、自宅のパソコン等から確認することができるように整備することなどが予定されている。従って、本記述は正しい。

エ 正しい。　個人番号カードを取得せず、マイナポータルを利用できなくても、自分の情報を確認できる方法として、別途、情報保有機関に「書面による開示請求」をする方法が考えられている。従って、本記述は正しい。

解答　≫ ア

第2編

特定個人情報等の保護措置

第1章 個人番号をめぐる法令・ガイドライン

1 関係する法令

(1) 番号法、個人情報保護法、租税法その他事務の根拠法

個人番号を取り扱う際は、番号法、個人情報保護法、租税法その他の事務の根拠法にのっとった取扱いが必要となる。個人番号に関する保護措置は、番号法、個人情報保護法に規定され、個人番号を利用した事務・手続が租税法その他の事務の根拠法に規定される。

番号法の主眼は、個人番号の付番・カードに関する事項など、番号制度の根幹に関するルールを定めると同時に、個人番号のリスクに着目し、個人番号の取り扱いに関するルールを定めることにある。また、個人情報保護法は、個人番号に限らず、個人情報全般について、取扱いに関するルールを定めている、個人情報保護の一般法である。

(2) 具体例

具体的にどのようなルールがどの法令に定められているかというと、個人番号の利用範囲・提供範囲の限定や本人確認義務等、個人番号特有のルールは番号法に規定されている。

そして、個人番号を始めとする個人情報の利用目的の通知、開示・訂正・利用停止請求手続など、個人情報全般に該当するルールは個人情報保護法に規定される。

これに対し、個人番号を始めとする個人情報を具体的にどの書面に記載するかなど、個人情報を実際にどう利用していくかに関する詳細事項は、番号法や個人情報保護法では規定されていない。この点は、個人番号が利用される社会保障手続・税務手続の根拠法である、所得税法を始めとする租税法や雇用保険法などの、他の法律及びその下位規範に規定されている（図表10）。

図表10 ■ 番号法、個人情報保護法と事務の根拠法

【番号制度導入後】

番号法 個人情報保護法	租税法、雇用保険法など 社会保障・税務手続の根拠法
・個人番号の取り扱いに関するルールを定める法律	・各種事務や手続の根拠法 ・個人番号を記載する義務がある場合がある

【番号制度導入以前】

個人情報保護法	租税法、雇用保険法など 社会保障・税務手続の根拠法
・個人情報の取り扱いに関するルールを定める法律 ・事業者における個人情報利用義務を定めたものではない	・各種事務や手続の根拠法 ・個人情報を記載する義務がある場合がある

2　番号法と個人情報保護法との関係

(1) 番号法は特別法

　したがって、個人番号を利用する際の保護措置は、番号法及び個人情報保護法に定められていることになる。では、番号法と個人情報保護法の関係とはどのようなものか。

　番号法が存在しなくても、個人番号は個人情報の一種であるため、個人番号に対しては個人情報保護法が適用されることになる。しかし個人番号の悪用の危険に鑑み、個人番号についてはその他の個人情報よりも厳しいルールを定めるために、個人情報保護法の他に、番号法という法律が新たに定められた。

　つまり、番号法は個人情報保護法の特別法であり、個人情報保護法は一般法である。

　特別法ということの意味は、具体的には、番号法によって個人情報保護法とは異なるルールが定められていたり、個人情報保護法のルールが適用除外されていたりする場合もある一方で、番号法が個人情報保護法のルールに対し特段何も述べていないところは、個人情報保護法のルールがそのまま適用されるということである。このように、個人番号を利用する際の

保護措置は、一見してよくわかるというものではないため、番号法と個人情報保護法の適用関係をよく整理・検討する必要がある。

（2）個人情報保護法・行政機関個人情報保護法・独立行政法人等個人情報保護法・個人情報保護条例

また、一般法たる個人情報保護法が何法を指すかは、主体によって異なる。すなわち、民間事業者にとっては個人情報保護法を意味するが、地方公共団体にとっては自身の定める個人情報保護条例を意味し、行政機関にとっては行政機関個人情報保護法を、独立行政法人等にとっては独立行政法人等個人情報保護法を意味する。

これに対し、特別法たる番号法は主体ごとに法律が分けられているものではなく、一つの法律となっている。もっとも、地方公共団体においては、番号法に定められた範囲以上に個人番号を活用するために、番号関連条例が定められている場合があり、その場合は、当該番号関連条例にも従う必要がある。

個人番号を取り扱う際に遵守しなければならない保護に関するルールが定められている法律を、主体ごとに分けると図表11の通りである。

図表11■遵守しなければならない保護関連の法律（主体別）

事業者	番号法	個人情報保護法
地方公共団体	番号法＋番号関連条例	個人情報保護条例
行政機関	番号法	行政機関個人情報保護法
独立行政法人等	番号法	独立行政法人等個人情報保護法

（3）適用関係（地方公共団体以外）

具体的な適用関係は、以下のとおりである。これは個人情報保護法のみならず、行政機関個人情報保護法、独立行政法人等個人情報保護法も同じである。

図表12 ■ 番号法と個人情報保護法の適用関係

①	番号法によって個人情報保護法の特則が定められている部分	
	ア　番号法により新たな規制が設けられている場合（たとえば再委託の許諾）	→番号法が適用
	イ　番号法により個人情報保護法とは異なる規制が設けられている場合	
	（ア）読み替え（たとえば目的外利用の制限）	→番号法によって読み替えられた個人情報保護法が適用
	（イ）書き起こし（たとえば安全管理措置）	→番号法が適用
②	番号法によって個人情報保護法の特則が定められていない部分	→個人情報保護法が適用

　上記のうち、①イ（ア）は、番号法第29条及び第30条に定められている。第30条は情報提供等記録に関する読み替えであり、第29条はそれ以外の特定個人情報に関する読み替えである。

（4）適用関係（地方公共団体）

　これに対して、地方公共団体における適用関係は、若干異なる。地方公共団体の場合も、一般法が個人情報保護条例であり、特別法が番号法である点は同じであるが、地方公共団体の場合は、読替規定が番号法上設けられていない。したがって、番号法第29条及び第30条の読替規定に相当する部分を、個人情報保護条例の改正等によって、自ら行う義務が課せられる（番号法第31条）。

　また、地方公共団体では、番号法に定められた範囲以上に、番号制度を利活用することが、番号法で認められている。したがってその部分について利活用条例を制定した場合は、番号法、個人情報保護条例のみならず、利活用条例も適用されることになる。もっとも、利活用条例は個人情報保護条例と異なり、改正義務・制定義務が課せられるものではなく、地方公共団体の判断で必要と考えられれば制定されることとなる。

地方公共団体における具体的な適用関係は、以下となる。

① 番号法によって個人情報保護条例の特則が定められている部分	
ア 番号法により新たな規制が設けられている場合 （たとえば情報保護評価）	→番号法が適用
イ 番号法により個人情報保護条例とは異なる規制が設けられている場合	
（ア）保護のための条例改正事項 （たとえば目的外利用の制限）	→改正個人情報保護条例が適用
（イ）利活用のための条例改正事項 （たとえば個人番号の利用範囲）	→番号法＋条例が適用
（ウ）番号法で書き起こされている規定 （たとえば安全管理措置）	→番号法が適用
② 番号法によって個人情報保護条例の特則が定められていない部分	→個人情報保護条例が適用

3　事業者における個人情報取扱事業者とそれ以外

（1）個人情報取扱事業者と個人情報保護法

　上記の通り、事業者は番号法と個人情報保護法に従うことになる。前者の番号法はどのような事業者に対しても等しく適用になる法律だが、これに対し後者の個人情報保護法は、「個人情報取扱事業者」にのみ義務が課せられる法律である。「個人情報取扱事業者」とは、個人情報保護法の義務が適用になる事業者のことをいう。

（2）個人情報取扱事業者以外の事業者

　個人情報取扱事業者に該当しない事業者であれば、個人情報保護法に相当する規制は課せられないかというと、そうではない。個人情報保護法のすべての規制は課せられないが、一部の重要な規制は、個人情報取扱事業者に該当しない事業者向けに、番号法に規定が設けられている。これらの者は「個人番号取扱事業者」とされ、番号法第32条から第35条に、これらの者に対する個人情報保護法に規定された一部の重要な規制について、規定が設けられている。

3　事業者における個人情報取扱事業者とそれ以外

図表13■個人情報取扱事業者と個人番号取扱事業者への法適用

	番号法	個人情報保護法
個人情報取扱事業者	○	○
個人番号取扱事業者	○	× （但し、番号法32〜35条）

　具体的な規定は、目的外取扱いの禁止、安全管理措置、従業者の監督である。以下、個人番号取扱事業者に対するそれぞれの規律について解説する。

　なお、事業者でない、行政機関、地方公共団体、独立行政法人等は、それぞれ行政機関個人情報保護法、個人情報保護条例、独立行政法人等個人情報保護法に従い、個人番号取扱事業者に対する番号法第32条から第35条の義務には服さない。

（3）目的外取扱いの禁止

> 【番号法第32条】
> 個人番号取扱事業者
> （個人情報保護法第二条第三項に規定する個人情報取扱事業者を除く。）は、
> ・人の生命、身体又は財産の保護のために必要がある場合において本人の同意があり又は本人の同意を得ることが困難であるとき、及び
> ・番号法第9条第4項の規定に基づく場合を除き、
> 個人番号利用事務等を処理するために必要な範囲を超えて、
> 特定個人情報を取り扱ってはならない。

　個人情報取扱事業者について、これに相当する規定は、番号法第29条第3項によって読み替えられた個人情報保護法第16条である。

（4）安全管理措置

> 【番号法第33条】
> ・個人番号取扱事業者は、
> ・その取り扱う特定個人情報の漏えい、滅失又は毀損の防止その他の特定個人情報の安全管理のために
> ・必要かつ適切な措置を講じなければならない。

　個人情報取扱事業者について、これに相当する規定は、個人情報保護法第20条である。番号法第33条がなくても、個人情報取扱事業者以外に対しても等しく適用される、番号法第12条にも安全管理措置が規定されている。しかし、番号法第12条はあくまでその対象を個人番号としており、番号法第33条や個人情報保護法第20条は特定個人情報、個人データを対象としているので、個人番号そのものの安全管理措置は番号法第12条が適用になる一方で、個人番号と紐づく個人情報自体の安全管理措置は番号法第33条、個人情報保護法第20条が適用になる。

（5）従業者の監督

> 【番号法第34条】
> ・個人番号取扱事業者は、
> ・その従業者に特定個人情報を取り扱わせるに当たっては、
> ・当該特定個人情報の安全管理が図られるよう、
> ・当該従業者に対する必要かつ適切な監督を行わなければならない。

　個人情報取扱事業者について、これに相当する規定は、個人情報保護法第21条である。

（6）改正法の施行

　もっとも、個人番号取扱事業者に対する番号法第32条から第35条の規定は、平成29年目途で削除される。なぜなら、個人情報保護法の対象が拡大され、従来までは個人情報取扱事業者には該当しなかった者も、今後は個

人情報取扱事業者として個人情報保護法上の義務に服することになるからである。

　この改正は、平成29年目途で施行になる予定である。改正個人情報保護法施行後は、それまで個人番号取扱事業者に該当していた者も、番号法第32条から第35条ではなく、個人情報保護法に従うことになる。

4　ガイドライン

(1) 番号法と個人情報保護法のガイドライン
①趣旨
　個人番号をめぐるルールについては、法律の他に、ガイドラインが公表されている。ガイドラインとは法律とは異なるものであり、法律のように新たな義務を課すものではない。法律をわかりやすく解説し、個人番号やそれ以外の個人情報を取り扱うための具体的指針を示すために公表されているものである。

　なお、ガイドラインの公表元たる行政機関は、一般に、法令に違反する行為が行われた時に、勧告や命令を発出する権限を有しているため、ガイドラインは当局の考え方を知ることもできるという意義も有する。

②参照すべきガイドライン（事業者）
　個人番号以外の個人情報については、各府省庁が元々ガイドラインを公表していた。金融機関は、金融庁が公表している金融庁ガイドライン（金融分野における個人情報保護に関するガイドライン（平成21年11月20日金融庁告示第63号））を、それ以外の多くの事業者は、経済産業省が公表している経済産業省ガイドライン（個人情報の保護に関する法律についての経済産業分野を対象とするガイドライン（平成26年12月12日厚生労働省・経済産業省告示第4号））を参照することになる。

　これに対し個人番号については、個人情報保護委員会がガイドラインを公表している。個人情報保護委員会は、個人番号のみならず個人情報全般の保護を担当する行政機関であるが、当面は、個人情報保護委員会が公表

したガイドラインは、原則として番号法に基づく規制に対する指針である。そのため、個人情報保護法に基づく規制については、金融庁や経済産業省などの各事業分野を所管する府省庁が公表しているガイドラインを参照する必要がある。

なお、上記はあくまで平成28年6月時点のものであり、今後は、個人番号以外の個人情報についても、個人情報保護委員会がガイドラインを公表することも検討されているため、個人情報保護委員会の動向の注視が必要である。

さらに、情報提供ネットワークシステム等を使用する場合は、接続規程等が示す安全管理措置等を遵守しなければならず、また特定個人情報保護評価を実施した場合は、特定個人情報保護評価の内容を遵守しなければならない（「行政・地方ガイドライン51ページ」に記載があるが、事業者においても同様である）。

③参照すべきガイドライン（行政・地方）

行政機関、独立行政法人等においては、事業者向けガイドラインは適用にならず、総務省が公表する「行政機関の保有する個人情報の適切な管理のための措置に関する指針」、「独立行政法人等の保有する個人情報の適切な管理のための措置に関する指針」を参照する。

地方公共団体においても、事業者向けガイドラインは適用にならず、自団体が定めるガイドラインや逐条解説等を参照する。なお、国の通知としては、総務省が平成15年6月16日に公表した「地方公共団体における個人情報保護対策について」がある。また、地方公共団体では、地方公共団体における情報セキュリティポリシーに関するガイドライン等を参考に地方公共団体等において策定した情報セキュリティポリシー等を遵守しなければならない（「行政・地方ガイドライン51ページ」）。

さらに、情報提供ネットワークシステム等を使用する場合は、接続規程等が示す安全管理措置等を遵守しなければならず、また特定個人情報保護評価を実施した場合は、特定個人情報保護評価の内容を遵守しなければならない（「行政・地方ガイドライン51ページ」）。

図表14 ■番号法・個人情報保護法(事業者)ガイドライン

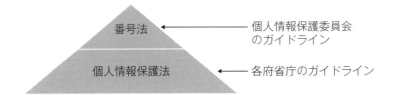

(2) 番号法ガイドライン

　個人情報保護委員会が公表する番号法に関するガイドラインは、一般事業者向けのもの(事業者ガイドライン)と金融業務向けのもの(金融ガイドライン)、行政機関等・地方公共団体等向けのもの(行政・地方ガイドライン)に分かれる。

(3) 事業者ガイドラインと金融ガイドライン

　個人情報保護委員会のガイドラインは、番号法を中心に法律をわかりやすく解説したものである。そしてその法律は、一般事業者、金融機関とで異なる法律ではない。番号法と個人情報保護法である。したがって、事業者ガイドラインと金融ガイドラインで内容は大幅に異なるものではない。金融機関におけるマイナンバーの取扱いにかかる特徴としては、激甚災害時等の目的外利用が認められること(番号法第9条第4項)、株式等振替制度を活用した特定個人情報の提供が認められること(番号法第19条第10号)が大きい。事業者ガイドラインと金融ガイドラインの違いとしては、その点に関する記述が厚いことと、具体的な事例解説の中で、事業者ガイドラインでは一般事業者が個人番号に接する場面を事例として挙げているが、金融ガイドラインでは金融機関が個人番号に接する場面を事例として挙げていることが主であり、法適用・法解釈などの内容面では大きな差異はない。

(4) 行政・地方ガイドライン

　一般事業者と行政機関、地方公共団体との違いとして大きな点は、一般

法の差異である。一般事業者は個人情報保護法の規制に従うのに対し、行政機関では行政機関個人情報保護法に、地方公共団体では地方公共団体が定める個人情報保護条例の規制に従うことになる。しかし、平成28年6月時点で、個人情報保護委員会が公表するガイドラインは、一般法に関するものではなく番号法に関するものである。そして、番号法自体は、一般事業者と行政機関、地方公共団体とで異なるものではない（もっとも、読替規定などの部分で一部差異が見られる）。

それよりも一般事業者と行政機関、地方公共団体との間の大きな違いとしては、健康保険組合を除き、一般事業者は、原則として個人番号利用事務を処理したり、情報提供ネットワークシステムを使用するものではないということである。この点、行政機関や地方公共団体が個人番号を利用する主な場合は、個人番号利用事務であり、また個人番号利用事務の多くでは情報提供ネットワークを恒常的に使用することが想定される。そのため、行政機関、地方公共団体において個人番号の保護の必要性・重要性は非常に高いといえる。但し、繰り返しになるが、番号法自体は大きな差異はないため、事業者ガイドラインと行政・地方ガイドラインで内容が大幅に異なるというわけでは一般にない。

ポイント（個人番号をめぐる法令・ガイドライン）

- 個人番号に関する保護措置は、番号法、個人情報保護法に規定され、個人番号を利用した事務・手続が租税法その他の事務の根拠法に規定される
- 個人情報保護法は、個人番号に限らず、個人情報全般について、取扱いに関するルールを定めている、個人情報保護の一般法。一般法たる個人情報保護法が何法を指すかは、主体によって異なる。すなわち、民間事業者にとっては個人情報保護法を意味し、地方公共団体にとっては自身の定める個人情報保護条例を意味し、行政機関にとっては行政機関個人情報保護法を、独立行政法人等にとっては独立行政法人等個人情報保護法を意味する。
- 番号法は個人情報保護法の特別法。番号法によって個人情報保護法とは異なるルールが定められていたり、個人情報保護法のルールが適用除外されていたりする場合もある一方で、番号法が個人情報保護法のルールに対し特段何も述べていないところは、個人情報保護法のルールがそのまま適用される。特別法たる番号法は主体ごとに法律が分けられているものではなく、一つの法律となっている。
- 個人情報取扱事業者に該当しない事業者は「個人番号取扱事業者」とされ、個人情報保護法のすべての規制は課せられないが、一部の重要な規制は、番号法第32条から第35条に規定が設けられている。もっとも、平成29年目途で、個人情報保護法の対象が拡大され、従来までは個人情報取扱事業者には該当しなかった者も、今後は個人情報取扱事業者として個人情報保護法上の義務に服することになる。

第1章　精選過去問題で確認

問題1 以下のアからエまでの記述のうち、番号法と個人情報保護法令（行政機関個人情報保護法、独立行政法人等個人情報保護法、個人情報保護法）との関係に関する【問題文A】から【問題文C】の内容として正しいものを1つ選びなさい。

【問題文A】番号法には規定されていない事項が、個人情報保護法令には規定されている場合、個人情報保護法令が適用される。

【問題文B】番号法に規定されており、同一事項について個人情報保護法令にも規定されている場合、番号法が適用される。

【問題文C】個人情報保護法における「個人情報取扱事業者」に含まれない場合には、番号法における「個人番号取扱事業者」にも含まれない。

ア．Aのみ誤っている。
イ．Bのみ誤っている。
ウ．Cのみ誤っている。
エ．すべて正しい。

（第1回マイナンバー実務検定2級　問題3）

解 説 個人情報保護法令との関係

本問は、番号法と個人情報保護法令（行政機関個人情報保護法、独立行政法人等個人情報保護法、個人情報保護法）との関係についての理解を問うものである。なお、地方公共団体では個人情報の保護に関する条例が一般法として適用される。

A．正しい。番号法は、個人情報保護法令を一般法とする特別法であるといえるから、番号法に規定がない事項については、一般法たる個人情報保護法令が適用される。従って、本記述は正しい。

B．正しい。番号法に規定されており、同一事項について個人情報保護法令にも規定されている場合、特別法たる番号法が適用される。従って、本記述は正しい。

C．誤り。個人情報保護法における「個人情報取扱事業者」には、その事業の用に供する個人情報データベース等を構成する個人情報によって識別される特定の個人の数の合計が、過去6か月以内のいずれの日においても5000を超えない者は含まれない（個人情報保護法2条3項5号、個人情報保護法施行令2条）。これに対して、番号法における「個人番号取扱事業者」とは、特定個人情報ファイルを事業の用に供している個人番号利用事務等実施者であって、国の機関、地方公共団体の機関、独立行政法人等及び地方独立行政法人以外のものをいい（31条）、個人情報保護法における「個人情報取扱事業者」に含まれないとしても、「個人番号取扱事業者」には含まれる可能性がある。従って、本記述は誤っている。

以上により、問題文ABは正しいが、Cは誤っている。従って、正解は肢ウとなる。

解答 ▶▶ ウ

問題2 問題2．以下のアからエまでのうち、番号法の概要に関する【問題文A】及び【問題文B】の正誤の組合せとして正しいものを1つ選びなさい。

【問題文A】個人情報保護法令は一般法と呼ばれ、番号法はその特別法であるとされている。そして、地方公共団体では、個人情報の保護に関する条例等が一般法として位置付けられている。

【問題文B】個人情報保護法における「個人情報取扱事業者」に含まれない場合には、番号法における「個人番号取扱事業者」にも含まれない。

ア．A = ○　B = ○
イ．A = ○　B = ×
ウ．A = ×　B = ○
エ．A = ×　B = ×

（第3回マイナンバー実務検定2級　問題3）

解説 番号法の概要

本問は、番号法の概要についての理解を問うものである。

A．正しい。個人情報保護法令は一般法と呼ばれ、番号法はその特別法であるとされている。また、地方公共団体では、個人情報の保護に関する条例等が一般法として位置付けられている。従って、本記述は正しい。

B．誤り。個人情報保護法における「個人情報取扱事業者」には、その事業の用に供する個人情報データベース等を構成する個人情報によって識別される特定の個人の数の合計が、過去6か月以内のいずれの日においても5000を超えない者は含まれない（個人情報保護法2条3項5号、個人情報保護法施行令2条）。これに対して、番号法における「個人番号取扱事業者」とは、特定個人情報ファイルを事業の用に供している個人番号利用事務等実施者であって、国の機関、地方公共団体の機関、独立行政法人等及び地方独立行政法人以外のものをいい（31条）、個人情報保護法における「個人情報取扱事業者」に含まれないとしても、「個人番号取扱事業者」には含まれる可能性がある。従って、本記述は誤っている。

なお、平成27年改正（2年後までに施行予定）により個人情報保護法2条3項5号が削除されることになり、個人情報によって識別される特定の個人の数の合計が5000を超えない者であっても、「個人情報取扱事業者」にあたり得ることになる。よって、「個人番号取扱事業者」に当たれば「個人情報取扱事業者」にも当たることになる。そして、「個人情報取扱事業者でない個人番号取扱事業者」の概念が不要となることから、番号法32条が削除されることになっている。また、平成27年改正の施行後には、本記述は正しいことになると考えられる。

以上により、問題文Aは正しいが、Bは誤っている。従って、正解は肢イとなる。

解答 ▶▶ イ

> 問題 3　番号法には規定されていない事項が、個人情報保護法令には規定されている場合、個人情報保護法令が適用されるが、番号法にも個人情報保護法令にも規定されている場合は、個人情報保護法令が適用される。
>
> 　　ア．正しい　　イ．誤っている
>
> (第3回マイナンバー実務検定3級　問題3)

解説　番号法の概要

本問は、番号法の概要についての理解を問うものである。

イ．誤　り。番号法には規定されていない事項が、個人情報保護法令には規定されている場合、個人情報保護法令が適用されるが、番号法にも個人情報保護法令にも規定されている場合には、特別法たる番号法が適用される。従って、本記述は誤っている。

解答 ▶▶ イ

難問 チャレンジ

行政機関等において、利用目的以外の目的のための特定個人情報の利用は原則として禁止されるが、(1) 金融機関に該当する独立行政法人等が激甚災害時等に金銭の支払を行う場合、(2) 人の生命、身体又は財産の保護のために必要がある場合であって、本人の同意があり、又は本人の同意を得ることが困難である場合は、例外として利用目的以外の目的のために特定個人情報を利用することができる。

ア．正しい　イ．誤っている

(第6回マイナンバー実務検定1級　問題76－【問題文C】より)

解説 「特定個人情報の適正な取扱いに関するガイドライン(行政機関等・地方公共団体等編)」

本問は、個人情報保護委員会作成の「特定個人情報の適正な取扱いに関するガイドライン（行政機関等・地方公共団体等編）」についての理解を問うものである。

ア．正しい。 行政機関等において、利用目的以外の目的のための特定個人情報の利用は原則として禁止されるが、(1) 金融機関に該当する独立行政法人等が激甚災害時等に金銭の支払を行う場合（番号法9条4項、番号法改正前29条2項（改正後30条2項）により読み替えて適用される独立行政法人等個人情報保護法9条1項、番号法施行令（平成26年政令第155号）10条）、(2) 人の生命、身体又は財産の保護のために必要がある場合であって、本人の同意があり、又は本人の同意を得ることが困難である場合（番号法改正前29条1項又は2項（改正後30条1項又は2項）により読み替えて適用される行政機関個人情報保護法8条2項1号又は独立行政法人等個人情報保護法9条2項1号）に限り、例外として利用目的以外の目的のために特定個人情報を利用することができる。従って、本記述は正しい。

解答　ア

第2章 利用関連規制

1 利用範囲の制限

(1) 趣旨

　個人番号の取扱いの大きな特徴として、個人番号は利用できる範囲が制限されていることが挙げられる。これまでの個人情報は、利用できる業務・手続等に制限がなかったのに対し、個人番号は、番号法で限定された利用範囲でしか利用することができない。

　これはなぜなのか。個人番号は、それ単体では数字の羅列にすぎず、重要な個人情報が含まれるものではない。個人番号の効果は、個人情報の目次・索引機能にある。個人番号をさまざまな個人情報の目次・索引として使えば、個人番号でさまざまな個人情報を、容易に効率的に検索・管理できるようになる。この個人番号の効果を正しく活用すれば、番号制度の趣旨・目的が達成できると考えられるが、一方でこの効果が悪用されると、さまざまな危険が考えられる。

　仮に、個人番号がありとあらゆる個人情報の目次・索引となってしまえば、個人番号さえわかれば、その人のさまざまな情報を入手することができてしまい、プライバシー権侵害の著しい危険となる。番号制度はそのような事態を意図するものではなく、制度趣旨に沿って、個人番号を正しく活用し、個人番号の悪用を防止するために、そもそも個人番号を利用できる範囲を厳しく限定することで、個人番号が不必要な個人情報と結びつかないよう、個人番号と紐づく個人情報の範囲を限定している。これによって、個人番号がわかったとしても、対象者のありとあらゆる個人情報を入手することはできなくなり、利用範囲の制限は、番号法上の最も重要な規制といえる。

（2）具体的な範囲

具体的には、番号法第9条に定める範囲内で個人番号を利用することになる。番号法第9条は、次の3つに分けられる。

（A）個人番号利用事務（番号法第9条第1項・第2項）
（B）個人番号関係事務（番号法第9条第3項）
（C）その他（番号法第9条第4項・第5項）

行政機関、地方公共団体にとっては、（A）個人番号利用事務、（B）個人番号関係事務が個人番号を利用する主な場合であり、民間事業者にとっては（C）個人番号関係事務が個人番号を利用する主な場合である。

（3）利用範囲－別表第一事務（番号法第9条第1項）

> 【番号法第9条第1項】
> ・別表第一の上欄に掲げる行政機関、地方公共団体、独立行政法人等その他の行政事務を処理する者
> （法令の規定により同表の下欄に掲げる事務の全部又は一部を行うこととされている者がある場合にあっては、その者を含む。）は、
> ・同表の下欄に掲げる事務の処理に関して保有する特定個人情報ファイルにおいて
> ・個人情報を効率的に検索し、及び管理するために必要な限度で
> ・個人番号を利用することができる。
> ・当該事務の全部又は一部の委託を受けた者も、同様とする。

①総論

個人番号利用事務のうちの主な場合が、別表第一事務である。別表第一には、社会保障・税・災害対策分野の事務のみ規定されている。個人番号が「社会保障・税・災害対策の番号だ」といわれるのは、これが所以である。

別表第一には上欄に主体が、下欄に事務が規定されており、原則としては、上欄に自身が規定されている場合に、それに対応する下欄の事務でのみ個人番号を利用することができる。

別表第一事務の例としては、都道府県知事等が行う生活保護関連事務

(生活保護法による保護の決定及び実施、就労自立給付金の支給、保護に要する費用の返還又は徴収金の徴収に関する事務（別表第一の15の項））、国税庁長官が行う国税関連事務（国税の賦課又は徴収に関する事務（別表第一の38の項））、都道府県知事・市町村長が行う地方税関連事務（地方税の賦課徴収又は地方税に関する調査に関する事務（別表第一の16の項））、都道府県知事が行う災害救助法による救助又は扶助金の支給に関する事務（別表第一の6の項）等が挙げられる。

なお、別表第一の上欄には、「行政機関、地方公共団体、独立行政法人等その他の行政事務を処理する者」が規定されているが、行政事務に限定されるものではなく、健康保険組合等の民間事業者も規定されている。これは、健康保険組合は準公的機関として、行政事務に相当する事務を処理していると考えられるためである。

個人番号は、別表第一事務であればいつでも無制限に利用できるものではなく、個人情報を効率的に検索、管理するために必要な限度でのみ利用することができる。

②上欄に規定されていなくても個人番号が利用できる場合

但し、例外として、上欄に自身が規定されていない場合であっても、法令の規定により下欄事務を委任されている場合は、下欄事務で個人番号を利用することができる（番号法第9条第1項括弧書き）。例えば、都道府県が実施する事務の一部を市町村が法令に基づき実施している場合や、厚生労働大臣が実施する事務の一部を公共職業安定所長等が法令に基づき実施している場合等である。

また、上欄に自身が規定されていない場合であっても、上欄に規定されている者から委託を受けた者も、個人番号を利用できる（番号法第9条第1項後段）。

（4）利用範囲－条例独自事務（番号法第9条第2項）

【番号法第9条第2項】

> ・地方公共団体の長その他の執行機関は、
> ・福祉、保健若しくは医療その他の社会保障、地方税又は防災に関する事務その他これらに類する事務であって
> ・条例で定めるものの処理に関して保有する特定個人情報ファイルにおいて
> ・個人情報を効率的に検索し、及び管理するために必要な限度で
> ・個人番号を利用することができる。
> ・当該事務の全部又は一部の委託を受けた者も、同様とする。

①趣旨

　行政機関、独立行政法人等、民間事業者等は番号法に法定された範囲でしか個人番号を利用することができない。これに対して地方公共団体は、法定事務に限らず、社会保障・税・防災及びこれらに類する事務であれば、条例で定めることにより、個人番号を利用することが可能である（番号法第9条第2項）。

　これはなぜなら、特に社会保障・防災の行政事務は地方公共団体で行われているものが多く、地方公共団体独自の創意工夫で、さまざまな事務が実施されている。

　例えば、乳幼児医療費助成は、乳幼児の医療費を補助する制度であるが、国ではこのような制度は法定されておらず、地方公共団体が独自に実施している事務である。乳幼児医療費助成も、社会保障事務の一つであるが、法律に基づく事務ではないため、番号法上でこの事務に個人番号を利用できるとは規定されていない。もし、地方公共団体が条例で定めたとしても個人番号が利用できないとなると、児童手当、予防接種などの子育て関連の法定事務では個人番号を利用するのに対し、乳幼児医療費助成では個人番号を利用することができなくなってしまう。

　そうすると、番号制度は行政効率化・国民利便性の向上に資する制度であるにもかかわらず、かえって地方公共団体の事務処理が混乱したり、手続を行う住民にとっても個人番号を要求される手続と要求されない手続がわかりづらく混乱を生じたりするおそれが考えられる。そこで、番号法で

は、地方公共団体については、条例を定めることで、法定された範囲を超えて個人番号を利用できることを認めるものである。

②個人番号を利用できる場合

なお、条例で定めればどのような事務でも個人番号を利用できるわけではなく、社会保障・税・防災及びこれらに類する事務の範囲内でなければならない。

また、番号法別表第一事務と同様、地方公共団体の執行機関だけでなく、委託を受けた民間事業者なども、委託に必要な限度で、個人番号を利用することができる（番号法第９条第２項後段）。また、条例を定めれば、個人番号を無制限に利用できるものではなく、個人情報を効率的に検索、管理するために必要な限度でのみ利用することができる。

（５）利用範囲－条例庁内連携（番号法第９条第２項）

番号法別表第一は、主体と事務をそれぞれ列挙している。誰が何の事務を行う中で個人番号を利用するかを、限定列挙しているものである。

行政機関や健康保険組合では、個人番号を利用する事務の種類が少なく、原則として、別表第一の複数の項間で、特定個人情報のやりとりをすることはない。これに対し地方公共団体では、別表第一事務に規定されているものだけでも個人番号を利用する事務の種類が多く、別表第一の複数の項間で、特定個人情報のやり取りをすることが考えられる。

例えば、厚生労働大臣は、戦没者等の妻に対する特別給付金の支給に関する事務（別表第一の40の項）と、特別児童扶養手当等の支給に関する事務（別表第一の46の項）で個人番号を利用する（番号法第９条第１項）が、前者のために入手した特定個人情報を、後者のために利用することは想定されない。これに対し地方公共団体は、地方税事務（別表第一の16の項）と生活保護事務（別表第一の15の項）で個人番号を利用する（番号法第９条第１項）が、前者のために入手した所得額情報（特定個人情報）を、後者のために利用することが想定される。これはあくまで一例であり、地方公共団体ではさまざまな事務で、他の事務で入手した特定個人情報を利用

していくことが想定される。

　番号法では、上記の通り、さまざまな個人情報と個人番号が結びつき、個人番号の目次・索引機能が悪用されないよう、誰が何のために個人番号を利用できるかどうかを、番号法で厳格に制限することとされている。この趣旨を踏まえ、番号法別表第一の項をまたぐ利用については、条例でどの事務とどの事務の間で特定個人情報のやりとりが発生するかを明確化することとされている。

(6) 利用範囲－個人番号関係事務（番号法第9条第3項）

【番号法第9条第3項】
- 健康保険法第48条若しくは第179条第1項、相続税法第59条第1項から第3項まで、厚生年金保険法第27条、第29条第3項若しくは第98条第1項、租税特別措置法第9条の4の2第2項、第29条の2第5項若しくは第6項、第29条の3第4項若しくは第5項、第37条の11の3第7項、第37条の14第9項、第13項若しくは第26項、第70条の2の2第13項若しくは第70条の2の3第14項、所得税法第57条第2項若しくは第225条から第228条の3の2まで、雇用保険法第7条又は内国税の適正な課税の確保を図るための国外送金等に係る調書の提出等に関する法律第4条第1項若しくは第4条の3第1項その他の法令又は条例の規定により、
- 別表第一の上欄に掲げる行政機関、地方公共団体、独立行政法人等その他の行政事務を処理する者又は地方公共団体の長その他の執行機関による
- 第一項又は前項に規定する事務の処理に関して必要とされる
- 他人の個人番号を記載した書面の提出その他の他人の個人番号を利用した事務を行うものとされた者は、
- 当該事務を行うために必要な限度で
- 個人番号を利用することができる。
- 当該事務の全部又は一部の委託を受けた者も、同様とする。

①**総論**

　個人番号関係事務の典型例は、民間事業者や地方公共団体が税務署に提出する給与所得の源泉徴収票に、従業員・職員の個人番号を記載する場合である。

　しかし個人番号関係事務は、使用者としての手続のみを指すものではない。法令に基づき、個人番号利用事務に関して必要とされる他人の個人番号を利用した事務を行うものとされている場合は、個人番号関係事務に該当する。番号法第9条第3項では、健康保険法第48条等のさまざまな法令の規定が引用されているが、これらは例示であり、番号法第9条第3項に列挙されていない法令であっても、また条例であっても、法令又は条例に基づくものであれば、個人番号関係事務に該当する。

　また番号法第9条第3項では、他人の個人番号を記載した書面の提出が例示されている。法定調書の税務署への提出、雇用保険被保険者資格取得届出書のハローワークへの提出等、実際に行われる個人番号関係事務としては書面提出が多いと考えられるが、書面提出に限られるものではなく、他人の個人番号を利用した事務全般が個人番号関係事務に該当する。

　個人番号関係事務は、他人の個人番号を利用する事務であるので、自分の個人番号のみを利用する場合は、個人番号関係事務に該当しない。例えば、自分の個人番号を記載した確定申告書を税務署へ提出する場合は、個人番号関係事務に該当しない。これに対し、扶養家族の個人番号を記載した書面を税務署へ提出する場合は、個人番号関係事務に該当する。

②**民間事業者が個人番号を利用できる原則的場合**

　民間事業者が個人番号を利用できる場合は、原則として個人番号関係事務に限定される。なぜなら民間事業者は、健康保険組合等を除き番号法別表第一にも規定されていないし、地方公共団体でもないので条例事務もできず、したがって社会保障分野又は税務分野の手続という個人番号関係事務で個人番号を利用するのが原則となる。

　社会保障分野の手続とは、健康保険・介護保険・厚生年金保険・雇用保険等の各種手続のことで、従業員とその扶養家族の個人番号を利用するこ

とが想定される。税務手続とは、従業員等に対して給与等を支払う場合に提出する「給与所得の源泉徴収票」、外交員報酬・弁護士報酬・講演料等の報酬等を支払う場合に提出する「報酬、料金、契約金及び賞金の支払調書」等の法定調書作成事務で、従業員とその扶養家族の他、報酬支払先、配当支払先等の個人取引先、個人顧客の個人番号を利用することが想定される。

　扶養家族については、例えば、健康保険に加入させるための申請書等に扶養家族の個人番号を記載される場合や、所得税法第194条第1項の規定に従い、扶養親族の個人番号を「給与所得者の扶養控除等（異動）申告書」に記載させる場合等が挙げられる。

③民間事業者が個人番号を利用できるその他の場合

　健康保険組合についてはこの限りではなく、個人番号関係事務だけではなく、別表第一事務として、保険給付の支給や保険料等の徴収に関する事務本体で個人番号を利用することができる（番号法第9条第1項・別表第1の2の項）。

　また委託を受けた受託者もこの限りではなく、行政機関、独立行政法人等、地方公共団体、健康保険組合のような個人番号利用事務実施者から委託を受けた場合は、個人番号関係事務のためだけではなく、委託を受けた事務に必要な範囲内で、個人番号利用事務のために個人番号を利用することができる（番号法第9条第1項後段・第9条第2項後段）。

　また、後記（7）のように、その他の場合にも、民間事業者は個人番号を利用することができる。

（7）利用範囲－その他の場合（番号法第9条第5項）

【番号法第9条第5項】
・番号法第9条第4項に定めるもののほか、
・番号法第19条第11号から第14号までのいずれかに該当して特定個人情報の提供を受けた者は、

> ・その提供を受けた目的を達成するために必要な限度で
> ・個人番号を利用することができる。

　個人番号利用事務、個人番号関係事務が個人番号を利用する原則的形態であるが、その他の場合として、番号法第19条第11号から第14号までのいずれかに該当する場合も、個人番号を利用することができる。

　番号法第19条第11号とは、個人情報保護委員会による個人番号の利用である。個人情報保護委員会は、特定個人情報を取り扱う者その他の関係者に対し、報告を徴収する権限を有する（番号法第38条第1項）。これに伴い、提供を受けた個人番号を必要な限度で、個人情報保護委員会は利用できるという当然の規定である。

　番号法第19条第12号とは、国会、裁判所、会計検査院などによる個人番号の利用である。国会、裁判所、会計検査院などであれば無制約に個人番号が利用できるわけではなく、番号法第19条第12号に規定された場合に限定され、かつ個人番号を利用することが必要な場合にのみ、個人番号を利用することができる。

　例えば、裁判所、警察は、「訴訟手続その他の裁判所における手続、裁判の執行、刑事事件の捜査」等のために個人番号を利用できるが、捜査のためであれば無制約に個人番号が利用できるわけではなく、番号法違反事件の捜査など、個人番号が必要な限度に限り利用することが認められる。

　番号法第19条第13号とは、人の生命、身体又は財産の保護のために必要があって、個人番号を利用することについて本人の同意があるか、本人の同意を得ることが困難なるときである。災害時、急病時等は、これに基づき、個人番号を必要な限度で利用することができる。

　番号法第19条第14号とは、個人情報保護委員会規則で定めるときである。個人情報保護委員会規則に基づき特定個人情報の提供を受けた者は、必要な限度で個人番号を利用することができる。

2 その他の利用関連規制

(1) 目的外利用

①総論

上記にて解説した範囲は、個人番号の目的内利用である。これに対し、ここでは目的外利用について解説する。

個人情報が利用目的以外に利用されてしまうと、本人にとっては予期しない利用をされてしまう恐れがあるし、目的外利用を過剰に許容すると、本来の目的とは離れた範囲で個人番号が利用されてしまうことになり、個人番号の利用範囲を限定した意味がなくなってしまう。

個人番号以外の個人情報では、利用目的の範囲内の利用を原則としつつも、一定の目的外利用が認められてきたが、特定個人情報については、利用範囲の限定の趣旨に鑑み、目的外利用が認められる範囲が厳格に限定されている。

具体的には、金融機関を除き、行政機関や地方公共団体であっても、人の生命・身体・財産の保護のため以外は、目的外利用が一切認められない（番号法第29条、第9条）。個人番号以外の個人情報は、本人の同意を得れば、目的外利用が可能であったが、個人番号については、本人の同意があっても、人の生命・身体・財産の保護のため以外は、目的外利用が一切認められない。

なお、特定個人情報の中でも情報提供等記録についてはさらに厳格化され、目的外利用が一切認められない。なぜなら、情報提供等記録が人の生命・身体・財産の保護のために必要になる場合は考えられないため、特定個人情報のように、人の生命・身体・財産の保護のための目的外利用を許容する必要がないと考えられたからである。

ただし、番号法、そして個人情報保護法は、過度に特定個人情報の利用を禁止するものではなく、あくまで利用目的の範囲内の利用を原則とするものである。災害時等は一般に、人の生命・身体・財産の保護のために必要があると考えられるため、災害時やそれ以外で、法律上認められた場合については特定個人情報の利用を過度に控えることがないようにする必要

がある。

具体例を挙げるとすれば、例えば、民間事業者は、従業員管理のために、個人番号を従業員番号として利用してはならないが、これは、従業員管理が、個人番号の利用範囲として認められるものではなく、かつ許される目的外利用にも当たらないためである。

②金融機関の例外

> 【番号法第9条第4項】
> ・番号法第9条第3項の規定により個人番号を利用することができることとされている者のうち
> ・所得税法第225条第1項第1号、第2号及び第4号から第6号までに掲げる者は、
> ・激甚災害に対処するための特別の財政援助等に関する法律（昭和三十七年法律第百五十号）第2条第1項に規定する激甚災害が発生したときその他これに準ずる場合として政令で定めるときは、
> ・内閣府令で定めるところにより、
> ・あらかじめ締結した契約に基づく金銭の支払を行うために必要な限度で
> ・個人番号を利用することができる。

金融機関については、人の生命・身体・財産の保護のため以外にも、激甚災害時等に金銭の支払のために個人番号を目的外利用することができる。

具体的には、所得税法第225条第1項第1号、第2号及び第4号から第6号までに掲げる者のみが、この目的外利用を行うことができる。また、目的外利用できる場合は、激甚災害に対処するための特別の財政援助等に関する法律第2条第1項に規定する激甚災害が発生したときその他これに準ずる場合として政令で定めるときに限定される。

さらに、新規契約のために個人番号を利用することはできず、あらかじめ締結した契約に基づく金銭の支払を行うために必要な限度で個人番号を利用することができる。これは、すでにある銀行預金の払い戻しのために、

あらかじめ提出を受けた個人番号を利用する場合や、保険契約に基づく支払のために、あらかじめ提出を受けた個人番号を利用する場合等を指す。

（2）ファイル作成制限

> 【番号法第29条】
> ・個人番号利用事務等実施者その他個人番号利用事務等に従事する者は、
> ・番号法第19条第12号から第15号までのいずれかに該当して特定個人情報を提供し、又はその提供を受けることができる場合を除き、
> ・個人番号利用事務等を処理するために必要な範囲を超えて
> ・特定個人情報ファイルを作成してはならない。

①総論

個人番号を含む個人情報ファイルを作成できる場合は限定される（番号法第28条）。特定個人情報ファイルが無制限に作成されてしまうと、さまざまな個人情報が個人番号で管理等される危険がある。そこで、番号法では、特定個人情報ファイルを作成できる場合を、以下に限定している。

> ・個人番号利用事務等を処理するために必要な範囲
> ・番号法第19条第11号から第14号までのいずれかに該当して特定個人情報を提供したり、提供を受けたりできる場合

②特定個人情報ファイルを作成できる場合：個人番号利用事務等

個人番号利用事務等を処理するために必要な範囲とは、例えば地方公共団体が地方税事務を処理するために必要な情報について特定個人情報ファイルを作成する場合、民間事業者が法定調書作成のために必要な情報を特定個人情報ファイルとして作成する場合などをいう。

民間事業者から従業員等の源泉徴収票作成事務について委託を受けた者（税理士、外部会社等）も、委託を受けた源泉徴収票作成事務を処理する

ために必要な範囲で特定個人情報ファイルを作成することができる（「事業者ガイドライン18ページ」）。

③特定個人情報ファイルを作成できる場合：番号法第19条第11号から第14号まで

　番号法第19条第11号から第14号までのいずれかに該当して特定個人情報を提供したり提供を受けたりできる場合とは、個人情報保護委員会から報告を求められたために民間事業者が特定個人情報ファイルを作成する場合（番号法第19条第11号に該当）、裁判所から求められた民間事業者が特定個人情報ファイルを作成する場合（番号法第19条第12号に該当）、裁判所が提供を受けた特定個人情報を元に特定個人情報ファイルを作成する場合（番号法第19条第12号により提供を受けられる場合に該当）、災害時に生命・身体・財産の保護のために必要があって行方不明者の特定個人情報ファイルを作成する場合（番号法第19条第13号）などをいう。

（3）利用目的関連

【個人情報保護法第15条第1項・第2項】
・個人情報取扱事業者は、個人情報を取り扱うに当たっては、
　その利用の目的（以下「利用目的」という。）をできる限り特定し
　なければならない。
・個人情報取扱事業者は、利用目的を変更する場合には、
　変更前の利用目的と相当の関連性を有すると合理的に認められる範
　囲を超えて行ってはならない。
【個人情報保護法第18条】
・個人情報取扱事業者は、個人情報を取得した場合は、
　あらかじめその利用目的を公表している場合を除き、
　速やかに、その利用目的を、本人に通知し、又は公表しなければな
　らない。
・個人情報取扱事業者は、個人情報保護法第18条第1項の規定にかか
　わらず、

本人との間で契約を締結することに伴って契約書その他の書面（電子的方式、磁気的方式その他人の知覚によっては認識することができない方式で作られる記録を含む。以下この項において同じ。）に記載された当該本人の個人情報を取得する場合

その他本人から直接書面に記載された当該本人の個人情報を取得する場合は、

あらかじめ、本人に対し、その利用目的を明示しなければならない。ただし、人の生命、身体又は財産の保護のために緊急に必要がある場合は、この限りでない。

・個人情報取扱事業者は、利用目的を変更した場合は、
変更された利用目的について、本人に通知し、又は公表しなければならない。
・個人情報保護法第18条第1項から第3項の規定は、次に掲げる場合については、適用しない。

　一　利用目的を本人に通知し、又は公表することにより本人又は第三者の生命、身体、財産その他の権利利益を害するおそれがある場合

　二　利用目的を本人に通知し、又は公表することにより当該個人情報取扱事業者の権利又は正当な利益を害するおそれがある場合

　三　国の機関又は地方公共団体が法令の定める事務を遂行することに対して協力する必要がある場合であって、利用目的を本人に通知し、又は公表することにより当該事務の遂行に支障を及ぼすおそれがあるとき。

　四　取得の状況からみて利用目的が明らかであると認められる場合

①民間事業者

　個人情報保護法では、利用目的の特定（個人情報保護法第15条第1項）、通知等（個人情報保護法第18条第1項・第2項）が求められる。個人情報取扱事業者については、この規定が特定個人情報についても適用され、同

様のことが求められる。

また、利用目的の変更もできるが、変更できる場合も個人情報保護法に従う（個人情報保護法第15条第2項）。変更した利用目的の通知等も個人情報保護法に基づき行う必要がある（個人情報保護法第18条第3項）。

②行政機関・独立行政法人等・地方公共団体

行政機関・独立行政法人等についても、利用目的の特定（行政機関個人情報保護法第3条第1項、独立行政法人等個人情報保護法第3条第1項）、利用目的の達成に必要な範囲を超えた個人情報の保有禁止（行政機関個人情報保護法第3条第2項、独立行政法人等個人情報保護法第3条条第2項）、明示等（行政機関個人情報保護法第4条・第10条第1項第3号・第11条第1項、独立行政法人等個人情報保護法第第11条第1項第3号）が求められ、これらの規定が特定個人情報についても適用され、同様のことが求められる。

また、利用目的の変更もできるが、変更できる場合も行政機関個人情報保護法・独立行政法人等個人情報保護法に従う（行政機関個人情報保護法第3条第3項、独立行政法人等個人情報保護法第3条第3項）。

地方公共団体については、個人情報保護条例に関連する規定があれば、原則として特定個人情報についてもそれらの規定が適用され、同様のことが求められることになる。

③利用目的の変更が認められる場合

具体例を挙げると、例えば、雇用契約に基づく給与所得の源泉徴収票作成事務のために提供を受けた個人番号を、雇用契約に基づく健康保険・厚生年金保険届出事務等に利用しようとする場合は、利用目的の変更が認められる（「事業者ガイドライン15ページ」）。

（4）利用目的の範囲内として利用が認められる場合の例

ここまで、利用関連規制について述べてきた。個人番号を利用できる範囲が限定され、かつ目的外利用が禁止されている点は、番号法の利用関連規制の中でも重要な点である。そこで、ここでは、利用目的の範囲内とし

て個人番号の利用が認められる場合の例を見て、小括としたい。

　まず、既に述べた通り、給与所得の源泉徴収票作成のために個人番号を利用することは、利用範囲のうちの個人番号関係事務として認められる。では、前年、給与所得の源泉徴収票作成のために提供を受けた個人番号を、今年以降の給与所得の源泉徴収票作成のために利用できるだろうか。前年の給与所得の源泉徴収票作成も、今年以降の作成も、同一の雇用契約に基づいて発生する事務であるため、これは認められる（「事業者ガイドライン15ページ」）。

　従業者が退職し、再雇用した場合はどうか。例えば、前年、給与所得の源泉徴収票作成のために個人番号の提供を受けたが、今年、退職、再雇用が発生し、再雇用契約に基づく今年の給与所得の源泉徴収票作成事務のために、前年取得した個人番号を利用することができるか。これも認められると解されている（「事業者ガイドライン15ページ」）。

　従業者ではなく外部者の場合はどうか。例えば、以前に講演を依頼し、その際に報酬、料金、契約金及び賞金の支払調書作成のために個人番号の提供を受けたが、翌々年にまた講演を依頼し、同支払調書を作成する場合はどうか。この場合も、個人番号を利用することができると解されている（「事業者ガイドライン15ページ」）。

・番号法第9条に定める範囲内で個人番号を利用する。具体的には、以下の3つ。
　（A）個人番号利用事務（番号法第9条第1項・第2項）
　（B）個人番号関係事務（番号法第9条第3項）
　（C）その他（番号法第9条第4項・第5項）
・金融機関を除き、行政機関や地方公共団体であっても、人の生命・身体・財産の保護のため以外は、目的外利用が一切認められない（番号法第29条、第9条）。
・特定個人情報ファイルを作成できる場合も、限定される（番号法第28条）。
・その他、利用目的関連の規制は、一般法に従う。

第2章　精選過去問題で確認

問題1 以下のアからエまでの記述のうち、個人番号の利用範囲に関する【問題文A】から【問題文C】の内容として正しいものを1つ選びなさい。

【問題文A】個人番号は、社会保障制度、税制、災害対策に関する分野その他これらに類する事務について利用することとされている。

【問題文B】地方公共団体は、法律及び条例に規定がなくても、個人番号を、社会保障制度、税制、災害対策に関する分野その他これらに類する事務について利用することができる。

【問題文C】法令や条例の規定により、当該事務の処理に関して必要とされる他人の個人番号を記載した書面の提出その他の他人の個人番号を利用した事務を行う者は、当該事務の全部又は一部の委託をすることができ、委託を受けた者も当該事務を行うために必要な限度で個人番号を利用することができる。

ア．Aのみ誤っている。
イ．Bのみ誤っている。
ウ．Cのみ誤っている。
エ．すべて正しい。

(第3回マイナンバー実務検定2級　問題18)

> **解説** 個人番号の利用範囲（9条）

本問は、番号法における個人番号の利用範囲（9条）についての理解を問うものである。

A．正しい。個人番号は、①社会保障制度、②税制、③災害対策に関する分野その他これらに類する事務について利用することとされている（9条参照）。従って、本記述は正しい。

B．誤　り。地方公共団体は、法律に規定がなくても、条例で定めるところにより、個人番号を、社会保障制度、税制、災害対策に関する分野その他これらに類する事務について利用することができる（5条、9条2項）。もっとも、法律及び条例に規定がなければ、利用することはできない。従って、本記述は誤っている。

C．正しい。法令や条例の規定により、当該事務の処理に関して必要とされる他人の個人番号を記載した書面の提出その他の他人の個人番号を利用した事務を行う者は、当該事務の全部又は一部の委託をすることができ、委託を受けた者も当該事務を行うために必要な限度で個人番号を利用することができる（9条3項）。従って、本記述は正しい。

以上により、問題文ＡＣは正しいが、Ｂは誤っている。従って、正解は肢イとなる。

解答 ▶▶ イ

> **問題 2** 個人番号の利用範囲に関する以下のアからエまでの記述のうち、誤っているものを1つ選びなさい。
>
> ア．金融機関は、顧客の管理のために、個人番号を顧客番号として利用することができる。
> イ．人の生命、身体又は財産の保護のために必要があるとき、本人の同意がなくても、個人番号を利用することができる場合がある。
> ウ．特定個人情報保護委員会（改正後の個人情報保護委員会）は、特定個人情報の取扱いに関する監視・監督のために資料の提出を受けた場合、そこに含まれる個人番号を利用することができる。
> エ．国会の各議院の審査や裁判所における裁判の執行その他公益上の必要があるとき、その各議院や裁判所等は個人番号を利用することができる。
>
> （第3回マイナンバー実務検定2級　問題19）

解説 個人番号の利用範囲（9条）

本問は、番号法における個人番号の利用範囲（9条）についての理解を問うものである。

ア．誤り。 個人番号は、①社会保障制度、②税制、③災害対策に関する分野その他これらに類する事務について利用することとされている（9条参照）。金融機関は、顧客の管理のために、個人番号を顧客番号として利用することはできない。従って、本記述は誤っている。

イ．正しい。 「人の生命、身体又は財産の保護のために必要がある場合において、本人の同意があり、又は本人の同意を得ることが困難であるとき」（19条13号）に該当して特定個人情報の提供を受けた者は、その提供を受けた目的を達成するために必要な限度で個人番号を利用することができる（9条5項）。例えば、事故で意識不明の状態にある者に対する緊急の治療を行うに当たり、個人番号でその者を特定する場合などである。このような場合、本人の同意がなくても、「本人の同意を得ることが困難であるとき」といえることから、個人番号を利用することができる。従って、本記述は正しい。

ウ．正しい。 特定個人情報保護委員会（改正後の個人情報保護委員会）は、特定個人情報の取扱いに関する監視・監督のために資料の提出を受けた場合、そこに含まれる個人番号を利用することができる（9条5項）。従って、本記述は正しい。

エ．正しい。 国会の各議院の審査や裁判所における裁判の執行その他公益上の必要があるとき（19条12号）については、各議院や裁判所等は個人番号を利用することができる（9条5項）。従って、本記述は正しい。

解答 ▶▶ ア

> **問題 3** 個人番号は、原則として、法令や条例に規定されている者が、法令や条例に規定されている事務を行うために必要な限度で利用することができるが、例外として、それ以外でも個人番号を利用できる場合がある。以下のアからエまでの記述のうち、【問題文A】から【問題文C】の内容として正しいものを1つ選びなさい。
>
> 【問題文A】 従業員の勤怠管理のために、個人番号を利用することができる場合がある。
>
> 【問題文B】 激甚災害が発生したとき、あらかじめ締結した契約に基づく金銭の支払を行うために必要な限度であれば、個人番号を利用することができる場合がある。
>
> 【問題文C】 人の生命、身体又は財産の保護のために必要があるとき、本人の同意がなくても、個人番号を利用することができる場合がある。
>
> ア．Aのみ誤っている。
> イ．Bのみ誤っている。
> ウ．Cのみ誤っている。
> エ．すべて正しい。
>
> （第1回マイナンバー実務検定2級　問題15）

> **解説** 個人番号の利用範囲（9条）

本問は、番号法における個人番号の利用範囲（9条）についての理解を問うものである。

A．誤り。個人番号は、①社会保障制度、②税制、③災害対策に関する分野その他これらに類する事務について利用することとされている（9条参照）。従業員の個人番号を勤怠管理のために利用することはできない。従って、本記述は誤っている。

B．正しい。激甚災害が発生したときその他これに準ずる場合として政令で定めるときは、内閣府令で定めるところにより、あらかじめ締結した契約に基づく金銭の支払を行うために必要な限度で個人番号を利用することができる場合がある（9条4項、29条3項による個人情報保護法16条3項1号「法令に基づく場合」の読替え、32条）。従って、本記述は正しい。

C．正しい。「人の生命、身体又は財産の保護のために必要がある場合において、本人の同意があり、又は本人の同意を得ることが困難であるとき」（19条13号）に該当して特定個人情報の提供を受けた者は、その提供を受けた目的を達成するために必要な限度で個人番号を利用することができる（9条5項）。例えば、事故で意識不明の状態にある者に対する緊急の治療を行うに当たり、個人番号でその者を特定する場合などである。このような場合、本人の同意がなくても、「本人の同意を得ることが困難であるとき」といえることから、個人番号を利用することができる。従って、本記述は正しい。

以上により、問題文BCは正しいが、Aは誤っている。従って、正解は肢アとなる。

解答 ▶▶ ア

問題 4 以下のアからエまでの記述のうち、個人番号の利用目的に関する【問題文A】から【問題文C】の内容として正しいものを1つ選びなさい。

【問題文A】個人情報取扱事業者は、前年の給与所得の源泉徴収票作成事務のために提供を受けた個人番号については、同一の雇用契約に基づいて発生する当年以後の源泉徴収票作成事務のために利用することができる。

【問題文B】個人情報取扱事業者は、退職する前の雇用契約を締結した際に給与所得の源泉徴収票作成事務のために提供を受けた個人番号を、その後の再雇用契約に基づく給与所得の源泉徴収票作成事務のために利用することはできない。

【問題文C】個人情報取扱事業者は、講演契約を締結した際に講演料の支払に伴う報酬、料金、契約金及び賞金の支払調書作成事務のために提供を受けた個人番号を、後の雇用契約に基づいて発生する源泉徴収票作成事務のために利用することができる。

ア．Aのみ正しい。
イ．Bのみ正しい。
ウ．Cのみ正しい。
エ．すべて誤っている。

（第3回マイナンバー実務検定1級　問題5）

> **解 説** 個人番号の利用目的

本問は、個人番号の利用目的についての理解を問うものである。

A．正しい。前年の給与所得の源泉徴収票作成事務のために提供を受けた個人番号については、同一の雇用契約に基づいて発生する当年以後の源泉徴収票作成事務のために利用することができる。利用目的の範囲内での利用と考えられるからである。従って、本記述は正しい。

B．誤 り。退職する前の雇用契約を締結した際に給与所得の源泉徴収票作成事務のために提供を受けた個人番号を、その後の再雇用契約に基づく給与所得の源泉徴収票作成事務のために利用することができる。利用目的の範囲内での利用と考えられるからである。従って、本記述は誤っている。

C．誤 り。講演契約を締結した際に講演料の支払に伴う報酬、料金、契約金及び賞金の支払調書作成事務のために提供を受けた個人番号を、後の雇用契約に基づいて発生する源泉徴収票作成事務のために利用することはできない。利用目的が異なり、当初の利用目的と相当の関連性を有すると合理的に認められる範囲内での利用目的の変更であるとはいえないからである。従って、本記述は誤っている。

以上により、問題文BCは誤っているが、Aは正しい。従って、正解は肢アとなる。

解答 ▶▶ ア

問題 5　以下のアからエまでの記述のうち、個人番号関係事務の利用目的の範囲内での利用か否かに関する【問題文A】から【問題文C】の内容として正しいものを1つ選びなさい。

【問題文A】収集した個人番号を特定個人情報ファイルへ登録し、登録結果を確認するために個人番号をその内容に含む情報をプリントアウトすることは、利用目的の範囲内での利用とはいえない。

【問題文B】個人番号関係事務を処理する目的で、特定個人情報ファイルに登録済の個人番号を照会機能で呼び出しプリントアウトすることは、利用目的の範囲内での利用とはいえない。

【問題文C】個人番号関係事務以外の業務を処理する目的（例えば、顧客の住所等を調べる等）で照会した端末の画面に、特定個人情報ファイルに登録済の情報が表示されており、これをプリントアウトすることは、利用目的の範囲内での利用とはいえない。

ア．Aのみ正しい。
イ．Bのみ正しい。
ウ．Cのみ正しい。
エ．すべて誤っている。

（第3回マイナンバー実務検定1級　問題6）

解説　利用目的の範囲内での利用

本問は、個人番号関係事務の利用目的の範囲内での利用についての理解を問うものである。

A．誤り。個人番号関係事務実施者が個人番号関係事務を処理する目的で、収集した個人番号を特定個人情報ファイルへ登録し、登録結果を確認するために個人番号をその内容に含む情報をプリントアウトすることは、個人番号関係事務の範囲内での利用と考えられる。従って、本記述は誤っている。

B．誤り。個人番号関係事務実施者が個人番号関係事務を処理する目的で、特定個人情報ファイルに登録済の個人番号を照会機能で呼び出しプリントアウトすることは、個人番号関係事務の範囲内での利用と考えられる。従って、本記述は誤っている。

C．正しい。個人番号関係事務以外の業務を処理する目的（例えば、顧客の住所等を調べる等）で照会した端末の画面に、特定個人情報ファイルに登録済の情報が表示されており、これをプリントアウトすることは、利用目的の範囲内での利用とはいえない。従って、本記述は正しい。

なお、この場合、個人番号をプリントアウトしないように工夫する必要がある。

以上により、問題文ＡＢは誤っているが、Ｃは正しい。従って、正解は肢ウとなる。

解答 ▶▶ ウ

> **問題 6** 以下のアからエまでの記述のうち、特定個人情報ファイルの作成の制限に関する【問題文A】から【問題文C】の内容として正しいものを1つ選びなさい。
>
> 【問題文A】特定個人情報ファイルは、特定個人情報ファイル用に新規に作成する必要があり、既存のデータベースに個人番号を追加する方法で特定個人情報ファイルを作成してはならない。
>
> 【問題文B】個人番号をその内容に含むデータベースを複数の事務で用いている場合、個人番号関係事務以外の事務で個人番号にアクセスできないよう適切にアクセス制御を行えば、その個人番号関係事務以外の事務においては、当該データベースは特定個人情報ファイルに該当しない。
>
> 【問題文C】個人番号が記載された書類等であっても、個人番号部分を復元できないようにマスキング処理をすれば、当該書類等を利用して、個人番号関係事務以外の事務で個人情報データベース等を作成することができる。
>
> ア．Aのみ誤っている。
> イ．Bのみ誤っている。
> ウ．Cのみ誤っている。
> エ．すべて正しい。
>
> (第2回マイナンバー実務検定1級　問題53)

> **解 説** 特定個人情報ファイルの作成の制限（28条）

本問は、特定個人情報ファイルの作成の制限についての理解を問うものである。

A．誤　り。既存のデータベースに個人番号を追加することはできると考えられる。もっとも、個人番号関係事務以外の事務で個人番号を利用することができないよう適切にアクセス制御等を行う必要がある。従って、本記述は誤っている。

B．正しい。個人番号をその内容に含むデータベースを複数の事務で用いている場合、個人番号関係事務以外の事務で個人番号にアクセスできないよう適切にアクセス制御を行えば、その個人番号関係事務以外の事務においては、当該データベースは特定個人情報ファイルに該当しない。従って、本記述は正しい。

C．正しい。個人情報保護法においては個人情報データベース等の作成に制限を設けていないことから、個人番号が記載された書類等であっても、個人番号部分を復元できないようにマスキング処理をすれば、当該書類等を利用して、個人番号関係事務以外の事務で個人情報データベース等を作成することができる。従って、本記述は正しい。

以上により、問題文Ａは誤っているが、ＢＣは正しい。従って、正解は肢アとなる。

解答 ▶▶ ア

第3章 提供関連規制

1 提供の制限

(1) 趣旨

①個人情報保護法との違い

個人番号の取扱いの大きな特徴として、特定個人情報は提供できる範囲が厳格に制限されていることが挙げられる。特定個人情報以外の個人情報は、同意を得たり、オプトアウトを認めたり、共同利用等によって、第三者に提供することができる（個人情報保護法第23条）。これに対し特定個人情報については、個人情報保護法は適用されず、番号法第19条に定める場合以外は、提供が認められない。

②提供とは何か

また、提供とは、法人格をまたぐ行為をいう。同一会社内、同一行政機関内、同一地方公共団体の同一機関内、同一独立行政法人内であれば、別の部署に特定個人情報を移動させる場合でも、別の支社・事業所に移動させる場合でも、同一部署内の別の従業員に渡す場合でも、「利用」に該当する。これに対し、法人の外に出ることが「提供」である。たとえグループ会社であっても子会社であっても委託先であっても、法人格が異なる相手に移動させる場合は、「提供／取得」に当たる。

ただし、従業者と会社との間の授受は、「利用」に当たる場合と「提供」に当たる場合があるので注意が必要である。従業者が自分や扶養家族の特定個人情報を会社に渡す行為は、「提供」に当たる。なぜなら、従業者は会社の業務として特定個人情報を取り扱っているわけではないからである。

それに対し、特定個人情報を取得担当者が保管担当者に渡す行為は、同一法人内であれば「利用」に当たる。取得担当者も保管担当者も、会社の業務として特定個人情報を授受しているからである。

従業者の扶養家族が従業者に自分の特定個人情報を渡す行為は、家族と従業者とでは人格が異なる者の間での移動なので、「提供」に当たる。

　なお、グループ会社等で従業員等の個人情報を共有データベースで管理している場合であっても、従業員等が現在就業している会社のファイルにのみその個人番号を登録し、他の会社が当該個人番号を参照できないようなシステムを採用していれば良いが、この場合に、従業員等の出向に伴い、本人を介在させることなく、共有データベース内で自動的にアクセス制限を解除する等して、出向元の会社のファイルから出向先の会社のファイルに個人番号を移動させることは、提供制限に違反する。共有データベースに記録された個人番号を出向者本人の意思に基づく操作により出向先に移動させる方法をとれば、本人が新たに個人番号を出向先に提供したものとみなすことができるため、提供制限には違反しないものと解される（この場合には、本人の意思に基づかない不適切な個人番号の提供が行われないよう、本人のアクセス及び識別について安全管理措置を講ずる必要がある）（「事業者ガイドライン26ページ」）。

（２）具体的な範囲

　具体的には、以下の場合にのみ、特定個人情報を提供できる。

①	個人番号利用事務
②	個人番号関係事務
③	本人・代理人
④	地方公共団体情報システム機構
⑤	委託・事業承継
⑥	住民基本台帳法
⑦	情報提供ネットワークシステム
⑧	国税・地方税連携
⑨	地方公共団体内他機関連携
⑩	振替機関等
⑪	個人情報保護委員会

> ⑫　各議院審査等
> ⑬　生命、身体、財産の保護
> ⑭　個人情報保護委員会規則

　民間事業者にとっては、②個人番号関係事務、③本人・代理人、⑤委託・事業承継が主な場合である。行政機関にとっては、①個人番号利用事務、②個人番号関係事務、③本人・代理人、④地方公共団体情報システム機構、⑤委託・事業承継、⑥住民基本台帳法、⑦情報提供ネットワークシステム、⑧国税・地方税連携が主な場合であり、地方公共団体にとっては①個人番号利用事務、②個人番号関係事務、③本人・代理人、④地方公共団体情報システム機構、⑤委託・事業承継、⑥住民基本台帳法、⑦情報提供ネットワークシステム、⑧国税・地方税連携、⑨地方公共団体内他機関連携が主な場合である。

　改正番号法施行後は、条例事務関係情報の情報提供ネットワークシステムを使用した連携が認められる。地方公共団体にとっては、⑦情報提供ネットワークシステムと並び、特定個人情報の提供・取得を行う主な場合となることが予想される。

（3）個人番号利用事務（番号法第19条第1号）

> 【番号法第19条第1号】
> ・個人番号利用事務実施者が
> 　個人番号利用事務を処理するために必要な限度で
> 　本人若しくはその代理人又は個人番号関係事務実施者に対し
> 　特定個人情報を提供するとき。
> ・(個人番号利用事務実施者が、
> 　生活保護法第29条第1項、厚生年金保険法第100条の2第5項その他の政令で定める法律の規定により
> 　本人の資産又は収入の状況についての報告を求めるために
> 　その者の個人番号を提供する場合にあっては、

> 銀行その他の政令で定める者に対し提供するときに限る。)

　個人番号利用事務実施者が本人、代理人、個人番号関係事務実施者に対して個人番号利用事務を処理するために必要な限度で特定個人情報を提供するときである。

　例えば、市区町村長は住民税を徴収するために、民間事業者に対し、従業員等の個人番号と共に、特別徴収税額を通知することができる(「事業者ガイドライン27ページ」)。個人番号利用事務実施者である市区町村長が、個人番号利用事務である住民税徴収のために必要な限度で、個人番号関係事務実施者である民間事業者に特定個人情報を提供する場合であるので、番号法第19条第1号に該当する。

　なお、平成27年番号法改正で、生活保護法等により、資産・収入の状況について報告を求めるために個人番号を提供する場合にあっては、情報提供の相手方が、銀行等、政令で定める者に限定された。

(4) 個人番号関係事務(番号法第19条第2号)

> 【番号法第19条第2号】
> ・個人番号関係事務実施者が
> 　個人番号関係事務を処理するために必要な限度で
> 　特定個人情報を提供するとき
> 　(番号法第19条第11号に規定する場合を除く。)。

　個人番号関係事務実施者が個人番号関係事務を処理するために必要な限度で特定個人情報を提供するときである。番号法第19条第1号などと異なり、条文上、提供先の相手方の限定はないが、個人番号関係事務の処理に必要な限度での提供しか認められないために、実際は、特定個人情報を提供できる相手方が限定されてくる。

　具体的には、民間事業者は、所得税法第226条第1項の規定に従って、給与所得の源泉徴収票の提出のために、従業員等の個人番号が記載された給与所得の源泉徴収票を作成し、税務署長に提出する。個人番号関係事務

実施者たる民間事業者が、給与所得の源泉徴収票作成・提出という個人番号関係事務のために必要な限度で特定個人情報を提供するので、これは番号法第19条第2号に基づくものである（「事業者ガイドライン27ページ」）。

また、従業員は、所得税法第194条第1項の規定に従って、扶養控除等申告書の提出のために、扶養親族の個人番号を記載した扶養控除等申告書を事業者に提出するが、これも番号法第19条第2号に該当するものである（「事業者ガイドライン27ページ」）。従業員は、従業員本人以外の個人番号を、扶養控除等申告書の提出という個人番号関係事務を処理するために、個人番号関係事務実施者である民間事業者に提出するからである。

(5) 本人・代理人（番号法第19条第3号）

【番号法第19条第3号】
・本人又はその代理人が
　個人番号利用事務等実施者に対し、
　当該本人の個人番号を含む特定個人情報を提供するとき。

本人、代理人が個人番号利用事務等実施者に対し、本人の個人番号を含む特定個人情報を提供するときである。例えば、従業員は、自分の個人番号を事業者に提出するが、これは番号法第19条第3号に該当する。納税者は、自分の個人番号を確定申告書等に記載して税務署に提出するが、これも番号法第19条第3号に該当する。

(6) 地方公共団体情報システム機構（番号法第19条第4号）

【番号法第19条第4号】
・地方公共団体情報システム機構が第14条第2項の規定により
　個人番号利用事務実施者に
　機構保存本人確認情報を提供するとき。

住民基本台帳法別表第一から別表第四までの上欄に掲げる者及び同法第30条の10第1項第2号、第30条の11第1項第2号又は第30条の12第1項第

2号に掲げる場合において、これらに規定する求めをした者は、個人番号利用事務を処理するために必要があるときは、住民基本台帳法第30条の9から第30条の12までの規定により、地方公共団体情報システム機構に対し、機構保存本人確認情報の提供を求めることができる（番号法第19条第4号、第14条、番号法施行令第11条）。

　機構保存本人確認情報とは、市町村長が住民票の記載、消除、一定事項についての修正を行った場合に、都道府県知事に通知する本人確認情報（氏名、出生の年月日、男女の別、住所及び一の市町村の区域内において新たに住所を変更した者については、その住所を定めた年月日、個人番号、住民票コード等）を、住民基本台帳法第30条の6第1項に基づき、市町村長が都道府県知事に通知し、都道府県知事はそれを住民基本台帳法第30条の7第1項に基づき地方公共団体情報システム機構に対し通知するが、同条第3項に基づき地方公共団体システム機構が保管しており、保存期間が経過していないものをいう。

（7）委託・事業承継（番号法第19条第5号）

> 【番号法第19条第5号】
> ・特定個人情報の取扱いの全部若しくは一部の委託
> 　又は合併その他の事由による事業の承継に伴い
> 　特定個人情報を提供するとき。

　委託や事業承継に伴い特定個人情報を提供することができる。例えば、民間事業者が、源泉徴収票作成事務を含む給与事務を子会社に委託する場合に、その子会社に対し、従業員等の個人番号を含む給与情報を提供する場合や、甲社が乙社を吸収合併した場合、吸収される乙社が従業員等の個人番号を含む給与情報等を存続する甲社に提供する場合などをいう（「事業者ガイドライン28ページ」）。

（8）住民基本台帳法（番号法第19条第6号）

【番号法第19条第6号】
・住民基本台帳法第30条の6第1項の規定
　その他政令で定める同法の規定により
　特定個人情報を提供するとき。

　個人番号は住民票に記載される（住民基本台帳法第7条第8号の2）ので、一定の住民基本台帳法の規定に基づく場合にも、特定個人情報を提供することができる。例えば、市町村長は、転入者を住民票に記載した後、住民基本台帳法第30条の6第1項に基づき、当該転入者の個人番号を含む本人確認情報を都道府県知事に通知する（「行政・地方ガイドライン26ページ」）。

（9）情報提供ネットワークシステム（番号法第19条第7号）

【番号法第19条第7号】
・別表第二の第一欄に掲げる者
　（法令の規定により同表の第二欄に掲げる事務の全部又は一部を行うこととされている者がある場合にあっては、その者を含む。以下「情報照会者」という。）が、
・政令で定めるところにより、
・同表の第三欄に掲げる者
　（法令の規定により同表の第四欄に掲げる特定個人情報の利用又は提供に関する事務の全部又は一部を行うこととされている者がある場合にあっては、その者を含む。以下「情報提供者」という。）に対し、
・同表の第二欄に掲げる事務を処理するために必要な
・同表の第四欄に掲げる特定個人情報
　（情報提供者の保有する特定個人情報ファイルに記録されたものに限る。）の提供を求めた場合において、
・当該情報提供者が情報提供ネットワークシステムを使用して当該特定個人情報を提供するとき。

特定個人情報を提供できる原則的場合が、この情報提供ネットワークシステムを使用した特定個人情報の提供である。番号制度によって、制度・機関・組織の壁を超えた情報連携ができるようになる一方で、本人の知らないところでさまざまな情報が不正にやりとりされることを防ぐために、番号法では特定個人情報を提供できる場合を限定している。

情報提供ネットワークシステムを使用して特定個人情報を提供できる場合は、番号法別表第二に原則として限定されており、かつ書面やMO、DVDなどでの情報連携ではなく情報提供ネットワークシステムを使用した情報提供を行うことで、プライバシー権の保護と事務処理の効率化などを図る。

具体的には、予防接種事務のために市町村長が所得額情報を他市町村に照会する場合などがある。

（10）国税・地方税連携（番号法第19条第8号）

>【番号法第19条第8号】
>・国税庁長官が都道府県知事若しくは市町村長に又は
>・都道府県知事若しくは市町村長が国税庁長官若しくは他の都道府県知事若しくは市町村長に、
>・地方税法第46条第4項若しくは第5項、第48条第7項、第72条の58、第317条又は第325条の規定その他政令で定める同法又は国税（国税通則法第2条第1号に規定する国税をいう。）に関する法律の規定により
>・国税又は地方税に関する特定個人情報を提供する場合において、
>・当該特定個人情報の安全を確保するために必要な措置として政令で定める措置を講じているとき。

国税と地方税間では、法律に基づき、番号制度導入以前から情報連携を行っている。これも情報提供ネットワークシステムを使用することとすると、既存のシステムが無駄になってしまったりするなど弊害が考えられることから、国税・地方税連携については、情報提供ネットワークシステム

を使用することなく、政令で定める安全措置を講じた別の方法で特定個人情報を提供することが認められる。

　例えば、A市長は、地方税法第315条第1号但書に基づき、A市内に住所を有する個人の所得税に係る申告書に記載されている金額が過少であると認められた場合に、自ら調査し、その調査に基づいて自ら所得を計算して市民税を課したときに、その特定個人情報の安全を確保するための必要な措置を講じた上で、同法第317条の規定に基づき、その市の区域を管轄するX税務署長に対して、その個人の総所得金額等を当該個人の個人番号と共に通知することとなる（「行政・地方ガイドライン27ページ」）。

（11）地方公共団体内他機関連携（番号法第19条第9号）

【番号法第19条第9号】
・地方公共団体の機関が、
　条例で定めるところにより、
　当該地方公共団体の他の機関に、
　その事務を処理するために必要な限度で特定個人情報を提供するとき。

　同一地方公共団体内の機関をまたぐ特定個人情報の提供は、番号法第19条第9号に基づく条例で定めることで認められる。具体的には、地方公共団体の条例にもよるが、教育委員会が児童に対する福祉を行うに際し、首長部局が保有する所得額情報等を教育委員会に対し提供する場合などがこれに当たる。

（12）振替機関等（番号法第19条第10号）

【番号法第19条第10号】
・社債、株式等の振替に関する法律第2条第5項に規定する振替機関等（以下この号において単に「振替機関等」という。）が
・同条第一項に規定する社債等（以下この号において単に「社債等」

> という。)の発行者(これに準ずる者として政令で定めるものを含む。)又は他の振替機関等に対し、
> ・これらの者の使用に係る電子計算機を相互に電気通信回線で接続した電子情報処理組織であって、社債等の振替を行うための口座が記録されるものを利用して、
> ・同法又は同法に基づく命令の規定により、
> ・社債等の振替を行うための口座の開設を受ける者が
> ・番号法第9条第3項に規定する書面(所得税法第225条第1項(第1号、第2号、第8号又は第10号から第12号までに係る部分に限る。)の規定により税務署長に提出されるものに限る。)に記載されるべき個人番号として
> ・当該口座を開設する振替機関等に告知した個人番号を含む特定個人情報を提供する場合において、
> ・当該特定個人情報の安全を確保するために必要な措置として政令で定める措置を講じているとき。

　社債、株式等の振替に関する法律に基づき、振替機関等が特定個人情報を提供する場合であって、安全を確保するための措置を講じているときは、特定個人情報の提供が認められる。

　例えば、株主→口座管理機関(証券会社X)→口座管理機関(証券会社Y)→振替機関→株式発行者→税務署長という順番で、株主の特定個人情報が提供される例を考える。証券会社X→証券会社Y、証券会社Y→振替機関、振替機関→株式発行者間の特定個人情報の提供が、番号法第19条第11号に該当する。証券会社X、証券会社Y及び振替機関は、社債、株式等の振替に関する命令第62条の規定により特定個人情報の提供が義務付けられている。これに対し、株主→証券会社X間の特定個人情報の提供は番号法第19条第3号に当たり、株式発行者→税務署長間の特定個人情報の提供は番号法第19条第2号に当たる(「金融ガイドライン13ページ」)。

(13) 個人情報保護委員会 (番号法第19条第11号)

【番号法第19条第11号】
・番号法第35条第１項の規定により求められた特定個人情報を個人情報保護委員会に提供するとき。

　個人情報保護委員会から報告等を求められた特定個人情報を、個人情報保護委員会に提供することが認められる。具体的には、個人情報保護委員会から、個人番号と紐づけて管理しているすべての特定個人情報ファイルの提供を求められた場合に、それを提供する場合などをいう。

(14) 各議院審査等 (番号法第19条第12号)

【番号法第19条第12号】
・各議院若しくは各議院の委員会若しくは参議院の調査会が
・国会法第百四条第一項（同法第五十四条の四第一項において準用する場合を含む。）若しくは議院における証人の宣誓及び証言等に関する法律第一条の規定により行う審査若しくは調査、
・訴訟手続その他の裁判所における手続、
・裁判の執行、
・刑事事件の捜査、
・租税に関する法律の規定に基づく犯則事件の調査又は
・会計検査院の検査（第三十六条において「各議院審査等」という。）が行われるとき、
・その他政令で定める公益上の必要があるとき。

　国会、裁判、捜査、会計検査院の検査などのために必要な範囲で、特定個人情報を提供することが認められる。国会、裁判、捜査などであればどのような場合でも認められるわけではなく、番号法違反事件の捜査など、特定個人情報を提供する必要性・合理性等が認められる場合に限り、特定個人情報の提供が認められることになる。

(15) 生命・身体・財産の保護（番号法第19条第13号）

【番号法第19条第13号】
・人の生命、身体又は財産の保護のために必要がある場合において、本人の同意があり、又は本人の同意を得ることが困難であるとき。

　人の生命、身体、財産の保護のために必要があって、かつ本人の同意があるか本人の同意を得ることが困難な場合は、特定個人情報の提供が認められる。例えば、落とし物の個人番号カードを拾って提供する場合、災害時に援助に必要な特定個人情報を提供する場合などをいう。

(16) 個人情報保護委員会規則（番号法第19条第14号）

【番号法第19条第14号】
・その他これらに準ずるものとして
　個人情報保護委員会規則で定めるとき。

　その他、個人情報保護委員会規則で認められる場合には、特定個人情報の提供が認められる。

(17) 条例事務関係情報（改正番号法第19条第8号）

【改正番号法第19条第8号】
・条例事務関係情報照会者
　（番号法第9条第2項の規定に基づき条例で定める事務のうち
　別表第二の第二欄に掲げる事務に準じて迅速に特定個人情報の提供
　を受けることによって効率化を図るべきものとして
　個人情報保護委員会規則で定めるものを処理する
　地方公共団体の長その他の執行機関であって
　個人情報保護委員会規則で定めるものをいう。）が、
・政令で定めるところにより、
・条例事務関係情報提供者

> （当該事務の内容に応じて個人情報保護委員会規則で定める個人番号利用事務実施者をいう。）に対し、
> ・当該事務を処理するために必要な
> ・同表の第四欄に掲げる特定個人情報であって
> ・当該事務の内容に応じて個人情報保護委員会規則で定めるもの
> 　（条例事務関係情報提供者の保有する特定個人情報ファイルに記録されたものに限る。）の提供を求めた場合において、
> ・当該条例事務関係情報提供者が情報提供ネットワークシステムを使用して当該特定個人情報を提供するとき。

　改正番号法施行後に可能となる提供である。情報提供ネットワークシステムを使用できる場合として番号法別表第二に規定されているのは、原則として、番号法第9条第1項・別表第一に基づく個人番号利用事務の処理のために必要な場合である。しかし、地方公共団体においては、番号法第9条第1項・別表第一の範囲を超えて、番号法第9条第2項に基づき、独自事務において個人番号を利用することができる。そして当該独自事務においても、情報提供ネットワークシステムを使用できれば、事務処理の効率化等が期待される。

　そこで、条例事務関係情報についても、改正番号法第19条第8号により、情報提供ネットワークシステムを使用した特定個人情報の提供が認められている。もっとも、あらゆる場合を許容するものではなく、個人情報保護委員会規則で認められたものに限られる。

2　本人確認

【番号法第16条】
・個人番号利用事務等実施者は、
・番号法第14条第1項の規定により本人から個人番号の提供を受けるときは、

> - 当該提供をする者から
> - 個人番号カード若しくは
> - 通知カード及び
>   当該通知カードに記載された事項がその者に係るものであることを証するものとして主務省令で定める書類の提示を受けること又は
> - これらに代わるべきその者が本人であることを確認するための措置として政令で定める措置を
>   とらなければならない。

　個人番号利用事務等実施者は、本人又はその代理人から個人番号の提供を受けるときは、本人確認を行わなければならない（番号法第16条）。

（1）本人から個人番号の提供を受ける場合
①実在確認と番号確認
　番号法で求められる本人確認は、実在確認と番号確認に分けられる。実在確認とは、その者が実在する人物であり、その者自身であることを確認することであり、通常行われる本人確認と同様である。番号確認とは、その者の個人番号が正しいことを確認することである。

②個人番号カード
　本人確認の方法であるが、個人番号カードは、身分証明書として利用でき、また裏面に個人番号が記載されていることから、個人番号カードであれば、これ一枚で実在確認と番号確認を行うことができる。個人番号カード以外であれば、実在確認と番号確認のために別々の方法が必要になる。

③個人番号カード以外の番号確認方法
　番号確認のための方法として、個人番号カード以外であれば、通知カード（番号法第16条）、個人番号が記載された住民票の写し、住民票記載事項証明書（番号法施行令第12条第1項第1号）が認められる。正しい個人番号を確認するためには、これらのいずれかを確認するのが原則である。

もっとも、これら以外にも認められる方法がある（番号法施行規則第3条第1項）。行政機関、地方公共団体であれば、地方公共団体情報システム機構より住基ネットを通して機構保存本人確認情報の提供を受けることなどの方法が認められる。民間事業者については、住基ネットに接続できないため、認められる方法としては、過去に本人確認の上作成した特定個人情報ファイルに記録されている個人番号及び個人識別事項を確認すること（番号法施行規則第3条第1項第5号）、個人番号利用事務実施者が適当と認める方法（番号法施行規則第3条第1項第6号）がある。

④個人番号カード以外の実在確認方法

実在確認のための方法として、個人番号カード以外であれば、運転免許証、旅券などの公的な顔写真付身分証（番号法施行規則第1条第1項第1号、第2条第1項）か、健康保険の被保険者証、国民年金手帳などの、顔写真の付いていない公的身分証明書等二種を確認する（番号法施行規則第1条第1項第3号、第3条第2項第1号）。

個人番号利用事務実施者が認める場合には、実在確認資料の提示は不要である（番号法施行規則第3条第5項）。採用時に本人確認を行った従業者に対して、実在確認資料の提示を求めないのは、これによるものである。

このほか、さまざまな方法が実在確認の方法として認められるが、原則的な方法としては上記のとおりである。

（2）代理人から個人番号の提供を受ける場合
①代理権確認、実在確認、番号確認

代理人から個人番号の提供を受ける場合に番号法で求められる本人確認は、代理権確認、代理人の実在確認、本人の番号確認である。

代理権確認とは、代理人が代理権を授与されていることを確認することである。代理人の実在確認は、その者が実在する人物であり、その者自身であることを確認することである。本人の番号確認とは、本人の個人番号が正しいことを確認することである。

②代理権確認方法

　代理権確認の方法であるが、未成年者を親が代理する場合などの法定代理人については、戸籍謄本その他その資格を証明する書類が必要である。妻が夫を代理する場合などの法定代理人以外の場合については、委任状が必要である（番号法施行令第12条第2項第1号、番号法施行規則第6条第1項第1号・第2号）。

　これら以外に、個人番号利用事務実施者が適当と認める書類も認められるが（番号法施行令第12条第2項第1号・番号法施行規則第6条第1項第3号）、これらの方法で代理権を確認するのが原則である。

②代理人の実在確認方法

　代理人の実在確認の方法であるが、代理人の個人番号カード、運転免許証などが認められる（番号法施行令第12条第2項第2号、番号法施行規則第7条第1項）。基本的に、本人から個人番号の提供を受ける場合の本人の実在確認方法と同様である。

　個人番号利用事務実施者が認める場合には、代理人の実在確認資料の提示は不要である（番号法施行規則第9条第4項）。採用時に本人確認を行った従業者が、国民年金手続に関して配偶者の個人番号を提出するときに、代理人である従業者の実在確認資料の提示を求めないのは、これによるものである。

③本人の番号確認方法

　本人の番号確認の方法は、本人の個人番号カード、通知カード、個人番号が記載された住民票の写し、住民票記載事項証明書が認められる（番号法施行令第12条第2項第3号、番号法施行規則第8条）。

3　その他の提供関連規制

(1) 提供を要求できる場合

【番号法第14条】
・個人番号利用事務等実施者は、
個人番号利用事務等を処理するために必要があるときは、
本人又は他の個人番号利用事務等実施者に対し
個人番号の提供を求めることができる。
・個人番号利用事務実施者（政令で定めるものに限る。）は、
個人番号利用事務を処理するために必要があるときは、
住民基本台帳法第30条の9から第30条の12までの規定により、機構に対し機構保存本人確認情報（同法第30条の9に規定する機構保存本人確認情報をいう。）の提供を求めることができる。

【番号法第15条】
・何人も、
番号法第19条各号のいずれかに該当して特定個人情報の提供を受けることができる場合を除き、
他人（自己と同一の世帯に属する者以外の者をいう。）に対し、
個人番号の提供を求めてはならない。

①提供を求めることができる場合

　個人番号利用事務等実施者は、個人番号利用事務等を処理するために必要があるときは、個人番号の提供を求めることができる（番号法第14条第1項）。

　例えば、事業者は、従業員等に対し、給与の源泉徴収事務、健康保険・厚生年金保険届出事務等に必要な個人番号の提供を求めることができるし、講演料、地代等に係る個人の支払先に対し、支払調書作成事務に必要な個人番号の提供を求めることができる（「事業者ガイドライン23ページ」）。地方公共団体も、生活保護、公営住宅などの個人番号利用事務等のために、

住民等に対し個人番号の提供を求めることができる。

　個人番号の提供は本人だけでなく、個人番号利用事務等実施者に対しても求めることができる。例えば、国税庁は、個人番号関係事務実施者たる事業者に、事業者の従業者の個人番号を、給与所得の源泉徴収票に記載させ、個人番号の提供を求めることができる。

②機構保存本人確認情報
　行政機関、地方公共団体等の、番号法施行令第11条で定められた者は、地方公共団体情報システム機構に対し、機構保存本人確認情報の提供を求めることができる（番号法第14条第２項）。これによって、申請書などに未記載だった個人番号などを取得することができたり、本人確認が行われなかった個人番号の真正性確認をしたりすることもできる。

（２）提供を求める時期
①総論
　個人番号の提供を求める時期は、個人番号利用事務等を処理するために必要がある場合である。

　民間事業者は、個人番号関係事務が発生した時点で個人番号の提供を求めることが原則である。しかし個人番号関係事務がまだ発生していない時点でも、本人との法律関係等に基づき、個人番号関係事務の発生が予想される場合には、契約を締結した時点等、当該事務の発生が予想できた時点で個人番号の提供を求めることができる（「事業者ガイドライン24ページ」）。もっとも、契約内容等から個人番号関係事務が明らかに発生しないと認められる場合には、個人番号の提供を求めてはならない。

②具体例
　具体的には、事業者、行政機関、地方公共団体等が従業員等に個人番号を求めることができるのは、従業員等の給与の源泉徴収事務という個人番号関係事務が発生した時点であるが、その前の、雇用契約の締結時点で求めることも可能であると解される（「事業者ガイドライン24ページ」）。

非上場会社の株主に対する配当金の支払に伴う支払調書の作成事務という個人番号関係事務の場合は、配当金の支払の確定の都度、個人番号の告知を求めることが原則である（所得税法第224条第1項及び同法施行令第336条第1項参照）が、株主としての地位を得た時点で個人番号の提供を求めることも可能であると解される（「事業者ガイドライン24ページ」）。

　地代等の支払に伴う支払調書の作成事務という個人番号関係事務の場合は、賃貸借契約の締結時点で個人番号の提供を求めることが可能であるが、賃料の金額により契約の締結時点で支払調書の作成が不要であることが明らかである場合は認められない（「事業者ガイドライン24ページ」）。

　金融機関が特定口座に係る所得計算等に伴う特定口座年間取引報告書の作成事務を行う場合は、租税特別措置法第37条の11の3第4項の規定により顧客は特定口座開設届出書を提出する時点で個人番号を告知する義務があるため、その時点で提供を求めることとなる（「金融ガイドライン10ページ」）。金融機関が先物取引の差金等決済に伴う支払調書の作成事務の場合は、所得税法第224条の5第1項及び同法施行令第350条の3第1項の規定により差金等決済をする日までに、その都度、個人番号の告知を求めることが原則であるが、先物取引等の委託に係る契約の締結時点で個人番号の提供を求めることも可能であると解される（「金融ガイドライン10ページ」）。生命保険契約に基づく保険金等の支払に伴う支払調書の作成事務の場合は、保険契約の締結時点で保険契約者等及び保険金等受取人の個人番号の提供を求めることも可能であると解される（「金融ガイドライン10ページ」）。

（3）提供の求めの制限

　番号法では、特定個人情報の提供を制限するだけでなく、提供を要求することができる場合も限定されている（番号法第15条）。個人番号の提供を求められる場合は、次の通りである。

> ・番号法第19条各号のいずれかに該当して特定個人情報の提供を受けることができる場合
> ・自己と同一の世帯に属する者以外の者の個人番号の提供を求める場合

提供要求の制限は、原則として、提供の制限と対応する形になっている。したがって、まずは番号法第19条で提供が認められた場合に対応する、提供の求めが認められる。

また、番号法第19条に該当しない場合でも、同居の子供・配偶者等、同一世帯の者の個人番号を求めることができる。

（4）収集の制限

> 【番号法第20条】
> ・何人も、
> 　番号法第19条各号のいずれかに該当する場合を除き、
> 　特定個人情報（他人の個人番号を含むものに限る。）を
> 　収集し、又は保管してはならない。

番号法では、提供行為、提供要求行為だけでなく、特定個人情報を収集できる場合も限定されている（番号法第20条）。個人番号を収集できる場合は、次の通りである。

> ・番号法第19条各号のいずれかに相当する場合
> ・自己と同一の世帯に属する者以外の者の特定個人情報を収集する場合

収集の制限も、原則として、提供の制限と対応する形になっている。したがって、まずは番号法第19条で提供が認められた場合に相当する収集が認められる。

また、同居の子供・配偶者等、同一世帯の者の特定個人情報は、番号法第19条に該当しない場合でも収集することができる。

（5）適正取得

> 【個人情報保護法第17条】
> ・個人情報取扱事業者は、
> 　偽りその他不正の手段により個人情報を取得してはならない。

個人情報保護法に基づき、個人情報取扱事業者が個人情報を取得する場合は、本人を騙したり欺いたりする等、不正な手段によってしてはならない。この点については番号法に特段の定めはないが、特定個人情報についても、個人情報取扱事業者については個人情報保護法第17条が適用になる。

　個人情報取扱事業者以外においても、同様の規制がある場合が多い。例えば、独立行政法人等については独立行政法人等個人情報保護法5条が適用になり、偽りその他不正の手段により個人情報を取得してはならない。行政機関個人情報保護法には明文の定めはないが、当然、適切な手段で取得することが求められる。地方公共団体においては、個人情報保護条例に同様の規定があれば、それが適用になる。

> ・特定個人情報については、個人情報保護法は適用されず、同意を得たり、オプトアウトを認めたり、共同利用等によっても第三者提供はできず、番号法第19条に定める場合以外は、提供が認められない。
> ・グループ会社であっても子会社であっても委託先であっても、法人格が異なる相手に特定個人情報を移動させる場合は、「提供／取得」に当たる。
> ・本人、その代理人から個人番号の提供を受けるときは、本人確認を行わなければならない（番号法第16条）。本人から受け取る際と代理人から受け取る際では、本人確認資料も異なる。
> ・個人番号の提供を求める場合、収集する場合も、厳格な規制がある（番号法第15条・第20条）。

第3章　精選過去問題で確認

問題 1 以下のアからエまでの記述のうち、個人番号の提供の求めの制限に関する【問題文A】から【問題文C】の内容として正しいものを1つ選びなさい。

【問題文A】番号法で限定的に明記された場合を除き、他人に対して個人番号の提供を求めてはならないのは、国の機関等の職員に限られる。

【問題文B】他人に対して個人番号の提供を求めることが制限されている場合において、例えば、個人番号の1、2、3…を、a、b、c…と読み替えるという規則に従って個人番号を別の数字、記号又は符号に置き換えるなどしたものの提供を求めることも制限の対象となる。

【問題文C】他人に対して個人番号の提供を求めることが禁止されている場合の「他人」とは、自己と同一の世帯に属する者以外の者を指す。

ア．Aのみ誤っている。
イ．Bのみ誤っている。
ウ．Cのみ誤っている。
エ．すべて正しい。

(第1回マイナンバー実務検定2級　問題25)

> **解 説** 個人番号の提供の求めの制限（15条）

本問は、個人番号の提供の求めの制限（15条）についての理解を問うものである。

A．誤 り。何人も、19条各号のいずれかに該当して特定個人情報の提供を受けることができる場合を除き、他人に対し、個人番号の提供を求めてはならない（15条）。すなわち、主体に限定はなく、何人も主体となり得るので、国の機関等の職員に限られない。従って、本記述は誤っている。

B．正しい。例えば、個人番号の1、2、3…を、a、b、c…と読み替えるという規則に従って個人番号を別の数字、記号又は符号に置き換えるなどしたものの提供を求めることも制限の対象となる。従って、本記述は正しい。

C．正しい。何人も、19条各号のいずれかに該当して特定個人情報の提供を受けることができる場合を除き、他人に対し、個人番号の提供を求めてはならない（15条）。ここでいう「他人」とは、自己と同一の世帯に属する者以外の者をいう。例えば、幼い子供の特定個人情報については、その親が保管することが想定されるところ、このような場合に、親が子供に対して特定個人情報の提供を求める行為が個人番号の告知に該当し得ることから、これを例外として除くものである。従って、本記述は正しい。

以上により、問題文BCは正しいが、Aは誤っている。従って、正解は肢アとなる。

解答 ▶▶ ア

問題2 以下のアからエまでの記述のうち、個人番号利用事務等実施者が、本人の代理人から個人番号の提供を受ける場合における本人確認の措置に関する【問題文A】から【問題文C】の内容として正しいものを1つ選びなさい。

【問題文A】個人番号利用事務等実施者が、本人の代理人から個人番号の提供を受ける場合、「代理権の確認」、「代理人の身元確認」及び「本人の身元確認」がいずれも必要となり、これで足りるとされている。

【問題文B】個人番号利用事務等実施者が、例えば、子供の法定代理人である親からその子供の個人番号の提供を受ける場合における「代理権の確認」には、原則として、戸籍謄本その他その資格を証明する書類が必要である。

【問題文C】個人番号利用事務等実施者が、本人の代理人から個人番号の提供を受ける場合における「代理人の身元確認」の具体例としては、代理人の運転免許証やパスポートなどの提示が挙げられる。

ア．Aのみ誤っている。
イ．Bのみ誤っている。
ウ．Cのみ誤っている。
エ．すべて正しい。

(第3回マイナンバー実務検定2級　問題31)

> **解説** 本人確認の措置（16条）

本問は、個人番号利用事務実施者及び個人番号関係事務実施者（以下「個人番号利用事務等実施者」という。）が、本人の代理人から個人番号の提供を受ける場合における本人確認の措置（16条）についての理解を問うものである。

A．誤 り。個人番号利用事務等実施者が、本人の代理人から個人番号の提供を受ける場合（番号法施行令（平成26年政令第155号）12条2項）、「代理権の確認」（1号）、「代理人の身元確認」（2号）、「本人の番号確認」（3号）が、いずれも必要となる。すなわち、「本人の身元確認」ではなく「本人の番号確認」が必要となる。従って、本記述は誤っている。

B．正しい。個人番号利用事務等実施者が、本人の代理人から個人番号の提供を受ける場合における「代理権の確認」は、法定代理人（例えば、親など）の場合には「戸籍謄本その他その資格を証明する書類」であるとされている（番号法施行規則（平成26年内閣府・総務省令第3号）6条1項1号）。従って、本記述は正しい。

なお、法定代理人以外の者である場合には、原則として、「委任状」であるとされている（番号法施行規則（平成26年内閣府・総務省令第3号）6条1項2号）。

C．正しい。個人番号利用事務等実施者が、本人の代理人から個人番号の提供を受ける場合における「代理人の身元確認」（番号法施行令（平成26年政令第155号）12条2項2号）の具体例としては、代理人の運転免許証やパスポートなどの提示が挙げられる（番号法施行規則（平成26年内閣府・総務省令第3号）7条1項1号）。従って、本記述は正しい。

以上により、問題文BCは正しいが、Aは誤っている。従って、正解は肢アとなる。

解答 ▶▶ ア

問題 3 個人番号利用事務等実施者が、本人から個人番号の提供を受ける場合における本人確認の措置に関する以下のアからエまでの記述のうち、正しいものを1つ選びなさい。

ア．個人番号利用事務等実施者が、本人から個人番号の提供を受ける場合、本人確認の措置として、「本人の番号確認」及び「本人の身元確認」がいずれも必要となるが、通知カードの提示を受けただけであっても、本人確認の措置といえる。

イ．個人番号利用事務等実施者が、本人から個人番号の提供を受ける場合、通知カード及び個人番号が記載されている住民票の写しの提示により、本人確認の措置が可能である。

ウ．個人番号利用事務等実施者が、本人から個人番号の提供を受ける場合、個人番号の提供を行う者と雇用関係にあること等の事情を勘案し、人違いでないことが明らかであると個人番号利用事務実施者が認めるときは、「本人の身元確認」は不要となる。

エ．個人番号利用事務等実施者が、本人から個人番号の提供を受ける場合、国民健康保険の被保険者証という写真表示のない身元確認書類の1種類のみの提示であっても、「本人の身元確認」をすることはできる。

(第3回マイナンバー実務検定2級　問題30)

> **解 説** 本人確認の措置（16条）

本問は、個人番号利用事務等実施者が、本人から個人番号の提供を受ける場合における本人確認の措置（16条）についての理解を問うものである。

ア．誤 り。本人確認の措置としては、「本人の番号確認」及び「本人の身元確認」が必要であるが、通知カードの提示では、「本人の番号確認」をすることができるが、「本人の身元確認」ができない。従って、本記述は誤っている。

イ．誤 り。個人番号利用事務等実施者は、通知カードや個人番号が記載されている住民票の写しの提示を受けることにより「本人の番号確認」をすることができるが、本人確認の措置としては、「本人の身元確認」も必要となる。「本人の身元確認」のためには、原則として、運転免許証やパスポートなど、主務省令で定める写真表示のある身元確認書類のうち、1種類の提示を受けることが必要である（16条、番号法施行規則（平成26年内閣府・総務省令第3号）1条1項1号、2号）。しかし、個人番号が記載されている住民票の写しは、写真表示のある身元確認書類ではないから、その提示を受けたとしても、「本人の身元確認」をすることはできない。従って、本記述は誤っている。

ウ．正しい。個人番号の提供を行う者と雇用関係にあること等の事情を勘案し、人違いでないことが明らかであると個人番号利用事務等実施者が認めるときは、「本人の身元確認」は要しない（番号法施行規則（平成26年内閣府・総務省令第3号）3条5項）。従って、本記述は正しい。

エ．誤 り。写真表示のない身元確認書類を提示する場合には、原則として2種類以上の提示を受けなければ、個人番号利用事務等実施者は「本人の身元確認」をすることができない（16条、番号法施行規則（平成26年内閣府・総務省令第3号）1条1項3号、3条2項）。それゆえ、本記述のように、国民健康保険の被保険者証という写真表示のない身元確認書類の1種類のみの提示では、「本人の身元確認」をすることはできない。従って、本記述は誤っている。

解答 ▶▶ ウ

問題 4 個人番号利用事務等実施者が、本人の代理人から個人番号の提供を受ける場合における本人確認の措置（番号法16条）に関する以下のアからエまでの記述のうち、正しいものを1つ選びなさい。

ア. 個人番号利用事務等実施者が、本人の代理人から個人番号の提供を受ける場合、本人の個人番号カード及び代理人の個人番号カードのみの提示で本人確認の措置が可能である。

イ. 本人の代理人（任意代理人）から、個人番号利用事務等実施者が個人番号の提供を受ける場合、委任状が必要であり、それに加えて、本人の個人番号カードのみの提示で本人確認の措置が可能である。

ウ. 本人の代理人（任意代理人）から、個人番号利用事務等実施者が個人番号の提供を受ける場合、委任状が必要であり、それに加えて、本人の通知カードの写し及び代理人の運転免許証のみの提示で本人確認の措置が可能である。

エ. 本人の代理人（法定代理人）から、個人番号利用事務等実施者（代理人を雇用している事業者）が個人番号の提供を受ける場合、雇用関係にある者から個人番号の提供を受ける場合であれば、その者を対面で確認することによって人違いでないことが確認できるので、戸籍謄本その他その資格を証明する書類（代理権の確認書類）以外の書類の提示は不要である。

(第3回マイナンバー実務検定1級　問題32)

精選過去問題で確認

> **解説** 本人確認の措置（16条）

本問は、個人番号利用事務等実施者（個人番号利用事務実施者及び個人番号関係事務実施者）が、本人の代理人から個人番号の提供を受ける場合における本人確認の措置（16条）についての理解を問うものである。

ア．誤り。 本人の代理人から個人番号の提供を受ける場合における本人確認の措置（16条）では、「代理権確認」及び「代理人の身元確認」及び「本人の番号確認」の3つの確認を行う必要がある。本記述では、「代理人の身元確認」は代理人の個人番号カードの提示ですることができ、「本人の番号確認」は本人の個人番号カードの提示ですることができる。もっとも、「代理権確認」は、代理人が任意代理人であれば「委任状」、代理人が法定代理人であれば「戸籍謄本その他その資格を証明する書類」が必要であり、この書類がなければ本人確認の措置（16条）はできない。従って、本記述は誤っている。

イ．誤り。 本人の代理人から個人番号の提供を受ける場合における本人確認の措置（16条）では、「代理権確認」及び「代理人の身元確認」及び「本人の番号確認」の3つの確認を行う必要がある。本記述の場合、任意代理人なので「代理権確認」のため「委任状」が必要となる。また、個人番号カードによって「本人の番号確認」をすることができる。もっとも、以上のみでは、「代理人の身元確認」をすることができず、本人確認の措置（16条）はできない。従って、本記述は誤っている。

ウ．正しい。 本人の代理人から個人番号の提供を受ける場合における本人確認の措置（16条）では、「代理権確認」及び「代理人の身元確認」及び「本人の番号確認」の3つの確認を行う必要がある。本記述の場合、任意代理人なので「代理権確認」のため「委任状」が必要となる。また、本人の通知カード（の写し）によって「本人の番号確認」をすることができ、代理人の個人番号カードや運転免許証によって「代理人の身元確認」をすることができる。従って、本記述は正しい。

エ．誤り。 本人の代理人から個人番号の提供を受ける場合における本人確認の措置（16条）では、「代理権確認」及び「代理人の身元

確認」及び「本人の番号確認」の3つの確認を行う必要がある。本記述の場合、雇用関係にある者から個人番号の提供を受ける場合であり、その者を対面で確認することによって人違いでないことが確認できるので、「代理人の身元確認」の書類は不要となる（番号法施行規則（平成26年内閣府・総務省令第3号）9条4項）。しかし、法定代理人であることから、「代理権確認」のために、「戸籍謄本その他その資格を証明する書類」が必要となる。また、本人の個人番号カードなど「本人の番号確認」の書類の提示も必要である。従って、本記述は誤っている。

問題 5 個人番号の提供の要求に関する以下のアからエまでの記述のうち、誤っているものを1つ選びなさい。

ア. 個人番号関係事務実施者である事業者は、社会保障や税における扶養親族に該当しない者の個人番号であっても、従業員と同一の世帯に属する者であれば、念のために個人番号の提供を求めることができる。

イ. 不動産の使用料等の支払調書の提出範囲は、同一人に対するその年中の支払金額の合計が所得税法の定める一定の金額を超えるものとなっているが、その一定額を超えないことが明らかな場合には、支払調書の提出は不要であり、契約時点で個人番号の提供を求めることはできない。

ウ. 従業員持株会制度とは、従業員が自分の勤めている企業の株式を定期的に取得・保有する制度であるが、従業員等がまだ株主となっていない時点では、持株会が従業員等に個人番号の提供を求めることはできない。

エ. ストックオプション制度とは、企業が特定の者に対して、期間を定めて、あらかじめ設定した価額で、自社の株式を購入する権利を与える制度であるが、子会社との雇用関係に基づいて親会社からストックオプションの交付を受けることになっている場合、子会社の従業員等となった時点で、親会社は、その支払調書作成のために、念のために当該従業員の個人番号の提供を求めることができる。

(第3回マイナンバー実務検定1級　問題26)

解説 個人番号の提供の要求（14条）

本問は、個人番号の提供の要求（14条）についての理解を問うものである。

ア．誤り。 従業員と同一の世帯に属する者であっても、社会保障や税における扶養親族に該当しない者の個人番号は、事業者として個人番号関係事務を処理する必要がないことから、個人番号の提供を求めることはできない。従って、本記述は誤っている。

イ．正しい。 不動産の使用料等の支払調書の提出範囲は、同一人に対するその年中の支払金額の合計が所得税法の定める一定の金額を超えるものとなっているが、その一定額を超えないことが明らかな場合には、支払調書の提出は不要であり、契約時点で個人番号の提供を求めることはできない。従って、本記述は正しい。

ウ．正しい。 従業員持株会制度とは、従業員が自分の勤めている企業の株式を定期的に取得・保有する制度である。従業員等がまだ株主となっていない時点では、個人番号関係事務の処理のために必要がある場合とはいえず、持株会が従業員等に個人番号の提供を求めることはできない。従業員等が株主となり持株会に入会した時点で、当該従業員等に対し、個人番号の提供を求めることとなる。従って、本記述は正しい。

エ．正しい。 ストックオプション制度とは、企業が特定の者に対して、期間を定めて、あらかじめ設定した価額で、自社の株式を購入する権利を与える制度である。子会社の従業員等となった時点で、子会社との雇用関係に基づいて親会社からストックオプションの交付を受けることが予想されるのであれば、個人番号関係事務を処理する必要性があるものと認められ、親会社においてはその時点で個人番号の提供を受けることができると解される。従って、本記述は正しい。

解答 ▶▶ ア

問題 6 　以下のアからエまでの記述のうち、個人番号利用事務等実施者が、個人番号の提供を受ける場合における本人確認の措置（番号法16条）に関する【問題文A】から【問題文C】の内容として正しいものを1つ選びなさい。

【問題文A】個人番号利用事務等実施者が、本人から個人番号の提供を郵送にて受ける場合における「本人の番号確認書類」の具体例としては、本人の通知カードや個人番号が記載された住民票の写しなどが挙げられるが、これらの写しの提出でもよいとされている。

【問題文B】個人番号利用事務等実施者が、その者と雇用関係にある従業員を本人とする個人番号の提供を本人から受ける際、人違いでないことが明らかであると個人番号利用事務実施者が認める場合であっても、運転免許証やパスポートなどの「本人の身元確認書類」は必要である。

【問題文C】個人番号利用事務等実施者が、その者と雇用関係にある従業員を本人とする個人番号の提供を本人から受ける際、人違いでないことが明らかであると個人番号利用事務実施者が認める場合であれば、通知カードや個人番号が記載された住民票の写しなどの「本人の番号確認書類」は不要となる。

ア．Aのみ正しい。
イ．Bのみ正しい。
ウ．Cのみ正しい。
エ．すべて誤っている。

（第2回マイナンバー実務検定1級　問題25）

解説 本人確認の措置（16条）

個人番号利用事務等実施者（個人番号利用事務実施者及び個人番号関係事務実施者）が、本人から個人番号の提供を受ける場合における本人確認の措置（16条）についての理解を問うものである。

A．正しい。個人番号利用事務等実施者が、本人から個人番号の提供を郵送にて受ける場合における「本人の番号確認書類」の具体例としては、本人の通知カードや個人番号が記載された住民票の写しが挙げられるが、これらの写しの提出でもよいとされている（番号法施行規則（平成26年内閣府・総務省令第3号）11条1項）。従って、本記述は正しい。

B．誤り。個人番号利用事務等実施者が、その者と雇用関係にある従業員を本人とする個人番号の提供を本人から受ける際、人違いでないことが明らかであると個人番号利用事務実施者が認める場合には、「本人の身元確認書類」は不要となる。すなわち、個人番号利用事務等実施者は、本人から個人番号の提供を受ける場合であって、その者と雇用関係にあることその他の事情を勘案し、その者が通知カード等に記載されている個人識別事項により識別される特定の個人と同一の者であることが明らかであると個人番号利用事務実施者が認める場合には、「本人の身元確認書類」の提示を受けることを要しないとされている（番号法施行規則（平成26年内閣府・総務省令第3号）3条5項）。従って、本記述は誤っている。

C．誤り。個人番号利用事務等実施者が、その者と雇用関係にある従業員を本人とする個人番号の提供を本人から受ける際、人違いでないことが明らかであると個人番号利用事務実施者が認める場合、「本人の身元確認書類」は不要となるが、「本人の番号確認書類」は必要である。従って、本記述は誤っている。

以上により、問題文BCは誤っているが、Aは正しい。従って、正解は肢アとなる。

解答 ▶▶ ア

第4章 管理関連規制

1 安全管理措置

> 【番号法第12条】
> ・個人番号利用事務実施者及び個人番号関係事務実施者（以下「個人番号利用事務等実施者」という。）は、
> ・個人番号の漏えい、滅失又は毀損の防止その他の個人番号の適切な管理のために
> ・必要な措置を講じなければならない。

(1) 総論
①趣旨

　個人番号利用事務等実施者は、番号法上、個人番号の安全管理措置が義務付けられる（番号法第12条）。安全管理措置というと漏えい対策のイメージが強いが、漏えい対策はあくまで一例に過ぎない。法律上も、漏えいのほか、滅失、毀損の防止が例示されているほか、結局求められるのは「個人番号の適切な管理のために必要な措置」であり、漏えい対策のみ行えばよいというものではない。

　安全管理措置は、個人情報保護法等でも義務付けられているが（個人情報保護法第20条、行政機関個人情報保護法第6条第1項、独立行政法人等個人情報保護法第7条第1項、個人情報保護条例でも同様の規定が設けられている例が多い）、それに加え、さらに個人番号については、番号法上も安全管理措置が義務付けられる。個人番号取扱事業者においては、番号法上の安全管理措置のみが義務付けられる。

②対象：死者の個人番号

　安全管理措置は、「特定個人情報」ではなく「個人番号」に対する規制である。「特定個人情報」には死者の情報は含まないが、「個人番号」には死者の情報を含むため、死者の個人番号についても安全管理措置を講じることが義務付けられる。

（2）ガイドライン
①ガイドラインの趣旨
　安全管理措置とは、「個人番号の適切な管理のために必要な措置」であるので、適切な管理のための措置全般をいうが、これだけでは何をすればよいのかがわかりづらい。そこで、個人情報保護委員会ガイドラインでは、求められる安全管理措置についてより具体的な解説を行っている。

②中小規模事業者
　安全管理措置というと、講じるのに費用を要するものもあり、中小規模事業者にとっては戸惑いも見られるところである。しかし行政機関、大企業と中小規模事業者等とで、すべて一律の安全管理措置が求められるものではない。なぜなら中小規模事業者は、取り扱うマイナンバーの数量が少なく、また、特定個人情報を取り扱う従業者が限定的であるためである。
　もっとも、行政機関も大企業も中小規模事業者も、安全管理措置を講じる法的義務があることに変わりはない。しかし安全管理措置は、「必ずこれをやらなければならない」という手法が限定されているものではなく、安全管理措置の具体的手法にはさまざまなバリエーションが考えられる。そこで、個人情報保護委員会のガイドラインでは、「中小規模事業者」とそれ以外とで安全管理措置の具体的手法について例示を変えて、解説がなされている。但し、中小規模事業者に該当する場合でも、大企業と同様の具体的手法を採ることもできる。
　ここにいう「中小規模事業者」とは、従業員の数が100人以下の事業者をいうが、従業員の数が100人以下であっても、次の者は中小規模事業者には当たらない。

- 個人番号利用事務実施者
- 委託に基づいて個人番号関係事務又は個人番号利用事務を業務として行う事業者
- 金融分野（金融庁作成の「金融分野における個人情報保護に関するガイドライン」第1条第1項に定義される金融分野）の事業者
- 個人情報取扱事業者

　このように、中小規模事業者とは、従業員の数が100人以下の事業者をいい、また個人番号利用事務実施者は中小規模事業者に該当しないので、行政機関、地方公共団体、健康保険組合等は、中小規模事業者に該当しない。

③安全管理措置の分類
　安全管理措置は、①組織的安全管理措置、②人的安全管理措置、③物理的安全管理措置、④技術的安全管理措置、⑤基本方針・取扱規程の策定に分類される。

（3）組織的安全管理措置
①組織体制の整備
　安全管理措置を講ずるための組織体制を整備することが求められる。必ず行わなければならないのは、事務取扱担当者の明確化である。事務取扱担当者とは、特定個人情報等を取り扱う事務に従事する従業者のことであり、社員のほか、取締役、監査役、理事、監事、派遣社員等も含む。事業者の組織内にあって直接間接に事業者の指揮監督を受けて事業者の業務に従事している者を、すべて含む概念である（「事業者ガイドライン48ページ」）。

　組織体制の整備として中小規模事業者における対応例としては、事務取扱担当者が複数いる場合に、責任者と事務取扱担当者を区分することが考えられる。

　中小規模事業者以外における事業者の対応例としては、以下の事項などが考えられる。

- 事務における責任者の設置及び責任の明確化
- 事務取扱担当者の明確化及びその役割の明確化
- 事務取扱担当者が取り扱う特定個人情報等の範囲の明確化
- 事務取扱担当者が取扱規程等に違反している事実又は兆候を把握した場合の責任者への報告連絡体制
- 情報漏えい等事案の発生又は兆候を把握した場合の従業者から責任者等への報告連絡体制
- 特定個人情報等を複数の部署で取り扱う場合の各部署の任務分担及び責任の明確化

　行政機関は以下の事項を行い、地方公共団体は以下の事項を参考に、組織体制を整備する。

- 総括責任者（行政機関等に各1名）の設置及び責任の明確化
- 保護責任者（個人番号利用事務等を実施する課室等に各1名）の設置及び責任の明確化
- 監査責任者の設置及び責任の明確化
- 事務取扱担当者及びその役割の明確化
- 事務取扱担当者が取り扱う特定個人情報等の範囲の明確化
- 事務取扱担当者が取扱規程等に違反している事実又は兆候を把握した場合の責任者への報告連絡体制の整備
- 個人番号の漏えい、滅失又は毀損等事案の発生又は兆候を把握した場合の職員から責任者等への報告連絡体制の整備
- 特定個人情報等を複数の部署で取り扱う場合の各部署の任務分担及び責任の明確化

②取扱規程等に基づく運用

　特定個人情報を取り扱うには、番号法のルールにのっとる必要がある。番号法のルールの中には抽象的なものもあるので、当該行政機関、独立行政法人等、地方公共団体、民間事業者として、具体的にどのような取扱い

を行っていくかを、取扱規程等にまとめる。

　取扱規程等については後述するが、実際に特定個人情報を取り扱う段階では、取扱規程等に沿って運用を行わなければならない。そして、取扱規程等に基づく運用状況を確認するためには、システムログ又は利用実績を記録することが求められる。

　中小規模事業者における対応例としては、取扱規程をチェックリスト化し、記入済のチェックリストを保存数方法も考えられる。業務日誌等において、特定個人情報等の入手・廃棄、源泉徴収票の作成日、税務署への提出日等の、特定個人情報等の取扱い状況等を記録してもよい（個人情報保護委員会事務局作成「中小企業向け　はじめてのマイナンバーガイドライン（平成28年1月版）」http://www.ppc.go.jp/files/pdf/280208_chusho.pdf）。

　中小規模事業者以外においては、特定個人情報等の取扱状況の分かる記録として、記録表を手書き作成したり、Excelで記載したり、システムログを取得したりして保存することが考えられる。記録する項目としては、以下が挙げられる。

> ・特定個人情報ファイルの利用・出力状況の記録
> ・書類・媒体等の持出しの記録
> ・特定個人情報ファイルの削除・廃棄記録
> ・削除・廃棄を委託した場合、これを証明する記録等
> ・特定個人情報ファイルを情報システムで取り扱う場合、事務取扱担当者の情報システムの利用状況（ログイン実績、アクセスログ等）の記録

　記録はあくまで、特定個人情報等が適切に取り扱われたかどうかをチェックするためのものであるので、特定個人情報等自体は、真に必要がなければ記録中には記載しない。

　なお、行政機関・地方公共団体においては、記録の改ざん、窃取、不正な削除の防止のために必要な措置を講じる（「行政・地方ガイドライン53ページ」）。

③取扱状況を確認する手段の整備

　特定個人情報ファイルの取扱状況を確認するための手段を整備することが求められる。記録と同様、ここにも特定個人情報等自体は記載しない。

　中小規模事業者における対応例としては、前記②の記録を作成・保管することで、これへの対応を兼ねることが考えられる。

　中小規模事業者以外における対応としては、以下の事項などを記載したものを整備することが考えられる。

・特定個人情報ファイルの種類、名称
・責任者、取扱部署、組織名称
・利用目的
・削除・廃棄状況
・アクセス権を有する者

---

④情報漏えい等事案に対応する体制の整備

　情報漏えい等の事案の発生又は兆候を把握した場合に、適切かつ迅速に対応するための体制を整備することが求められる。情報漏えい等が発生したら、迅速に対応することが重要である。また実際に問題が生じる前から、たとえばその兆候が見られた段階で、迅速に対応することで、問題の未然解決を図ることもできる。情報漏えい等の事案が発生した場合、二次被害の防止、類似事案の発生防止等の観点から、事案に応じて、事実関係及び再発防止策等を早急に公表することが重要であり、平時から情報漏えい等発生時の体制・対応を検討しておく。

　中小規模事業者における対応方法としては、情報漏えい等の事案の発生等に備え、従業者から責任ある立場の者に対する報告連絡体制等をあらかじめ確認しておくことが考えられる。

　中小規模事業者以外においては、情報漏えい等の事案の発生時に、次のような対応を行うことを念頭に、体制を整備することが考えられる。

> ・事実関係の調査及び原因の究明
> ・影響を受ける可能性のある本人への連絡
> ・個人情報保護委員会及び主務大臣等への報告
> ・再発防止策の検討及び決定
> ・事実関係及び再発防止策等の公表

　なお、行政機関、地方公共団体は、不正アクセス、ウィルス感染、標的型攻撃等の被害を受けた場合の対応について、関係者において定期的に確認又は訓練等を実施する（「行政・地方ガイドライン54ページ」）。

⑤取扱状況の把握及び安全管理措置の見直し

　一度、安全管理措置を講じた後も、特定個人情報等の取扱状況を把握し、安全管理措置の評価、見直し、改善に取り組むことが求められる。

　中小規模事業者における対応例としては、責任ある立場の者が、特定個人情報等の取扱状況について、定期的に点検を行うことが考えられる。

　中小規模事業者以外の事業者における対応としては、内部監査・外部監査などが考えられる。外部監査は、特定個人情報等の取扱いに対する専門監査の他、他の監査と合わせて、監査を実施することも考えられる。

> ・内部監査：特定個人情報等の取扱状況について、定期的に自ら行う点検又は他部署等による監査を実施する。
> ・外部監査：外部の主体によって監査を実施する。

　行政機関・地方公共団体における対応は、次のとおりである。

> ・監査責任者（地方公共団体等においてはこれに相当する者）は、特定個人情報の管理の状況について、定期に及び必要に応じ随時に点検又は監査（外部監査を含む。）を行い、その結果を総括責任者（地方公共団体等においてはこれに相当する者）に報告する。
> ・総括責任者は、点検又は監査の結果等を踏まえ、必要があると認めるときは、取扱規程等の見直し等の措置を講ずる。

(4) 人的安全管理措置
①事務取扱担当者の監督
　特定個人情報等が取扱規程等に基づき適正に取り扱われるよう、事務取扱担当者に対して必要かつ適切な監督を行うことが求められる。

　人的安全管理措置は基本であり、中小規模事業者とそれ以外とで、具体的手法に差異はない。

②事務取扱担当者の教育
　事務取扱担当者に、特定個人情報等の適正な取扱いを周知徹底するとともに適切な教育を行うことが求められる。人的安全管理措置は基本であり、中小規模事業者とそれ以外とで、具体的手法に差異はない。

　事業者における対応として、具体的には、以下の方法などが考えられる。

- 特定個人情報等の取扱いに関する留意事項等について、従業者に定期的な研修等を行う。
- 特定個人情報等についての秘密保持に関する事項を就業規則等に盛り込む

　行政機関・地方公共団体では、以下のことを行う。

- 総括責任者及び保護責任者は、事務取扱担当者に、特定個人情報等の適正な取扱いについて理解を深め、特定個人情報等の保護に関する意識の高揚を図るための啓発その他必要な教育研修を行う。
- 総括責任者及び保護責任者は、特定個人情報等を取り扱う情報システムの管理に関する事務に従事する職員に対し、特定個人情報等の適切な管理のために、情報システムの管理、運用及びセキュリティ対策に関して必要な教育研修を行う。
- 総括責任者は、保護責任者に対し、課室等における特定個人情報等の適正な管理のために必要な教育研修を行う。
- 総括責任者及び保護責任者は、事務取扱担当者に、特定個人情報等の適切な管理のために、教育研修への参加の機会を付与する等の必要な措置を講ずる。

③法令・内部規程違反等に対する厳正な対処

　行政機関・地方公共団体は、法令又は内部規程等に違反した職員に対し、法令又は内部規程等に基づき厳正に対処する。

(5) 物理的安全管理措置
①特定個人情報等を取り扱う区域の管理

　特定個人情報等の情報漏えい等を防止するために、特定個人情報ファイルを取り扱う情報システムを管理する区域（「管理区域」）と、特定個人情報等を取り扱う事務を実施する区域（「取扱区域」）を明確にすることが求められる。どこでも特定個人情報等を取り扱えるとなると、誰かに覗き見られたり、特定個人情報等が紛失したりするリスクも考えられ、適切な管理とはいえないためである。

　管理区域に関する措置としては、入退室管理、管理区域へ持ち込む機器等の制限等が考えられる。入退室管理方法としては、ICカード、ナンバーキー等で入退室を管理することが考えられる。

　取扱区域に関する措置としては、壁・間仕切り等の設置、座席配置の工夫等が考えられる。

　中小規模事業者向けの軽減はないが、壁・間仕切り等の設置や覗き見されない場所等で特定個人情報等を取り扱うような座席配置の工夫等は、比較的行いやすい対策である。

　行政機関は、管理区域のうち、基幹的なサーバー等の機器を設置する室等（以下「情報システム室等」という。）を区分して管理する場合には、情報システム室等について、次の①及び②に掲げる措置を講ずる。地方公共団体は、次の①及び②に掲げる項目を参考に、適切な措置を講ずる。

> ①入退室管理
> ・情報システム室等に入室する権限を有する者を定めるとともに、用件の確認、入退室の記録、部外者についての識別化、部外者が入室する場合の職員の立会い等の措置を講ずる。また、情報システム室等に特定個人情報等を記録する媒体を保管するための施設を設けて

> いる場合においても、必要があると認めるときは、同様の措置を講ずる。
> ・必要があると認めるときは、情報システム室等の出入口の特定化による入退室の管理の容易化、所在表示の制限等の措置を講ずる。
> ・必要があると認めるときは、入室に係る認証機能を設定し、及びパスワード等の管理に関する定めの整備（その定期又は随時の見直しを含む。）、パスワード等の読取防止等を行うために必要な措置を講ずる。
> ②情報システム室等の管理
> ・外部からの不正な侵入に備え、施錠装置、警報装置、監視設備の設置等の措置を講ずる。

②機器及び電子媒体等の盗難等の防止

　特定個人情報等を取り扱う機器、電子媒体、書類等が盗難又は紛失等しないような対策を講じる必要がある。具体的方法としては、以下が考えられる。

> ・特定個人情報等を取り扱う機器、電子媒体、書類等を、施錠できるキャビネット・書庫等に保管する。
> ・特定個人情報ファイルを取り扱う情報システムが機器のみで運用されている場合は、セキュリティワイヤー等により固定する

　中小規模事業者向けの軽減はないが、上記方法は、比較的行いやすい対策であろう。

③電子媒体等を持ち出す場合の漏えい等の防止

　特定個人情報等が記録された電子媒体や書類等を、上記管理区域又は取扱区域から持ち出す場合に対策を講じる。容易に個人番号が判明しない措置の実施、追跡可能な移送手段の利用等が考えられる。事業所内での移動等であっても、紛失・盗難等に留意する必要がある。

中小規模事業者における対応方法としては、パスワードを設定したり、封筒に封入し鞄に入れて搬送したりする等が考えられる。
中小規模事業者以外における対応方法としては、以下の方法が考えられる。

- ・持出しデータの暗号化
- ・持出しデータのパスワードによる保護
- ・施錠できる搬送容器の使用
- ・封緘
- ・目隠しシールの貼付　等

④個人番号の削除、機器及び電子媒体等の廃棄

必要がなくなった個人番号をできるだけ速やかに削除・廃棄する必要がある。具体的には、個人番号関係事務又は個人番号利用事務を行う必要がなくなった場合で、所管法令等において定められている保存期間等を経過した場合には、復元できない手段で、個人番号を速やかに削除又は廃棄する。

削除・廃棄の際は、削除・廃棄した記録を保存する。また、これらの作業を委託する場合には、委託先が確実に削除・廃棄したことを、削除・廃棄証明書等によって確認する。

中小規模事業者における対応方法としては、特定個人情報等を担当者が削除・廃棄した後、責任ある立場の者が削除・廃棄を確認することが考えられる。

中小規模事業者以外においては、以下の方法などが考えられる。

- ・特定個人情報等が記載された書類等を廃棄する場合、焼却又は溶解等の復元不可能な手段を採用する。
- ・特定個人情報等が記録された機器及び電子媒体等を廃棄する場合、専用のデータ削除ソフトウェアの利用又は物理的な破壊等により、復元不可能な手段を採用する。
- ・特定個人情報ファイル中の個人番号又は一部の特定個人情報等を削除する場合、容易に復元できない手段を採用する。

> - 特定個人情報等を取り扱う情報システムにおいては、保存期間経過後に個人番号を削除できるよう、情報システムを構築する。
> - 個人番号が記載された書類等については、保存期間経過後における廃棄を前提とした手続を定める。

（6）技術的安全管理措置
①アクセス制御

情報システムを使用して個人番号関係事務又は個人番号利用事務を行う場合、適切なアクセス制御を行うことが求められる。個人番号・特定個人情報ファイルにアクセスできる者と、個人番号と紐づけてアクセスできる情報の範囲を限定するために、アクセス制御を行う。

中小規模事業者における対応方法としては、特定個人情報等を取り扱うパソコン等の機器を特定し、その機器を取り扱う事務取扱担当者を限定することが望ましい。また、パソコン等の機器に標準装備されているユーザ制御機能（ユーザアカウント制御）により、情報システムを取り扱う事務取扱担当者を限定することが望ましい。具体的にいうと、特定個人情報等を取り扱うパソコンを何台かに限定し、そのパソコンを取り扱える者を限定したうえで、ログイン等しなければパソコンの中の情報を参照等できないようにさせることが考えられる。なお、当然のことであるが、特定個人情報等を取り扱える者は、事務取扱担当者として特定した者でなければならない。

中小規模事業者以外では、次の方法などが考えられる。

> - 個人番号と紐付けてアクセスできる情報の範囲をアクセス制御により限定する。
> - 特定個人情報ファイルを取り扱う情報システムを、アクセス制御により限定する。
> - ユーザIDに付与するアクセス権により、特定個人情報ファイルを取り扱う情報システムを使用できる者を事務取扱担当者に限定する。

行政機関・地方公共団体においては、上記に加え、次の方法なども考えられる。

> ・特定個人情報ファイルへのアクセス権を付与すべき者を最小化する。
> ・アクセス権を有する者に付与する権限を最小化する。
> ・情報システムの管理者権限を有するユーザであっても、情報システムの管理上特定個人情報ファイルの内容を知らなくてもよいのであれば、特定個人情報ファイルへ直接アクセスできないようにアクセス制御をする。
> ・特定個人情報ファイルを取り扱う情報システムに導入したアクセス制御機能の脆弱性等を検証する。

②アクセス者の識別と認証

特定個人情報等を、ITを用いて取り扱う場合、操作者の識別と認証を行うことが求められる。

中小規模事業者における対応方法としては、前記①アクセス制御と同様の方法で、アクセス者の識別と認証も兼ねることが考えられる。

中小規模事業者以外においては、ユーザID、パスワード、磁気・ICカード等によって識別することが考えられる。

③外部からの不正アクセス等の防止

情報システムを外部からの不正アクセスや不正ソフトウェアから保護する仕組みを導入し、適切に運用する必要がある。具体的方法としては、以下が考えられる。

> ・情報システムと外部ネットワークとの接続箇所に、ファイアウォール等を設置し、不正アクセスを遮断する。
> ・情報システム及び機器にセキュリティ対策ソフトウェア等（ウイルス対策ソフトウェア等）を導入する。
> ・導入したセキュリティ対策ソフトウェア等により、入出力データに

> おける不正ソフトウェアの有無を確認する。
> ・機器やソフトウェア等に標準装備されている自動更新機能等の活用により、ソフトウェア等を最新状態とする。
> ・ログ等の分析を定期的に行い、不正アクセス等を検知する。

　中小規模事業者向けの軽減はないが、インターネット等に接続しているパソコン等を利用して個人番号を取り扱う場合にのみ必要となってくるものであるので、余裕のない中小規模事業者においてはパソコン等を利用しない、又はインターネットから切り離したパソコン等で作業するという方法を採用することも考えられる。もっとも、個人番号とは関係のない場面でも、インターネット等と接続したパソコンを利用している場合は、セキュリティ対策として上記対策を行うべきであり、一般的な対策といえる。

　行政機関・地方公共団体においては、上記に加え、次の方法なども考えられる。

> ・不正アクセス等の被害に遭った場合であっても、被害を最小化する仕組み（ネットワークの遮断等）を導入し、適切に運用する。
> ・情報システムの不正な構成変更（許可されていない電子媒体、機器の接続等、ソフトウェアのインストール等）を防止するために必要な措置を講ずる。

④情報漏えい等の防止

　特定個人情報等をインターネット等により外部に送信する場合、通信経路における情報漏えい等を防止するための措置を講ずる。具体的方法としては、通信経路の暗号化、データの暗号化、パスワードによる保護等が考えられる。中小規模事業者向けの軽減はないが、余裕のない中小規模事業者においてはパソコン等を利用しない、又はインターネットから切り離したパソコン等で作業することも考えられる。

（7）基本方針・取扱規程の策定

①基本方針

　組織的安全管理措置、人的安全管理措置、物理的安全管理措置、技術的安全管理措置を検討したり、見直ししたりした後は、その概要を基本方針にとりまとめることが重要である。

　基本方針に定める項目としては、次のものが挙げられる。

> ・事業者の名称
> ・関係法令・ガイドライン等の遵守
> ・安全管理措置に関する事項
> ・質問及び苦情処理の窓口　等

　もっとも、これらの内容を形式的に満たしたのみの基本方針を作成するだけでは足りず、どのように特定個人情報等を適切に取り扱っていくかがわかるような、具体的・実質的な記載とする必要がある。

②取扱規程等の策定

　組織的安全管理措置、人的安全管理措置、物理的安全管理措置、技術的安全管理措置を検討したり見直ししたりした後は、具体的にそれらの措置を業務の中でどのように実践していくかを、取扱規程としてとりまとめることが求められる。個人番号を取り扱うことのできる事務の流れを整理し、特定個人情報等の具体的な取扱いを定める取扱規程を策定しなければならない。

　中小規模事業者においては、取扱規程の粒度を粗くすることも考えられなくはない。重要なのは、事業者の中でも特定個人情報等の取扱い等を明確化し、どのような取扱いが認められ、どのようなことが禁止されるのかを、従業者等に対し明確化することである。また、担当者の知識のみに依存せず、事務取扱担当者が変更となった場合には、確実な引継ぎを行った上で、責任ある立場の者が確認すること等も必要である。

　取扱規程には、特定個人情報等を取り扱う具体的な状況ごとに具体的な担当者・責任者・役割・取扱方法・ルール等を記載すべきである。以下の

段階ごとにそれらを記載する。
　①取得する段階
　②利用を行う段階
　③保存する段階
　④提供を行う段階
　⑤削除・廃棄を行う段階

源泉徴収票等を作成する税務手続で個人番号を利用する場合を例にすると、例えば、次のような事務フローに即して、手続を明確にしておくことが重要である。
　①取得する段階：従業員等から提出された書類等を取りまとめる方法
　②利用を行う段階：取りまとめた書類等の源泉徴収票等の作成部署への移動方法、情報システムへの個人番号を含むデータ入力方法、源泉徴収票等の作成方法
　③保存を行う段階：源泉徴収票等の控え、従業員等から提出された書類及び情報システムで取り扱うファイル等の保存方法
　④提供を行う段階：源泉徴収票等の行政機関等への提出方法
　⑤削除・廃棄を行う段階：法定保存期間を経過した源泉徴収票等の控え等の廃棄・削除方法　等

2　その他の管理関連規制

（1）保管の制限

> 【番号法第20条】
> ・何人も、
> 　番号法第19条各号のいずれかに該当する場合を除き、
> 　特定個人情報（他人の個人番号を含むものに限る。）を
> 　収集し、又は保管してはならない。

　元々、特定個人情報は収集・提供できる場合が限定されているので、保管できる場合も同じく限定される。具体的には、以下の場合のみ、保管が

認められる。

> ・番号法第19条各号のいずれかに相当する場合
> ・自己と同一の世帯に属する者の特定個人情報を収集する場合

　保管の制限は、原則として、提供の制限と対応する形になっている。したがって、まずは番号法第19条で提供が認められた場合に相当する保管が認められる。

　また、同居の子供・配偶者等、同一世帯の者の特定個人情報は、番号法第19条に該当しない場合でも保管することができる。

（2）従業者の監督

> 【個人情報保護法第21条】
> ・個人情報取扱事業者は、
> 　その従業者に個人データを取り扱わせるに当たっては、
> 　当該個人データの安全管理が図られるよう、
> 　当該従業者に対する必要かつ適切な監督を行わなければならない。
>
> 【番号法第34条】
> ・個人番号取扱事業者は、
> 　その従業者に特定個人情報を取り扱わせるに当たっては、
> 　当該特定個人情報の安全管理が図られるよう、
> 　当該従業者に対する必要かつ適切な監督を行わなければならない。

　人的安全管理措置としてだけではなく、従業者の監督は、もともと個人情報保護法上に規定されている。したがって個人情報取扱事業者においては個人情報保護法第21条に従い、個人情報取扱事業者以外の事業者においては番号法第34条に従い、従業者の監督を行う義務がある。地方公共団体については、個人情報保護条例で従業者の監督に相当する規定があれば、それに従うことになる。

　行政機関個人情報保護法、独立行政法人等個人情報保護法には、これに相当する規定はなく、従業者の義務規定が設けられている（行政機関個人

情報保護法第7条、独立行政法人等個人情報保護法第8条)。しかし、行政機関、独立行政法人等においても、従業者の監督は当然行っていく必要がある。

　従業者を監督する際は、安全管理措置のみに関して監督をするのではなく、番号法及び個人情報保護法の規律に従って、個人のプライバシーを配慮した取扱いがなされているかを全般的に監督することが重要である。

(3) 正確性確保

【個人情報保護法第19条】
・個人情報取扱事業者は、
　利用目的の達成に必要な範囲内において、
　個人データを正確かつ最新の内容に保つよう努めなければならない。
【行政機関個人情報保護法第5条】
・行政機関の長は、
　利用目的の達成に必要な範囲内で、
　保有個人情報が過去又は現在の事実と合致するよう努めなければならない。
【独立行政法人等個人情報保護法第6条】
・独立行政法人等は、
　利用目的の達成に必要な範囲内で、
　保有個人情報が過去又は現在の事実と合致するよう努めなければならない。

　内容の正確性については、個人情報保護法上で努力義務が設けられている。そこで、特定個人情報についても、個人情報取扱事業者は個人情報保護法第19条に基づき、行政機関は行政機関個人情報保護法第5条に基づき、独立行政法人等は独立行政法人等個人情報保護法第6条に基づき、正確性確保の努力義務を負うことになる。個人情報取扱事業者に該当しない事業者においては、これに相当する努力義務は、とくに課されない。

　正確性確保は、義務ではなく努力義務であるし、また利用目的の達成に

必要な範囲内において努力することが求められる。

> ・安全管理措置は、①組織的安全管理措置、②人的安全管理措置、③物理的安全管理措置、④技術的安全管理措置、⑤基本方針・取扱規程の策定に分類される。
> ・①行政・地方公共団体、②民間事業者、③民間事業者のうちの中小規模事業者向けに、個人情報保護委員会ガイドラインで安全管理措置の手法の例示が記載されている。
> ・特定個人情報には保管の制限がある（番号法第20条）。
> ・従業者の監督、正確性確保を一般法に従い行う。

第4章　精選過去問題で確認

問題1 以下のアからエまでの記述のうち、「特定個人情報の適正な取扱いに関するガイドライン（事業者編）」で要求されている安全管理措置に関する【問題文A】から【問題文C】の内容として正しいものを1つ選びなさい。

【問題文A】「取扱規程等の策定」においては、①取得する段階、②利用を行う段階、③保存する段階、④提供を行う段階、⑤削除・廃棄を行う段階、のそれぞれの管理段階ごとに、取扱方法、責任者・事務取扱担当者及びその任務等について定めることが考えられる。

【問題文B】既存の個人情報の保護に係る取扱規程等があるのであれば、「取扱規程等の策定」は、新たに作成するのではなく、既存の個人情報の保護に係る取扱規程等を見直し、特定個人情報の取扱いを追記する形でも認められる。

【問題文C】この安全管理措置には、「取扱規程等の策定」が挙げられているが、中小規模事業者においては、特定個人情報等の取扱方法や責任者等が明確になっていれば足りるものと考えられ、明確化の方法については、口頭で明確化する方法のほか、業務マニュアル、業務フロー図、チェックリスト等に特定個人情報等の取扱いを加えるなどの方法も考えられる。

ア. Aのみ誤っている。
イ. Bのみ誤っている。
ウ. Cのみ誤っている。
エ. すべて正しい。

(第3回マイナンバー実務検定1級　問題17)

> **解説** 安全管理措置（12条等）

本問は、安全管理措置（12条等）についての理解を問うものである。

A．正しい。「特定個人情報の適正な取扱いに関するガイドライン（事業者編）」で要求されている安全管理措置には、「取扱規程等の策定」が挙げられているが、取扱規程等には、①取得する段階、②利用を行う段階、③保存する段階、④提供を行う段階、⑤削除・廃棄を行う段階、のそれぞれの管理段階ごとに、取扱方法、責任者・事務取扱担当者及びその任務等について定めることが考えられる。従って、本記述は正しい。

B．正しい。「特定個人情報の適正な取扱いに関するガイドライン（事業者編）」で要求されている安全管理措置には、「取扱規程等の策定」が挙げられているが、既存の個人情報の保護に係る取扱規程等があるのであれば、新たに作成するのではなく、既存の個人情報の保護に係る取扱規程等を見直し、特定個人情報の取扱いを追記する形でも認められる。従って、本記述は正しい。

C．正しい。「特定個人情報の適正な取扱いに関するガイドライン（事業者編）」で要求されている安全管理措置には、「取扱規程等の策定」が挙げられているが、中小規模事業者においては、必ずしも取扱規程等の策定が義務付けられているものではなく、特定個人情報等の取扱方法や責任者・事務取扱担当者が明確になっていれば足りるものと考えられる。明確化の方法については、口頭で明確化する方法のほか、業務マニュアル、業務フロー図、チェックリスト等に特定個人情報等の取扱いを加えるなどの方法も考えられる。従って、本記述は正しい。

以上により、問題文ＡＢＣはすべて正しい。従って、正解は肢エとなる。

解答 ≫ エ

問題 2 以下のアからエまでの記述のうち、「特定個人情報の適正な取扱いに関するガイドライン（事業者編）」で要求されている安全管理措置（組織的安全管理措置）に関する【問題文A】から【問題文C】の内容として正しいものを1つ選びなさい。

【問題文A】 組織的安全管理措置の内容として、「組織体制の整備」、「取扱規程等に基づく運用」、「取扱状況を確認する手段の整備」、「情報漏えい等事案に対応する体制の整備」、「取扱状況の把握及び安全管理措置の見直し」が挙げられている。

【問題文B】 組織的安全管理措置の「組織体制の整備」の中小規模事業者における対応方法として、「事務取扱担当者が複数いる場合、責任者と事務取扱担当者を区分することが望ましい」とされている。

【問題文C】 組織的安全管理措置の「取扱規程等に基づく運用」の中小規模事業者における対応方法として、「特定個人情報等の取扱状況の分かる記録を保存する」ことが挙げられている。これは、例えば、業務日誌等において、特定個人情報等の入手・廃棄、源泉徴収票の作成日、税務署への提出日等の、特定個人情報等の取扱い状況を記録する、などの方法が考えられる。

ア．Aのみ誤っている。
イ．Bのみ誤っている。
ウ．Cのみ誤っている。
エ．すべて正しい。

（第3回マイナンバー実務検定1級　問題18）

> **解説** 安全管理措置（組織的安全管理措置）

本問は、安全管理措置（12条等）のうち、組織的安全管理措置についての理解を問うものである。

A．正しい。「特定個人情報の適正な取扱いに関するガイドライン（事業者編）」で要求されている安全管理措置のうち、組織的安全管理措置の内容として、「組織体制の整備」、「取扱規程等に基づく運用」、「取扱状況を確認する手段の整備」、「情報漏えい等事案に対応する体制の整備」、「取扱状況の把握及び安全管理措置の見直し」が挙げられている。従って、本記述は正しい。

B．正しい。組織的安全管理措置の「組織体制の整備」の中小規模事業者における対応方法として、「事務取扱担当者が複数いる場合、責任者と事務取扱担当者を区分することが望ましい」とされている。従って、本記述は正しい。

C．正しい。組織的安全管理措置の「取扱規程等に基づく運用」とは、取扱規程等に基づく運用状況を確認するため、システムログ又は利用実績を記録することをいうが、中小規模事業者における対応方法としては、「特定個人情報等の取扱状況の分かる記録を保存する」ことが挙げられている。この点については、例えば、以下の方法が考えられる。（1）業務日誌等において、例えば、特定個人情報等の入手・廃棄、源泉徴収票の作成日、税務署への提出日等の、特定個人情報等の取扱状況を記録する、（2）取扱規程、事務リスト等に基づくチェックリストを利用して事務を行い、その記入済みのチェックリストを保存する、などの方法が考えられる。従って、本記述は正しい。

以上により、問題文ABCはすべて正しい。従って、正解は肢エとなる。

解答 ▶▶ エ

問題 3 以下のアからエまでの記述のうち、「特定個人情報の適正な取扱いに関するガイドライン（事業者編）」で要求されている安全管理措置（技術的安全管理措置）に関する【問題文A】から【問題文C】の内容として正しいものを1つ選びなさい。

【問題文A】この安全管理措置として、情報システムを使用して個人番号関係事務又は個人番号利用事務を行う場合、事務取扱担当者及び当該事務で取り扱う特定個人情報ファイルの範囲を限定するために、「アクセス制御」を行うべきものとされている。例えば、ユーザーIDに付与するアクセス権により、特定個人情報ファイルを取り扱う情報システムを使用できる者を事務取扱担当者に限定したり、特定個人情報ファイルを取り扱う情報システムを、アクセス制御により限定したりすることが考えられる。

【問題文B】この安全管理措置における「アクセス制御」や「アクセス者の識別と認証」の中小規模事業者における対応方法としては、特定個人情報等を取り扱う機器を特定し、その機器を取り扱う事務取扱担当者を限定することが挙げられる。また、機器に標準装備されているユーザー制御機能（ユーザーアカウント制御）により、情報システムを取り扱う事務取扱担当者を限定することが挙げられる。

【問題文C】この安全管理措置における「外部からの不正アクセス等の防止」の手法としては、情報システム及び機器にセキュリティ対策ソフトウェア等（ウイルス対策ソフトウェア等）を導入することが挙げられる。

ア．Aのみ誤っている。
イ．Bのみ誤っている。
ウ．Cのみ誤っている。
エ．すべて正しい。

（第2回マイナンバー実務検定1級　問題22）

> **解説** 安全管理措置（技術的安全管理措置）

本問は、安全管理措置（12条等）のうち、技術的安全管理措置についての理解を問うものである。

A．正しい。「特定個人情報の適正な取扱いに関するガイドライン（事業者編）」で要求されている安全管理措置として、情報システムを使用して個人番号関係事務又は個人番号利用事務を行う場合、事務取扱担当者及び当該事務で取り扱う特定個人情報ファイルの範囲を限定するために、「アクセス制御」を行うべきものとされている。例えば、ユーザーIDに付与するアクセス権により、特定個人情報ファイルを取り扱う情報システムを使用できる者を事務取扱担当者に限定したり、特定個人情報ファイルを取り扱う情報システムを、アクセス制御により限定したりすることが考えられる。従って、本記述は正しい。

B．正しい。「特定個人情報の適正な取扱いに関するガイドライン（事業者編）」で要求されている安全管理措置とされる「アクセス制御」や「アクセス者の識別と認証」の中小規模事業者における対応方法としては、特定個人情報等を取り扱う機器を特定し、その機器を取り扱う事務取扱担当者を限定することが挙げられる。また、機器に標準装備されているユーザー制御機能（ユーザーアカウント制御）により、情報システムを取り扱う事務取扱担当者を限定することが挙げられる。従って、本記述は正しい。

C．正しい。「特定個人情報の適正な取扱いに関するガイドライン（事業者編）」で要求されている安全管理措置における「外部からの不正アクセス等の防止」の手法としては、情報システム及び機器にセキュリティ対策ソフトウェア等（ウイルス対策ソフトウェア等）を導入することが挙げられる。従って、本記述は正しい。

以上により、問題文ＡＢＣはすべて正しい。従って、正解は肢エとなる。

解答 ▶▶ エ

難問 チャレンジ

「特定個人情報の適正な取扱いに関するガイドライン（事業者編）」で要求されている人的安全管理措置の手法の例示として、特定個人情報等の取扱いに関する留意事項等について、従業者に定期的な研修等を行うことが挙げられているが、ここでいう「従業者」とは、事業者の組織内にあって直接間接に事業者の指揮監督を受けて事業者の業務に従事している者をいい、取締役、監査役は含まないとされている。

ア．正しい　　**イ．**誤っている

（第6回マイナンバー実務検定1級　問題21－【問題文B】より）

解説　安全管理措置（人的安全管理措置）

本問は、安全管理措置のうち、人的安全管理措置についての理解を問うものである。

イ．誤り。 人的安全管理措置の手法の例示として、特定個人情報等の取扱いに関する留意事項等について、従業者に定期的な研修等を行うことが挙げられているが、ここでいう「従業者」とは、事業者の組織内にあって直接間接に事業者の指揮監督を受けて事業者の業務に従事している者をいい、具体的には、従業員のほか、取締役、監査役、理事、監事、派遣社員等を含むとされている。従って、本記述は誤っている。

解答 ▶▶ **イ**

第5章 委託関連規制

1 委託先の監督

> 【番号法第11条】
> ・個人番号利用事務等の全部又は一部の委託をする者は、当該委託に係る個人番号利用事務等において取り扱う特定個人情報の安全管理が図られるよう、当該委託を受けた者に対する必要かつ適切な監督を行わなければならない。

(1) 総論

　内部で処理されるときのみならず、外部委託が利用されるときも、特定個人情報に対する適切な措置が講じられる必要がある。そこで委託を行う場合は、委託先に対して必要かつ適切な監督を行わなければならない（番号法第11条）。

　「委託を受けた者」を適切に監督するために必要な措置を講じなかったり、必要かつ十分な監督義務を果たすための具体的な対応をとらなかったりした結果、漏えい、不正取扱い等が発生した場合、委託先のみならず委託元自体も番号法違反と判断されうる。

　「必要かつ適切な監督」の主な内容は次の3つである。

> ・委託先の適切な選定
> ・委託先に安全管理措置を遵守させるために必要な契約の締結
> ・委託先における特定個人情報の取扱状況の把握

（2）委託先の選定

　委託先の選定とは、委託する前に、適切な委託先であることを確認して選定するということである。具体的な確認事項としては、委託先の設備、技術水準、従業者に対する監督・教育の状況、その他委託先の経営環境等が挙げられる。つまり特定個人情報を適切に取り扱う能力があることを、具体的に確認する。

（3）委託契約

　適切な委託先を選定した後は、委託先に遵守してもらうルールを決定する必要がある。委託先は、番号法上、個人番号利用事務を委託された場合は個人番号利用事務実施者として、個人番号関係事務を委託された場合は個人番号関係事務実施者として、番号法上の各種規制に服する者である（番号法第2条第12項・第13項）し、委託先が個人情報取扱事業者に該当すれば個人情報保護法上の各種規制にも服する。

　したがって、これらのルールに従うことは当然であるが、これらのルールを実効化するために、より具体的な約束を委託契約で締結することが望まれる。例えば、委託先において特定個人情報を取り扱う体制、委託契約終了後の特定個人情報の廃棄・返却ルール、委託先から特定個人情報を提供する場合の相手先、委託先事業所から特定個人情報を持ち出さないことなどである。その他、委託契約に盛り込むべき事項は、以下などが考えられる。

- ・秘密保持義務
- ・特定個人情報の目的外利用の禁止
- ・再委託における条件
- ・漏えい事案等が発生した場合の委託先の責任
- ・従業者に対する監督・教育
- ・契約内容の遵守状況について報告を求める規定等

　また、これらの契約内容のほか、委託者が委託先に対して実地の調査を行うことができる規定等を盛り込むことが望ましい。

(4) 取扱状況の把握

委託を行った後も、委託先にすべて委ねるのではなく、委託先における取扱状況を把握する必要がある。委託先が適切に特定個人情報を取り扱っていることを確認するため、委託先がいつどのように誰がどのような特定個人情報を何のために取り扱ったのかなど、定期的に報告を受けることが考えられる。特定個人情報の取扱いに関して実地調査や監査をすることも望ましい。

2　再委託

【番号法第10条】
- 個人番号利用事務又は個人番号関係事務の全部又は一部の委託を受けた者は、
  当該個人番号利用事務等の委託をした者の許諾を得た場合に限り、
  その全部又は一部の再委託をすることができる。
- 番号法第10条第2項の規定により
  個人番号利用事務等の全部又は一部の再委託を受けた者は、
  個人番号利用事務等の全部又は一部の委託を受けた者とみなして、
  番号法第2条第12項及び第13項、第9条第1項から第3項まで並びに第10条第1項の規定を適用する。

(1) 再委託に関する許諾

再委託自体は禁止されていないが、再委託をする場合は最初の委託元の許諾がなければ行えない（番号法第10条第1項）。

例えば、A社が従業員等の源泉徴収票作成事務をB社に委託している場合、B社は、委託者であるA社の許諾を得た場合に限り、同事務をC社に委託することができる。さらにD社に委託したい場合も、委託者であるA社の許諾を得なければならない。

許諾方法は特に限定されてはいないが、書面で行うのが妥当である。

図表15 ■ 再委託の許諾

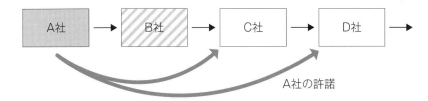

（2）再委託先以降の者

　再委託を受けた者は、個人番号関係事務又は個人番号利用事務の「委託を受けた者」とみなされ、再委託を受けた個人番号関係事務又は個人番号利用事務を行うことができるほか、最初の委託者の許諾を得た場合に限り、その事務を更に再委託することができる。

（3）再委託先の監督

　A社→B社→C社→D社と委託されている場合に、再委託先であるC社の監督はB社が行い、再々委託先であるD社の監督はC社が行う。もっとも、A社は何もしなくてもよいというものではない。A社はB社を監督する義務を負い、かかる監督義務の内容には、B社がC社、D社に対して必要かつ適切な監督を行っているかどうかを監督することも含まれる。したがって、A社はB社に対する監督義務だけではなく、再委託先であるC社、D社に対しても間接的に監督義務を負う。これはB社も同様であり、B社はC社に対する監督義務を負うとともに、再委託先であるD社に対しても間接的に監督義務を負う。

- 委託を行う場合は、委託先に対して必要かつ適切な監督を行わなければならない（番号法第11条）。
- 「必要かつ適切な監督」の主な内容は次の3つ。
  - （A）委託先の適切な選定
  - （B）委託先に安全管理措置を遵守させるために必要な契約の締結
  - （C）委託先における特定個人情報の取扱状況の把握
- 再委託自体は禁止されていないが、再委託をする場合は最初の委託元の許諾がなければ行えない（番号法第10条第1項）。

第5章　精選過去問題で確認

問題1 以下のアからエまでの記述のうち、個人番号利用事務等を委託する場合における委託先の監督に関する【問題文A】から【問題文C】の内容として正しいものを1つ選びなさい。

【問題文A】委託先に対する「必要かつ適切な監督」には、①委託先の適切な選定、②委託先に安全管理措置を遵守させるために必要な契約の締結、③委託先における特定個人情報の取扱状況の把握が含まれる。

【問題文B】委託先の選定において、具体的な確認事項としては、委託先の設備、技術水準、従業者に対する監督・教育の状況、その他委託先の経営環境等が挙げられる。

【問題文C】委託契約の内容には、従業者に対する監督・教育、契約内容の遵守状況について報告を求める規定等も盛り込まなければならないとされている。

ア．Aのみ誤っている。
イ．Bのみ誤っている。
ウ．Cのみ誤っている。
エ．すべて正しい。

（第1回マイナンバー実務検定2級　問題20）

> **解説** 委託先の監督（11条）

本問は、委託先の監督（11条）についての理解を問うものである。

A．正しい。個人番号利用事務等の全部又は一部の委託をする者は、当該委託に係る個人番号利用事務等において取り扱う特定個人情報の安全管理が図られるよう、当該委託を受けた者に対する必要かつ適切な監督を行わなければならないが、この「必要かつ適切な監督」には、①委託先の適切な選定、②委託先に安全管理措置を遵守させるために必要な契約の締結、③委託先における特定個人情報の取扱状況の把握が含まれる。従って、本記述は正しい。

B．正しい。委託先の選定については、委託者は、委託先において、番号法に基づき委託者自らが果たすべき安全管理措置と同等の措置が講じられるか否かについて、あらかじめ確認しなければならないとされる。具体的な確認事項としては、委託先の設備、技術水準、従業者に対する監督・教育の状況、その他委託先の経営環境等が挙げられる。従って、本記述は正しい。

C．正しい。委託契約の締結については、契約内容として、秘密保持義務、事業所内からの特定個人情報の持出しの禁止、特定個人情報の目的外利用の禁止、再委託における条件、漏えい事案等が発生した場合の委託先の責任、委託契約終了後の特定個人情報の返却又は廃棄のほか、従業者に対する監督・教育、契約内容の遵守状況について報告を求める規定等も盛り込まなければならない。従って、本記述は正しい。

なお、これらの契約内容のほか、特定個人情報を取り扱う従業者の明確化、委託者が委託先に対して実地の調査を行うことができる規定等を盛り込むことが望ましいとされる。

以上により、問題文ＡＢＣはすべて正しい。従って、正解は肢エとなる。

解答 ▶▶ エ

問題 2 個人番号利用事務等について再委託する場合に関する以下のアからエまでの記述のうち、誤っているものを1つ選びなさい。

ア. 個人番号利用事務等の全部又は一部の委託を受けた者は、その全部又は一部の再委託をすることができるが、それは、当該個人番号利用事務等の最初の委託者の許諾を得た場合に限られる。

イ. 再委託を受けた者は、個人番号利用事務等の全部又は一部の「委託を受けた者」とみなされるため、最初の委託者の許諾がなくても、自己の直前の委託者の許諾があれば、その全部又は一部をさらに再委託することができる。

ウ. 例えば、個人番号利用事務等が、甲→乙→丙と順次委託される場合において、乙丙間の委託契約を締結するときは、その委託契約の内容に、丙が再委託する場合の取扱いを定め、再委託する場合の条件や再委託した場合の乙に対する通知義務等を盛り込むことが望ましいとされている。

エ. 例えば、個人番号利用事務等が、甲→乙→丙→丁と順次委託される場合、乙に対する甲の監督義務の内容には、再委託の適否だけではなく、乙が丙、丁に対して必要かつ適切な監督を行っているかどうかを監督することも含まれる。

(第1回マイナンバー実務検定2級　問題19)

> **解説** 再委託（10条、11条）

本問は、個人番号利用事務又は個人番号関係事務（以下「個人番号利用事務等」という。）を再委託する場合（10条、11条）についての理解を問うものである。

ア．正しい。個人番号利用事務等の全部又は一部の委託を受けた者は、当該個人番号利用事務等の委託をした者の許諾を得た場合に限り、その全部又は一部の再委託をすることができる（10条1項）。すなわち、最初の委託者の許諾を得た場合に限られる。従って、本記述は正しい。

イ．誤り。再委託を受けた者は、個人番号利用事務等の全部又は一部の「委託を受けた者」とみなされ、再委託を受けた個人番号利用事務等を行うことができるほか、最初の委託者の許諾を得た場合に限り、その事務をさらに再委託することができる（10条2項、1項）。つまり、さらに再委託をする場合も、その許諾を得る相手は、最初の委託者であるとされている。従って、本記述は誤っている。

ウ．正しい。例えば、個人番号利用事務等が、甲→乙→丙と順次委託される場合において、乙丙間の委託契約を締結するときは、乙は丙を監督する義務があるため、その委託契約の内容に、丙が再委託する場合の取扱いを定め、再委託する場合の条件や再委託した場合の乙に対する通知義務等を盛り込むことが望ましいとされている。従って、本記述は正しい。

エ．正しい。「委託を受けた者」とは、委託者が直接委託する事業者を指すが、甲→乙→丙→丁と順次委託される場合、乙に対する甲の監督義務の内容には、再委託の適否だけではなく、乙が丙、丁に対して必要かつ適切な監督を行っているかどうかを監督することも含まれる（11条）。よって、甲は乙に対する監督義務だけではなく、再委託先である丙、丁に対しても間接的に監督義務を負うこととなる。従って、本記述は正しい。

解答 ≫ イ

問題 3 以下のアからエまでの記述のうち、委託の取扱いに関する【問題文A】から【問題文C】の内容として正しいものを1つ選びなさい。

【問題文A】特定個人情報を取り扱う情報システムにクラウドサービス契約のように外部の事業者を活用しているとき、当該事業者が個人番号をその内容に含む電子データを取り扱わない場合であっても、番号法上の委託に該当する。

【問題文B】特定個人情報を取り扱う情報システムにクラウドサービス契約のように外部の事業者を活用しているとき、契約条項によって当該事業者が個人番号をその内容に含む電子データを取り扱わない旨が定められており、適切にアクセス制御を行っている場合には、番号法上の委託には該当しない。

【問題文C】特定個人情報を取り扱う情報システムにクラウドサービス契約のように外部の事業者を活用しているとき、それが番号法上の委託には該当しない場合には、クラウドサービスを利用する事業者は、クラウドサービス事業者内にあるデータについて、適切な安全管理措置を講ずる必要はないといえる。

ア．Aのみ正しい。
イ．Bのみ正しい。
ウ．Cのみ正しい。
エ．すべて誤っている。

(第2回マイナンバー実務検定1級　問題10)

解説　委託の取扱い

本問は、委託の取扱いについての理解を問うものである。

A．誤り。特定個人情報を取り扱う情報システムにクラウドサービス契約のように外部の事業者を活用しているとき、番号法上の委託に該当するかは、当該事業者が当該契約内容を履行するに当たって、個人番号をその内容に含む電子データを取り扱うのかどうかが基準となると考えられる。よって、当該事業者が個人番号をその内容に含む電子データを取り扱わない場合には、番号法上の委託には該当しない。従って、本記述は誤っている。

B．正しい。特定個人情報を取り扱う情報システムにクラウドサービス契約のように外部の事業者を活用しているとき、当該事業者が個人番号をその内容に含む電子データを取り扱わない場合には、番号法上の委託には該当しない。すなわち、契約条項によって当該事業者が個人番号をその内容に含む電子データを取り扱わない旨が定められており、適切にアクセス制御を行っている場合には、番号法上の委託には該当しない。従って、本記述は正しい。

C．誤り。特定個人情報を取り扱う情報システムにクラウドサービス契約のように外部の事業者を活用しているときにおいて、それが番号法上の委託には該当しない場合には、委託先に対する監督義務は課されないが、クラウドサービスを利用する事業者は、自ら果たすべき安全管理措置の一環として、クラウドサービス事業者内にあるデータについて、適切な安全管理措置を講ずる必要があると考えられる。従って、本記述は誤っている。

以上により、問題文ACは誤っているが、Bは正しい。従って、正解は肢イとなる。

解答　イ

問題 **4** 以下のアからエまでの記述のうち、委託先の監督に関する【問題文A】から【問題文C】の内容として正しいものを1つ選びなさい。

【問題文A】 個人番号利用事務等の全部又は一部の委託をする者は、委託先に対して「必要かつ適切な監督」を行わなければならず、その「必要かつ適切な監督」には委託先に安全管理措置を遵守させるために必要な契約の締結が含まれることから、契約の締結以外の方法（例えば、誓約書や合意書の作成）では、「必要かつ適切な監督」がなされているとは認められない。

【問題文B】 個人番号利用事務等の全部又は一部の委託を受けた者は、当該個人番号利用事務等の委託をした者の許諾を得た場合に限り、その全部又は一部の再委託をすることができるが、その再委託の許諾は、再委託を行おうとする時点で許諾を求めるべきではなく、原則として事後的に行うべきであるとされている。

【問題文C】 個人番号利用事務等の全部又は一部の委託を受けた者は、当該個人番号利用事務等の委託をした者の許諾を得た場合に限り、その全部又は一部の再委託をすることができるが、その再委託を行う前にあらかじめ委託者から再委託の許諾を得ておくことは、再委託先の安全管理措置を委託者が確認できないことから、禁止されている。

ア．Aのみ正しい。
イ．Bのみ正しい。
ウ．Cのみ正しい。
エ．すべて誤っている。

（第2回マイナンバー実務検定1級　問題8）

> **解 説** 委託先の監督（11条）

本問は、委託先の監督（11条）についての理解を問うものである。

A．誤り。個人番号利用事務等の全部又は一部の委託をする者は、委託先に対して「必要かつ適切な監督」を行わなければならず（11条）、「必要かつ適切な監督」には、①委託先の適切な選定、②委託先に安全管理措置を遵守させるために必要な契約の締結、③委託先における特定個人情報の取扱状況の把握が含まれる。そして、②について、安全管理措置の内容に関して委託者・委託先間の合意内容を客観的に明確化できる手段であれば、書式の類型を問わないものと考えられる。よって、契約の締結以外の方法（例えば、誓約書や合意書の作成）でも、合意内容を客観的に明確化できる手段であれば、「必要かつ適切な監督」がなされていると認められる。従って、本記述は誤っている。

B．誤り。委託者が再委託の許諾をするに当たっては、委託を受けた者が再委託を行おうとする時点でその許諾を求めるのが原則と考えられている。なぜならば、委託者は、その際、再委託先が特定個人情報を保護するための十分な措置を講じているかを確認する必要があるからである。従って、本記述は誤っている。

C．誤り。委託者が再委託の許諾をするに当たっては、委託を受けた者が再委託を行おうとする時点でその許諾を求めるのが原則と考えられている。もっとも、委託契約の締結時点において、再委託先となる可能性のある業者が具体的に特定されるとともに、適切な資料等に基づいて当該業者が特定個人情報を保護するための十分な措置を講ずる能力があることが確認され、実際に再委託が行われたときは、必要に応じて、委託者に対してその旨の報告をし、再委託の状況について委託先が委託者に対して定期的に報告するとの合意がなされている場合には、あらかじめ再委託の許諾を得ることもできると考えられている。従って、本記述は誤っている。

以上により、問題文ＡＢＣはすべて誤っている。従って、正解は肢エとなる。

解答 ≫ エ

問題 5 以下のアからエまでの記述のうち、委託先の監督に関する【問題文A】から【問題文C】の内容として正しいものを1つ選びなさい。

【問題文A】再委託に係る委託者の許諾の取得方法については、書面、電子メール、口頭等、いずれでも構わないとされているが、安全管理措置について確認する必要があることに鑑み、書面等により記録として残る形式をとることが望ましいとされている。

【問題文B】個人番号利用事務等の全部又は一部を委託する場合において、委託先が、委託者の従業員等の特定個人情報を直接収集することはできない。

【問題文C】番号法においては、個人番号の利用範囲が限定的に定められていることから、委託先・再委託先との業務委託契約においても、番号法で認められる事務の範囲内で委託する業務の範囲を特定する必要がある。

ア．Aのみ誤っている。
イ．Bのみ誤っている。
ウ．Cのみ誤っている。
エ．すべて正しい。

(第2回マイナンバー実務検定1級　問題9)

解説 委託先の監督（11条）

本問は、委託先の監督（11条）についての理解を問うものである。

A．正しい。再委託（再々委託以降を含む。）に係る委託者の許諾の取得方法については、書面、電子メール、口頭等、いずれでも構わないとされているが、安全管理措置について確認する必要があることに鑑み、書面等により記録として残る形式をとることが望ましいとされている。従って、本記述は正しい。

B．誤り。個人番号利用事務等の全部又は一部を委託する場合において、委託契約する際に、個人番号の直接収集を委託すれば、委託先が、委託者の従業員等の特定個人情報を直接収集することができる。従って、本記述は誤っている。

C．正しい。番号法においては、個人番号の利用範囲が限定的に定められていることから、委託先・再委託先との業務委託契約においても、番号法で認められる事務の範囲内で委託する業務の範囲を特定する必要がある。従って、本記述は正しい。

以上により、問題文ACは正しいが、Bは誤っている。従って、正解は肢イとなる。

> **難問 チャレンジ**
>
> 個人番号利用事務等の全部又は一部の委託をする者が委託先に対して行う「必要かつ適切な監督」には、委託先に安全管理措置を遵守させるために必要な契約の締結が含まれる。そして、安全管理措置の内容に関して委託者・委託先間の合意内容を客観的に明確化できる手段であれば、書式の類型を問わない。
>
> **ア．** 正しい　　**イ．** 誤っている
>
> （第6回マイナンバー実務検定1級　問題11－選択肢ウより）

解説　委託先の監督（11条）

本問は、委託先の監督（11条）についての理解を問うものである。

ア．正しい。 個人番号利用事務等の全部又は一部の委託をする者は、委託先に対して「必要かつ適切な監督」を行わなければならず（11条）、「必要かつ適切な監督」には、①委託先の適切な選定、②委託先に安全管理措置を遵守させるために必要な契約の締結、③委託先における特定個人情報の取扱状況の把握が含まれる。そして、②について、安全管理措置の内容に関して委託者・委託先間の合意内容を客観的に明確化できる手段であれば、書式の類型を問わないとされている。従って、本記述は正しい。

解答 ▶▶ ア

第6章 情報提供ネットワークシステム

1 情報提供ネットワークシステムとは

【番号法第2条第14項】
・この法律において「情報提供ネットワークシステム」とは、
行政機関の長等
（行政機関の長、
地方公共団体の機関、
独立行政法人等、
地方独立行政法人及び
地方公共団体情報システム機構
並びに第19条第7号に規定する情報照会者及び情報提供者をいう。）
の使用に係る電子計算機を相互に電気通信回線で接続した電子情報処理組織であって、
暗号その他その内容を容易に復元することができない通信の方法を用いて行われる
番号法第19条第7号の規定による特定個人情報の提供を管理するために、
番号法第21条第1項の規定に基づき
総務大臣が設置し、及び管理するものをいう。

（1）情報提供ネットワークシステムによる効果・具体例

　情報提供ネットワークシステムとは、マイナンバーに関する情報を連携するための専用ITシステムである（番号法第2条第14項・第21条）。
　番号制度によって、さまざまな秘密が発覚するのではないかとの誤解も見られるが、番号法では特定個人情報の提供・融通を一定の場面に制限し

ており、法律で認められた場合以外、さまざまな情報がさまざまな機関の手に渡ることはない。

　特定個人情報の提供が認められる場合の原則形態が、この情報提供ネットワークシステムを使用する場合である。情報提供ネットワークシステムを使用して情報照会をすることで、行政機関、地方公共団体にとっては、業務上必要な情報を正確・迅速に取得することができ、業務効率化に資する。それと共に、国民にとっても、これまで行政手続を受ける際に要求されてきた住民票の写し、課税証明書等の資料を提示する必要がなくなるなど、行政手続における負担が軽減される。

　例えば、児童手当では、児童手当を支給してよいか要件を審査するために必要な情報（市町村民税に関する情報）を、児童手当を受ける国民から取得するのではなく、情報提供ネットワークシステムを使用して地方公共団体間でやりとりすることができる（番号法19条7号・別表第二の74の項・別表第二主務省令40条）。

（2）情報提供ネットワークシステムの安全

　情報提供ネットワークシステムを使用すればどのような情報でも簡単に入手できるわけではない。番号制度が導入されたからといって、全国民の個人情報がどこか一か所にまとめられるわけではない。行政機関や地方公共団体などが、業務上、自身が保有していない特定個人情報が必要になった場合に、原則として、情報提供ネットワークシステムという専用ITシステムを通じて、都度、情報を保有している行政機関や地方公共団体などに照会していくことになる。

　情報提供ネットワークシステムには、やりとりされる特定個人情報は保管されず、情報提供ネットワークシステムは、あくまでやりとりの媒介を行うに過ぎない。したがって、国民の特定個人情報を集約した巨大データベースが構築されるわけではない。

　また情報提供ネットワークシステムでは、法律に基づいて、権限を有する者に対して、法律に基づく情報のみを、高セキュリティの環境でやりとりさせるよう、システムが設計されているため、これにより違法・危険な

やりとりを防止する。

（3）情報提供ネットワークシステムを使用する者

　情報提供ネットワークシステムを使用できる者は、番号法別表第二に列挙されているものを原則とし、さらに番号法第19条第14号に基づく個人情報保護委員会規則に追加される可能性がある。情報提供ネットワークシステムを使用できる者は、基本的には行政機関、地方公共団体であり、民間事業者に関係する団体としては、健康保険組合が挙げられる。

　なお、行政機関、地方公共団体等から委託を受けた者（法令の規定により委任を受けた者を除く）は、情報提供ネットワークシステムに接続された端末を操作して情報照会等を行うことはできない（「行政・地方ガイドライン30ページ」）。

（4）情報提供ネットワークシステムの設置・管理

> 【番号法第21条第1項】
> ・総務大臣は、
> 　委員会と協議して、
> 　情報提供ネットワークシステムを設置し、及び管理するものとする。

　情報提供ネットワークシステムの設置・管理者は総務大臣である。但し、情報提供ネットワークシステムの設置・管理に問題があると、国民のプライバシー権等に影響を与えかねないことから、総務大臣は、情報提供ネットワークシステムの設置・管理に当たっては、個人情報保護委員会と協議しなければならない。

2　情報提供ネットワークシステムを使用した情報連携

(1) 総務大臣による通知・確認

> 【番号法第21条第2項】
> 総務大臣は、
> 情報照会者から番号法第19条第7号の規定により特定個人情報の提供の求めがあったときは、
> 次に掲げる場合を除き、政令で定めるところにより、
> 情報提供ネットワークシステムを使用して、
> 情報提供者に対して特定個人情報の提供の求めがあった旨を通知しなければならない。
> 　一　情報照会者、情報提供者、情報照会者の処理する事務又は当該事務を処理するために必要な特定個人情報の項目が別表第二に掲げるものに該当しないとき。
> 　二　当該特定個人情報が記録されることとなる情報照会者の保有する特定個人情報ファイル又は当該特定個人情報が記録されている情報提供者の保有する特定個人情報ファイルについて、番号法第27条（第3項及び第5項を除く。）の規定に違反する事実があったと認めるとき。

　別表第二の第一欄に掲げる情報照会者が、同表の第三欄に掲げる情報提供者に対し、同表の第二欄に掲げる事務を処理するために必要な同表の第四欄に掲げる特定個人情報の提供を求めた場合、情報提供者は情報提供ネットワークシステムを使用して当該特定個人情報を提供する（番号法第19条第7号）。

　この際、情報提供ネットワークシステムを設置・管理する総務大臣が仲介する。まず情報照会者が特定個人情報の提供を求めたときは、総務大臣は、次に掲げる事項をあらかじめチェックしたうえで、問題がなければ情報提供者に対し、提供の求めがあったことを通知する（番号法第21条第2項）。

> - 情報照会者、情報提供者、情報照会者の処理する事務又は当該事務を処理するために必要な特定個人情報の項目が別表第二に掲げるものに該当するかどうか
> - 当該特定個人情報が記録されることとなる情報照会者の保有する特定個人情報ファイル又は当該特定個人情報が記録されている情報提供者の保有する特定個人情報ファイルについて、番号法第27条（第3項及び第5項を除く。）の規定に違反する事実があったと認めるかどうか

　まず、情報提供ネットワークシステムを使用できるのは別表第二に規定された場合が原則であるので、その点を確認する。具体的には、情報照会者・情報提供者が誰か、情報照会者の目的（情報照会者の行う事務）が何か、特定個人情報の項目が何かが、別表第二と合致するかを確認する。

　次に、情報照会者、情報提供者が、当該特定個人情報の連携に関係する特定個人情報ファイルについて、特定個人情報保護評価を適切に実施しているかどうかを確認する。特定個人情報保護評価が適切に実施されていない場合は、問題のある特定個人情報が情報提供ネットワークシステムを介してやりとりされることにもなりかねないためである。

（2）情報提供義務

> 【番号法第22条】
> ・情報提供者は、
> 　番号法第19条第7号の規定により特定個人情報の提供を求められた場合において、
> 　当該提供の求めについて番号法第21条第2項の規定による総務大臣からの通知を受けたときは、
> 　政令で定めるところにより、
> 　情報照会者に対し、当該特定個人情報を提供しなければならない。
> ・番号法第23条第1項の規定による特定個人情報の提供があった場合

> において、
> 他の法令の規定により当該特定個人情報と同一の内容の情報を含む書面の提出が義務付けられているときは、
> 当該書面の提出があったものとみなす。

　番号制度の目的の一つに、情報連携の正確化・効率化がある。そこで、番号法第22条第1項では、情報提供者に情報提供義務を課している。別表第二に規定された場合で、番号法第21条第2項各号の問題がないと認められた場合は、情報提供の求めを受けた場合、情報提供者は情報照会者に特定個人情報を提供しなければならない。

　また、番号法第22条第2項では、情報提供ネットワークシステムにて情報提供があった場合は、書面提出を不要とするものである。例えば、児童扶養手当の支給を受けるには、所得証明書の提出が必要であるが（児童扶養手当法施行規則第1条第7号）、情報提供ネットワークシステムを通じて所得情報の提供が行われる場合には、申請者は所得証明書の提出義務を免除される。（「行政・地方ガイドライン31ページ」）。

（3）情報提供等記録

　情報提供ネットワークシステムを使用して不正な情報連携がなされていないかを確認等するため、情報提供ネットワークシステムを使用して特定個人情報の提供の求め又は提供があった際は、必ず記録が作成される。

　情報提供等記録の作成・保存義務は、情報照会者・情報提供者・情報提供ネットワークシステムを設置・管理する総務大臣に課せられる（番号法第23条）。

（4）秘密の管理

> 【番号法第24条】
> ・総務大臣並びに情報照会者及び情報提供者は、
> ・情報提供等事務

> （番号法第19条第7号の規定による特定個人情報の提供の求め又は提供に関する事務をいう。）
> に関する秘密について、
> ・その漏えいの防止その他の適切な管理のために、
> ・情報提供ネットワークシステム並びに
> 情報照会者及び情報提供者が情報提供等事務に使用する電子計算機の安全性及び信頼性を確保すること
> その他の必要な措置を講じなければならない。

　情報提供ネットワークシステムや電子計算機の安全・信頼が確保されなければ、特定個人情報の安全が害される恐れがある。そこで、総務大臣、情報照会者、情報提供者は、情報提供等事務に関する秘密が漏えいしたり不適切に管理されたりすることがないよう、必要な措置を講じなければならない（番号法第24条）。

（5）秘密保持義務

> 【番号法第25条】
> ・情報提供等事務又は情報提供ネットワークシステムの運営に関する事務に従事する者又は従事していた者は、
> その業務に関して知り得た当該事務に関する秘密を漏らし、又は盗用してはならない。

　情報提供等事務や情報提供ネットワークシステムの運営事務の秘密が漏れてしまったり、盗用されてしまっては、特定個人情報の安全が害されたりする恐れがある。そこでこれらの事務に現に従事する者、従事していた者は、秘密保持義務を負う（番号法第25条）。

> ・特定個人情報の提供が認められる場合の原則形態が、この情報提供ネットワークシステムを使用する場合。
> ・これにより、行政手続の簡素化、行政事務の効率化などが図られる。

第6章　精選過去問題で確認

問題 1 情報提供ネットワークシステムに関する以下のアからエまでの記述のうち、誤っているものを1つ選びなさい。

ア．総務大臣は、特定個人情報保護委員会（改正後の個人情報保護委員会）と協議して、情報提供ネットワークシステムを設置し、及び管理するものとされている。

イ．情報提供ネットワークシステムにおいては、個人番号を直接用いず、情報保有機関別の「符号」を用いて情報を連携する仕組みが採られることになっている。

ウ．情報提供ネットワークシステムによる情報提供ができる範囲は、法律上は限定されてはいない。

エ．情報提供ネットワークシステムにおいては、アクセス制御により、アクセスできる人の制限・管理を実施することにしている。

（第3回マイナンバー実務検定2級　問題47）

> **解説** 情報提供ネットワークシステム（21条）

本問は、情報提供ネットワークシステム（21条）についての理解を問うものである。

- **ア．正しい。** 総務大臣は、特定個人情報保護委員会（改正後の個人情報保護委員会）と協議して、情報提供ネットワークシステムを設置し、及び管理するものとされている（21条1項）。従って、本記述は正しい。

- **イ．正しい。** 情報提供ネットワークシステムにおいては、個人番号を直接用いず、情報保有機関別の「符号」（情報照会者又は情報提供者が特定個人情報の授受を行う場合に個人番号に代わって特定個人情報の本人を識別するために用いるもの。2条8項参照）を用いて情報を連携する仕組みが採られる予定になっている。従って、本記述は正しい。

- **ウ．誤り。** 情報提供ネットワークシステムによる情報提供ができる範囲は、法律上、限定列挙されている（19条7号、21条2項1号、別表第2）。従って、本記述は誤っている。

- **エ．正しい。** 情報提供ネットワークシステムにおいては、アクセス制御により、アクセスできる人の制限・管理を実施することにしている。従って、本記述は正しい。

解答 ▶▶ ウ

問題2 情報提供ネットワークシステムに関する以下のアからエまでの記述のうち、正しいものを1つ選びなさい。

ア． 情報提供ネットワークシステムとは、番号法19条7号の規定に基づき、番号法2条14項に規定する行政機関の長等の間で、特定個人情報を安全、効率的にやり取りするための情報システムである。

イ． 情報提供ネットワークシステムは、内閣総理大臣が、特定個人情報保護委員会（改正後は個人情報保護委員会）と協議して、設置及び管理するもので、内閣総理大臣の所轄に属する。

ウ． 情報提供ネットワークシステムにおいては、個人番号を直接用いて情報を連携する仕組みが採られる予定になっている。

エ． 情報提供ネットワークシステムを使用することができるのは、行政機関の長等（行政機関の長、地方公共団体の機関、独立行政法人等、地方独立行政法人及び地方公共団体情報システム機構並びに情報照会者及び情報提供者）に限られず、行政機関の長等から委託を受けた者も情報提供ネットワークシステムに接続された端末を操作して情報照会を行うことができる。

（第3回マイナンバー実務検定1級　問題46）

精選過去問題で確認

> **解説** 情報提供ネットワークシステム（21条以下）

本問は、情報提供ネットワークシステム（21条以下）についての理解を問うものである。

ア．正しい。情報提供ネットワークシステムとは、番号法19条7号の規定に基づき、番号法2条14項に規定する行政機関の長等（行政機関の長、地方公共団体の機関、独立行政法人等、地方独立行政法人及び地方公共団体情報システム機構並びに情報照会者及び情報提供者をいう。）の間で、特定個人情報を安全、効率的にやり取りするための情報システムであり、総務大臣が、特定個人情報保護委員会（改正後は個人情報保護委員会）と協議の上、設置し、管理するものである。従って、本記述は正しい。

イ．誤り。情報提供ネットワークシステムは、総務大臣が、特定個人情報保護委員会（改正後は個人情報保護委員会）と協議の上、設置し、管理するものである。内閣総理大臣が設置するものではなく、内閣総理大臣の所轄に属するものではない。従って、本記述は誤っている。

ウ．誤り。情報提供ネットワークシステムにおいては、個人番号を直接用いず、情報保有機関別の「符号」（情報照会者又は情報提供者が特定個人情報の授受を行う場合に個人番号に代わって特定個人情報の本人を識別するために用いるもの。）を用いて情報を連携する仕組みが採られる予定になっている。従って、本記述は誤っている。

エ．誤り。情報提供ネットワークシステムを使用することができるのは、行政機関の長等（2条14項）に限られる。よって、行政機関の長等から個人番号利用事務の委託を受けた者（法令の規定により、番号法別表第2の第2欄に掲げる事務の全部又は一部を行うこととされている者及び同表の第4欄に掲げる特定個人情報の利用又は提供に関する事務の全部又は一部を行うこととされている者を除く。）は、情報提供ネットワークシステムに接続された端末を操作して情報照会等を行うことはできない。従って、本記述は誤っている。

解答 ▶▶ ア

問題 3 以下のアからエまでの記述のうち、情報提供ネットワークシステムに関する【問題文A】から【問題文C】の内容として正しいものを1つ選びなさい。

【問題文A】情報提供ネットワークシステムを使用して、特定個人情報の提供の求め又は提供があったときは、情報照会者及び情報提供者は、情報提供ネットワークシステムに接続されたその者の使用する電子計算機に「情報照会者及び情報提供者の名称」を記録し、かつ保存する義務がある。

【問題文B】情報提供ネットワークシステムを使用して、特定個人情報の提供の求め又は提供があったときは、情報照会者及び情報提供者は、情報提供ネットワークシステムに接続されたその者の使用する電子計算機に「提供の求めの日時及び提供があったときはその日時」を記録し、かつ保存する義務がある。

【問題文C】情報提供ネットワークシステムを使用して、特定個人情報の提供の求め又は提供があったときは、情報照会者及び情報提供者は、情報提供ネットワークシステムに接続されたその者の使用する電子計算機に「特定個人情報の項目」を記録し、かつ保存する義務がある。

ア．Aのみ誤っている。
イ．Bのみ誤っている。
ウ．Cのみ誤っている。
エ．すべて正しい。

(第2回マイナンバー実務検定1級　問題45)

> **解説** 情報提供ネットワークシステム（23条）

本問は、情報提供ネットワークシステム（23条）についての理解を問うものである。

A．正しい。情報提供ネットワークシステムを使用して、特定個人情報の提供の求め又は提供があったときは、情報照会者及び情報提供者は、情報提供ネットワークシステムに接続されたその者の使用する電子計算機に「情報照会者及び情報提供者の名称」を記録し、かつ保存する義務がある（23条1項1号）。従って、本記述は正しい。

B．正しい。情報提供ネットワークシステムを使用して、特定個人情報の提供の求め又は提供があったときは、情報照会者及び情報提供者は、情報提供ネットワークシステムに接続されたその者の使用する電子計算機に「提供の求めの日時及び提供があったときはその日時」を記録し、かつ保存する義務がある（23条1項2号）。従って、本記述は正しい。

C．正しい。情報提供ネットワークシステムを使用して、特定個人情報の提供の求め又は提供があったときは、情報照会者及び情報提供者は、情報提供ネットワークシステムに接続されたその者の使用する電子計算機に「特定個人情報の項目」を記録し、かつ保存する義務がある（23条1項3号）。従って、本記述は正しい。

以上により、問題文ABCすべて正しい。従って、正解は肢エとなる。

解答 ≫ エ

難問 チャレンジ

情報提供等事務又は情報提供ネットワークシステムの運営に関する事務に従事する者は、その業務に関して知り得た当該事務に関する秘密を漏らし、又は盗用してはならないが、この秘密保持義務の主体には、情報提供ネットワークシステムを運営する機関から委託を受けた受託者及び再受託者は含まれない。

ア． 正しい　　**イ．** 誤っている

（第5回マイナンバー実務検定1級　問題50－【問題文A】より）

解説　情報提供ネットワークシステムにおける秘密保持義務（25条）

本問は、情報提供ネットワークシステムにおける秘密保持義務（25条）についての理解を問うものである。

イ． 誤り。25条は「情報提供等事務又は情報提供ネットワークシステムの運営に関する事務に従事する者又は従事していた者は、その業務に関して知り得た当該事務に関する秘密を漏らし、又は盗用してはならない。」と規定しているが、この秘密保持義務の主体には、情報提供ネットワークシステムを運営する機関の職員、これを利用する情報照会者及び情報提供者の役員、職員、従業者、これらの機関に派遣されている派遣労働者、さらに、これらの機関から委託を受けた受託者及び再受託者やその従業者・派遣労働者が含まれると考えられている。従って、本記述は誤っている。

解答　▶▶イ

第7章 特定個人情報保護評価

1 特定個人情報保護評価の概要

(1) 日本版プライバシー影響評価

　特定個人情報保護評価とは、プライバシー権等侵害を未然に防止するための事前評価である。

　諸外国では、マイナンバーに相当するものに限らない、個人情報全般に対して、個人情報を保有する前に、プライバシー権等に対してどのような影響、リスクがあるか、それを緩和・軽減するためにはどうしたらよいかを自ら考え、関係者とコミュニケーションを図る、プライバシー影響評価（Privacy Impact Assessment、頭文字をとってPIAと呼ばれる）が実施されてきた。日本では、マイナンバー制度導入に伴い、充実した個人情報保護を図るため、プライバシー影響評価制度が導入された。特定個人情報保護評価とは、日本版のプライバシー影響評価である。

　特定個人情報保護評価は、諸外国のPIAに倣い、第三者評価ではなく、自己評価である。もっとも、適切な実施を確保するため、一部の評価については、個人情報保護委員会の承認を得なければならないものとされている。

(2) 関連法令・指針等

　特定個人情報保護評価に関連する法令・指針等は、次のとおりである。

・番号法第26条・第27条
・特定個人情報保護評価規則
・特定個人情報保護評価指針
・特定個人情報保護評価指針の解説

（3）実施する内容

　特定個人情報保護評価はセキュリティ評価ではなく、プライバシー影響評価である。すなわち、「セキュリティリスク」への対策を評価するものではなく、「プライバシー等リスク」への対策を評価するものである。

　具体的には、特定個人情報ファイルを保有する前、特にシステム開発を伴う場合は、システムの開発行為に着手する前に、誰を対象とした特定個人情報ファイルを誰が何のためにどのように取り扱う予定かを明らかにした上で、プライバシー権等に与え得る悪影響・リスクを緩和・軽減するため、どのような対策を講じる予定かを、評価書という書面で示すものである。

　一部の評価書については、さらに国民の意見を聴取したり、専門家の意見を聴取したりして、自身だけで検討・評価するのではなく、さらに幅広い意見・指摘を聞き、より充実した評価を実施することが義務付けられている。

2　特定個人情報保護評価の実施手続

（1）義務付け対象者

　特定個人情報保護評価は、次の者が特定個人情報ファイルを保有しようとするときに義務付けられる（番号法第27条第1項・第2条第14項）。但し、特定個人情報ファイルのうち、特定個人情報保護評価規則第4条に定められたものについては、特定個人情報保護評価の実施が義務付けられない。

- ・行政機関の長
- ・地方公共団体の長その他の機関
- ・独立行政法人等
- ・地方独立行政法人
- ・地方公共団体情報システム機構
- ・番号法第19条第7号に規定された情報照会者及び情報提供者

　もっとも当然のことであるが、特定個人情報保護評価の実施を義務付けられていない者においても特定個人情報保護評価を実施することができ、

むしろプライバシー権等保護のためには特定個人情報保護評価の積極的な実施が望ましいといえる。

（2）評価レベルの振り分け（しきい値判断）

特定個人情報保護評価を実施するに当たっては、どのレベルの評価を行うかをまず判断する必要がある。（ⅰ）対象人数（ⅱ）取扱者数（ⅲ）重大事故の有無という3つの項目から、評価のレベルが決定される。

評価のレベルは3段階あり、基礎項目評価、重点項目評価、全項目評価に分けられる。基礎項目評価が一番簡素な評価で、全項目評価が一番充実した評価であり、重点項目評価はその中間である。

しきい値判断では、義務付けられる特定個人情報保護評価のレベルが判断されるにすぎず、求められるレベル以上の特定個人情報保護評価を、全面的又は部分的に実施することも推奨される。

図表16 ■ しきい値判断

対象人数が1,000人以上から1万人未満		基礎項目評価のみ
対象人数が1万人以上から10万人未満		
	原則	基礎項目評価のみ
	例外1）取扱者が500人以上	基礎項目評価・重点項目評価
	例外2）過去1年以内に重大事故	基礎項目評価・重点項目評価
対象人数が10万人以上から30万人未満		
	原則	基礎項目評価・重点項目評価
	例外1）取扱者が500人以上	基礎項目評価・全項目評価
	例外2）過去1年以内に重大事故	基礎項目評価・全項目評価
対象人数が30万人以上		基礎項目評価・全項目評価

※ 対象人数が1,000人未満は義務付け対象外

（3）3種類の評価の差異

基礎項目評価・重点項目評価・全項目評価の差異は、内容と手続である。
まず内容面では、基礎項目評価・重点項目評価・全項目評価となるにつれ、記載内容が詳細となり記載項目数も多くなる。評価書の様式は、特定個人情報保護評価指針で定められおり、それぞれ記載内容が決まっている。

手続面でも、基礎項目評価・重点項目評価・全項目評価となるにつれ、求められるプロセスが増す。基礎項目評価では、基礎項目評価書を作成し公表するのみでよい。重点項目評価では、基礎項目評価書及び重点項目評価書を作成し公表する。全項目評価では、基礎項目評価書案及び全項目評価書案を作成し、国民の意見を聴き、かつ専門家の点検を受けた上で、必要な修正を加え、公表することが求められる。

　全項目評価の手続で求められる専門家の点検は2種類あり、地方公共団体・地方独立行政法人は、第三者専門家の点検を受ける。主に想定されるのは、地方公共団体が設置する個人情報保護審査会・個人情報保護審議会への諮問である。これに対しそれ以外、すなわち、行政機関、独立行政法人等、民間事業者（地方公共団体情報システム機構を含む）については、個人情報保護委員会が審査・承認を行う。

3　特定個人情報保護評価の違反

　法令の定める通り、適切な特定個人情報保護評価が行われない場合は、違法と判断され、個人情報保護委員会の助言・指導・勧告等がなされる可能性がある。また、情報提供ネットワークシステムによる情報連携が禁止される（番号法第21条第2項第2号、第27条第6項）。

>・特定個人情報保護評価とは、プライバシー権等侵害を未然に防止するための事前評価であり、日本版プライバシー影響評価（PIA）。
>・法令の定める通り、適切な特定個人情報保護評価が行われない場合は、違法と判断され、個人情報保護委員会の助言・指導・勧告等がなされる可能性がある。また、情報提供ネットワークシステムによる情報連携が禁止される（番号法第21条第2項第2号、第27条第6項）。

第7章　精選過去問題で確認

問題1　特定個人情報保護評価に関する以下のアからエまでの記述のうち、誤っているものを1つ選びなさい。

ア．特定個人情報保護評価とは、特定個人情報ファイルを保有しようとする者が、特定個人情報の漏えいその他の事態を発生させるリスクを分析し、そのようなリスクを軽減するための適切な措置を講ずることを宣言する制度のことをいう。

イ．行政機関の長等がなすべき特定個人情報保護評価の実施時期は、特定個人情報ファイルを保有する前であるとされている。

ウ．プライバシー性の高い情報が含まれるので、特定個人情報保護評価の結果を記載した書面を公示したり、広く国民の意見を求めたりすべきでないとされている。

エ．特定個人情報保護評価の対象者は、行政機関の長、地方公共団体の機関、独立行政法人等及び地方独立行政法人、地方公共団体情報システム機構のみならず、情報提供ネットワークシステムを使用して情報連携を行う個人番号利用事務実施者としての民間事業者も含まれる。

（第3回マイナンバー実務検定2級　問題49）

解説　特定個人情報保護評価（26条、27条）

本問は、特定個人情報保護評価（26条、27条）についての理解を問うものである。

ア．正しい。特定個人情報保護評価とは、特定個人情報ファイルを保有しようとする者が、特定個人情報の漏えいその他の事態を発生させるリスクを分析し、そのようなリスクを軽減するための適切な措置を講ずることを宣言する制度のことをいう（26条1項）。従って、本記述は正しい。

イ．正しい。行政機関の長等がなすべき特定個人情報保護評価は、事後的対応にとどまらない積極的な事前対応を行う目的で実施するものであるため、「特定個人情報ファイルを保有する前に」実

施しなければならないものとされている（27条1項）。従って、本記述は正しい。

ウ．誤り。行政機関の長等は、特定個人情報ファイル（専ら当該行政機関の長等の職員又は職員であった者の人事、給与又は福利厚生に関する事項を記録するものその他の特定個人情報保護委員会規則で定めるものを除く。）を保有しようとするときは、当該特定個人情報ファイルを保有する前に、特定個人情報保護委員会規則で定めるところにより、27条1項に掲げる事項を評価した結果を記載した書面（評価書）を公示し、広く国民の意見を求めるものとされている（27条1項）。従って、本記述は誤っている。

エ．正しい。特定個人情報保護評価の対象者は、行政機関の長、地方公共団体の機関、独立行政法人等及び地方独立行政法人、地方公共団体情報システム機構のみならず、情報提供ネットワークシステムを使用して情報連携を行う個人番号利用事務実施者としての民間事業者も含まれる（27条1項における「行政機関の長等」は、2条14項に規定されている。）。すなわち、情報提供ネットワークシステムを使用して情報連携を行う個人番号利用事務実施者としての民間事業者は、制度への関与の程度が深く、特定個人情報ファイルの保有が本人に対して与える影響も大きいものと考えられ、公的性格の強い事業者が予定されているため、特定個人情報保護評価の対象者に含まれるものとされている。例えば、健康保険組合等が挙げられる。従って、本記述は正しい。

解答 ▶▶ ウ

問題2 特定個人情報保護評価に関する以下のアからエまでの記述のうち、誤っているものを1つ選びなさい。

ア. 行政機関の長等がなすべき特定個人情報保護評価の実施時期は、特定個人情報ファイルを保有した直後にすべきものとされている。

イ. 行政機関の長等は、特定個人情報保護評価の結果を記載した書面を公示し、広く国民の意見を求めるものとされている。

ウ. 行政機関の長等は、特定個人情報保護評価の結果の公示により得られた意見を十分考慮した上で評価書に必要な見直しを行った後に、当該評価書に記載された特定個人情報ファイルの取扱いについて特定個人情報保護委員会の承認を受けるものとされている。

エ. 特定個人情報保護委員会は、評価書の内容、報告・資料の提出等により得た情報その他の情報から判断して、当該評価書に記載された特定個人情報ファイルの取扱いが指針に適合していると認められる場合でなければ、当該評価書に記載された特定個人情報ファイルの取扱いについて承認をしてはならないとされている。

（第1回マイナンバー実務検定2級　問題48）

> **解 説** 特定個人情報保護評価（26条、27条）

本問は、特定個人情報保護評価（26条、27条）についての理解を問うものである。

ア．誤　り。行政機関の長等がなすべき特定個人情報保護評価は、事後的対応にとどまらない積極的な事前対応を行う目的で実施するものであるため、「特定個人情報ファイルを保有する前に」実施しなければならないものとされている（27条1項）。従って、本記述は誤っている。

イ．正しい。行政機関の長等は、特定個人情報ファイル（専ら当該行政機関の長等の職員又は職員であった者の人事、給与又は福利厚生に関する事項を記録するものその他の特定個人情報保護委員会規則で定めるものを除く。）を保有しようとするときは、当該特定個人情報ファイルを保有する前に、特定個人情報保護委員会規則で定めるところにより、27条1項に掲げる事項を評価した結果を記載した書面（評価書）を公示し、広く国民の意見を求めるものとされている（27条1項）。従って、本記述は正しい。

ウ．正しい。行政機関の長等は、特定個人情報保護委員会規則で定めるところにより、特定個人情報保護評価の結果の公示により得られた意見を十分考慮した上で評価書に必要な見直しを行った後に、当該評価書に記載された特定個人情報ファイルの取扱いについて特定個人情報保護委員会の承認を受けるものとされている（27条2項）。従って、本記述は正しい。

エ．正しい。特定個人情報保護委員会は、評価書の内容、報告・資料の提出を求め、立入検査（52条1項）により得た情報その他の情報から判断して、当該評価書に記載された特定個人情報ファイルの取扱いが指針に適合していると認められる場合でなければ、当該評価書に記載された特定個人情報ファイルの取扱いについて承認をしてはならないとされている（27条3項）。従って、本記述は正しい。

解答 ▶▶ ア

問題 3　以下は、特定個人情報保護委員会の「特定個人情報保護評価指針の解説」から抜粋したものである。以下のアからエまでのうち、（ a ）から（ c ）内に入る最も適切な語句の組合せとして正しいものを1つ選びなさい。

特定個人情報ファイルを取り扱う事務について特定個人情報保護評価を実施するに際しては、①（ a ）、②評価実施機関の従業者及び評価実施機関が特定個人情報ファイルの取扱いを委託している場合の委託先の従業者のうち、当該特定個人情報ファイルを取り扱う者の数（以下「取扱者数」という。）、③評価実施機関における規則第4条第8号ロに規定する特定個人情報に関する（ b ）（評価実施機関が（ b ）を知ることを含む。以下同じ。）の有無に基づき、次のとおり、実施が義務付けられる特定個人情報保護評価の種類を判断する（以下「（ c ）」という。）。
（ c ）の結果、基礎項目評価のみで足りると認められたものについても任意で重点項目評価又は全項目評価を実施することができ、重点項目評価の実施が義務付けられると判断されたものについても任意で全項目評価を実施することができる。
（以下略）

ア．a. 個人番号の数　b. 重大な苦情の処理　c. しきい値判断
イ．a. 個人番号の数　b. 重大事故の発生　　c. 個人情報保護評価判断
ウ．a. 対象人数　　　b. 重大事故の発生　　c. しきい値判断
エ．a. 対象人数　　　b. 重大な苦情の処理　c. 個人情報保護評価判断

（第2回マイナンバー実務検定1級　問題48）

解説 しきい値判断

本問は、特定個人情報保護評価におけるしきい値判断についての理解を問うものである。

なお、しきい値判断項目は、①事務の対象人数、②特定個人情報ファイルの取扱者数、③特定個人情報に関する重大事故の有無、の3つとされており、これに基づき、実施が義務付けられる特定個人情報保護評価のレベルが判断され、（1）基礎項目評価、（2）基礎項目評価及び重点項目評価、（3）基礎項目評価及び全項目評価、のいずれかの実施が求められることになるとされている。

> 特定個人情報ファイルを取り扱う事務について特定個人情報保護評価を実施する際しては、①**対象人数**、②評価実施機関の従業者及び評価実施機関が特定個人情報ファイルの取扱いを委託している場合の委託先の従業者のうち、当該特定個人情報ファイルを取り扱う者の数（以下「取扱者数」という。）、③評価実施機関における規則第4条第8号ロに規定する特定個人情報に関する**重大事故の発生**（評価実施機関が**重大事故の発生**を知ることを含む。以下同じ。）の有無に基づき、次のとおり、実施が義務付けられる特定個人情報保護評価の種類を判断する（以下「**しきい値判断**」という。）。
> **しきい値判断**の結果、基礎項目評価のみで足りると認められたものについても任意で重点項目評価又は全項目評価を実施することができ、重点項目評価の実施が義務付けられると判断されたものについても任意で全項目評価を実施することができる。
> （以下略）

以上により、a＝「対象人数」、b＝「重大事故の発生」、c＝「しきい値判断」となり、従って、正解は肢ウとなる。

解答 ▶▶ **ウ**

第8章 個人情報保護委員会

1　個人情報保護委員会の任務

(1) 目的

　消費者保護であれば消費者庁、経済産業の発展であれば経済産業省などと、さまざまな専門分野を持つ行政機関が存在している。しかし個人情報を巡っては専門の行政機関がなく、各府省大臣が対応する形になっていたものの、実際には、どの大臣が担当すべきか明らかでない分野があったり、迅速な対応がなされなかったりするなど、実効的な監督があまりなされていない現状があった。

　これに対し、海外では、国民のプライバシー権を保護するための専門の機関である、プライバシー・コミッショナーが設立されている例が多い。日本でもかねてよりプライバシー・コミッショナーの必要性が問われていたが、番号制度導入に伴い、充実した個人情報保護を行うために、番号制度用のプライバシー・コミッショナーである「特定個人情報保護委員会」が平成26年1月1日に、番号法に基づき設立された。

　特定個人情報保護委員会は、海外のプライバシー・コミッショナーとは異なり、個人情報全般を任務とする組織ではなく、個人情報のうちの一部である特定個人情報の適切な取扱いを確保することを任務としていた。

　特定個人情報は重要なものであるが、それ以外の個人情報も重要であり、特定個人情報保護委員会を個人情報保護委員会とし、任務を特定個人情報から個人情報全般へと拡大すべきとの議論がなされていた。これを受け、平成27年の改正個人情報保護法・改正番号法により、特定個人情報保護が個人情報保護委員会に改組され、個人情報の適正な取扱いの確保を図ることを任務とする組織に拡充された。

（2）法律上の任務

> 【個人情報保護法第51条】
> ・委員会は、
> ・個人情報の適正かつ効果的な活用が新たな産業の創出並びに活力ある経済社会及び豊かな国民生活の実現に資するものであることその他の個人情報の有用性に配慮しつつ、
> ・個人の権利利益を保護するため、
> ・個人情報の適正な取扱いの確保を図ること
> （個人番号利用事務等実施者に対する指導及び助言その他の措置を講ずることを含む。）を任務とする。

　個人情報保護委員会は、個人情報の適切な取扱いの確保を図ることを任務とすることが、個人情報保護法にうたわれている。個人情報保護委員会が特定個人情報保護委員会であったときまでは、番号法に特定個人情報保護委員会の任務・組織等の規定が置かれていたが、特定個人情報保護委員会が個人情報全般を対象範囲とし、個人情報保護委員会になったため、平成27年改正で、個人情報保護委員会に関する規定が個人情報保護法に移された。

　個人情報保護委員会の任務は、個人の権利利益を保護するために、個人情報の適切な取扱いの確保を図ることであるが、保護一辺倒に偏重しすぎ、個人情報の適切な活用に配慮がなければ、社会や国民生活へ悪影響を与える恐れも考えられる。そこで、個人情報保護法では、個人情報保護委員会が任務遂行するに当たって、個人情報の有用性に配慮することが、規定の中に盛り込まれた。

（3）所掌事務

　個人情報保護委員会の所掌事務は、次のとおりである。

> 【個人情報保護法第52条】
> ・基本方針の策定及び推進に関すること。

> - 特定個人情報の取扱いに関する監視又は監督並びに苦情の申出についての必要なあっせん及びその処理を行う事業者への協力に関すること。
> - 特定個人情報保護評価に関すること。
> - 個人情報の保護及び適正かつ効果的な活用についての広報及び啓発に関すること。
> - 前各号に掲げる事務を行うために必要な調査及び研究に関すること。
> - 所掌事務に係る国際協力に関すること。
> - 前各号に掲げるもののほか、法律（法律に基づく命令を含む。）に基づき委員会に属させられた事務

2　個人情報保護委員会の権限

　個人情報保護委員会は、助言・指導、勧告・命令、報告徴収・立入検査、措置要求、内閣総理大臣への意見具申、特定個人情報保護評価の承認権限等を有する。

（1）助言・指導

> 【番号法第36条】
> - 委員会は、
>   この法律の施行に必要な限度において、
>   個人番号利用事務等実施者に対し、
>   特定個人情報の取扱いに関し、
>   必要な指導及び助言をすることができる。
> - この場合において、
>   特定個人情報の適正な取扱いを確保するために必要があると認めるときは、
>   当該特定個人情報と共に管理されている特定個人情報以外の個人情

> 報の取扱いに関し、
> 併せて指導及び助言をすることができる。

　個人情報保護委員会は、番号法の施行に必要な限度において、助言・指導を行う権限を有する。対象者は、個人番号利用事務等実施者である。対象は、特定個人情報のみならず、特定個人情報と共に管理されている個人情報の取扱いにも及ぶが、それは、特定個人情報の適正取扱いのために必要があるときに限る。

　各議院審査等が行われる場合又は政令で定める手続が行われる場合に、特定個人情報を提供したり提供を受けたりした特定個人情報の取扱いについては、助言・指導の対象外である（番号法第39条）。

（2）勧告・命令

> 【番号法第37条】
> ・委員会は、
> 　特定個人情報の取扱いに関して法令の規定に違反する行為が行われた場合において、
> 　特定個人情報の適正な取扱いの確保のために必要があると認めるときは、
> 　当該違反行為をした者に対し、
> 　期限を定めて、
> 　当該違反行為の中止その他違反を是正するために必要な措置をとるべき旨を勧告することができる。
> ・委員会は、
> 　番号法第37条第1項の規定による勧告を受けた者が、
> 　正当な理由がなくてその勧告に係る措置をとらなかったときは、
> 　その者に対し、
> 　期限を定めて、
> 　その勧告に係る措置をとるべきことを命ずることができる。

> ・委員会は、
> 番号法第37条第1項・第2項の規定にかかわらず、
> 特定個人情報の取扱いに関して法令の規定に違反する行為が行われた場合において、
> 個人の重大な権利利益を害する事実があるため緊急に措置をとる必要があると認めるときは、
> 当該違反行為をした者に対し、
> 期限を定めて、
> 当該違反行為の中止その他違反を是正するために必要な措置をとるべき旨を命ずることができる。

個人情報保護委員会は、勧告権限を有する。勧告は、特定個人情報の取扱いに関して法令違反行為が行われた場合であって、特定個人情報の適正な取扱いの確保のために必要があると認めるときに、行うことができる。

勧告違反は罰則対象ではないが、命令違反は罰則対象となる（番号法第56条）。命令は、次の場合に発出される。

> ・番号法第37条第1項の規定による勧告を受けた者が、正当な理由がなくてその勧告に係る措置をとらなかったとき
> ・特定個人情報の取扱いに関して法令の規定に違反する行為が行われた場合において、個人の重大な権利利益を害する事実があるため緊急に措置をとる必要があると認めるとき

つまり、命令には必ず勧告を前置するわけではなく、勧告を経ずに命令を発出することも認められる。なお、法令違反行為が行われた場合であればいつでも勧告を経ずに命令を発出できるわけではなく、命令は、個人の重大な権利利益を害する事実があって、緊急に措置をとる必要があると認めるときに限られる。

各議院審査等が行われる場合又は政令で定める手続が行われる場合に、特定個人情報を提供したり提供を受けたりした特定個人情報の取扱いについては、勧告・命令の対象外である（番号法第39条）。

(3) 報告徴収・立入検査

【番号法第38条第1項】
・委員会は、
　この法律の施行に必要な限度において、
　特定個人情報を取り扱う者その他の関係者に対し、
　特定個人情報の取扱いに関し、
　必要な報告若しくは資料の提出を求め、
　又はその職員に、
　当該特定個人情報を取り扱う者その他の関係者の事務所その他必要な場所に立ち入らせ、
　特定個人情報の取扱いに関し質問させ、
　若しくは帳簿書類その他の物件を検査させることができる。

　個人情報保護委員会は、番号法の施行に必要な限度において、報告を求めたり、資料の提出を求めたりすることができる。また個人情報保護委員会は、個人情報保護委員会の職員に、立入検査をさせたり、質問をさせたりすることができる。これらを拒否等すると、罰則対象となる（番号法第57条）。

　各議院審査等が行われる場合又は政令で定める手続が行われる場合に、特定個人情報を提供したり提供を受けたりした特定個人情報の取扱いについては、報告徴収・立入検査の対象外である（番号法第39条）。

(4) 措置要求

【番号法第40条】
・委員会は、
　個人番号その他の特定個人情報の取扱いに利用される
　情報提供ネットワークシステムその他の情報システムの構築及び維持管理に関し、
　費用の節減その他の合理化及び効率化を図った上で

> その機能の安全性及び信頼性を確保するよう、
> 総務大臣その他の関係行政機関の長に対し、
> 必要な措置を実施するよう求めることができる。
> ・委員会は、
> 番号法第40条第1項の規定により同項の措置の実施を求めたときは、
> 同項の関係行政機関の長に対し、
> その措置の実施状況について報告を求めることができる。

　個人情報保護委員会は、特定個人情報の取扱いに利用される情報システムについて、必要な措置を実施するよう求めることができる。対象システムは情報提供ネットワークシステムに限られず、特定個人情報の取扱いに利用されるもの全般であるが、対象者は総務大臣を始めとする行政機関の長である。

（5）内閣総理大臣への意見具申

> 【番号法第41条】
> ・委員会は、
> 内閣総理大臣に対し、
> その所掌事務の遂行を通じて得られた特定個人情報の保護に関する施策の改善についての意見を述べることができる。

　個人情報保護委員会は、特定個人情報の保護に関して、内閣総理大臣に対し意見を述べることができる。

（6）規則制定

> 【個人情報保護法第65条】
> ・委員会は、
> その所掌事務について、
> 法律若しくは政令を実施するため、

> 又は法律若しくは政令の特別の委任に基づいて、
> 個人情報保護委員会規則を制定することができる。

　個人情報保護委員会は、個人情報保護委員会規則を制定することができる。これに基づき、いくつかの個人情報保護委員会規則がすでに制定されている。

3　個人情報保護委員会の組織

(1) 三条委員会

　個人情報保護委員会は、内閣府の外局に置かれる三条委員会である（個人情報保護法第50条第1項）。

　専門性が要求されること、行政機関からの独立性が要求されることから、八条委員会ではなく三条委員会として設立された。

(2) 委員長・委員

　個人情報保護委員会は、委員長及び委員八人をもって組織される（番号法第54条第1項）。委員長は常勤、委員のうち4人は常勤、残り4人は非常勤である（番号法第54条第2項）。委員長及び委員は、国会同意人事であり、両議院の同意を得て、内閣総理大臣が任命する（番号法第54条第3項）。委員長及び委員には、次の者が必ず含まれる（番号法第54条第4項）。

> ・個人情報の保護及び適正かつ効果的な活用に関する学識経験のある者
> ・消費者の保護に関して十分な知識と経験を有する者
> ・情報処理技術に関する学識経験のある者
> ・特定個人情報が利用される行政分野に関する学識経験のある者
> ・民間企業の実務に関して十分な知識と経験を有する者並びに連合組織（地方自治法第二百六十三条の三第一項の連合組織で同項の規定による届出をしたものをいう。）の推薦する者

委員長及び委員の任期は5年で（番号法第55条第1項）、再任することができる（番号法第55条第2項）。

（3）専門委員・事務局

個人情報保護委員会には、専門委員を置くことができる（個人情報保護法第60条第1項）。専門委員は、個人情報保護委員会の申出に基づいて内閣総理大臣が任命する（個人情報保護委員会第60条第2項）。専門委員は、非常勤である（個人情報保護法第60条第4項）。

また、個人情報保護委員会には、事務局が置かれる（個人情報保護法第61条第1項）。

（4）秘密保持義務

個人情報保護委員会委員長、委員、専門委員及び事務局の職員は、職務上知ることのできた秘密を漏らし、又は盗用してはならない。その職務を退いた後も、職務上知ることのできた秘密を漏らし、又は盗用してはならない（個人情報保護法第63条）。

これに違反すると、2年以下の懲役又は100万円以下の罰金が科されうる（個人情報保護法第73条）。

- 個人情報保護委員会は、内閣府の外局であり、個人情報の有用性に配慮しつつ、個人の権利利益を保護するため、個人情報の適正な取扱いの確保を図ることを任務とする。
- 助言・指導・勧告・命令・報告徴収・立入検査・措置要求・内閣総理大臣への意見具申・規則制定権限を持つ。

第8章　精選過去問題で確認

問題 1 以下のアからエまでの記述のうち、特定個人情報保護委員会の業務に関する【問題文A】から【問題文C】の内容として正しいものを1つ選びなさい。

【問題文A】特定個人情報保護委員会は、番号法の施行に必要な限度において、特定個人情報の取扱いに関し、必要な指導及び助言をすることができるが、その対象となるのは行政機関であって、民間事業者に対して指導や助言をすることはできない。

【問題文B】特定個人情報保護委員会は、番号法の施行に必要な限度において、特定個人情報の取扱いに関し、必要な指導及び助言をすることができるが、指導や助言をすることができるのは特定個人情報の取扱いに限られ、特定個人情報以外の個人情報の取扱いに関してはすることはできない。

【問題文C】特定個人情報保護委員会は、特定個人情報の取扱いに関して法令の規定に違反する行為が行われた場合において、特定個人情報の適正な取扱いの確保のために必要があると認めるときは、当該違反行為をした者に対し、期限を定めて、当該違反行為の中止その他違反を是正するために必要な措置をとるべき旨を勧告することができる。

ア． Aのみ正しい。
イ． Bのみ正しい。
ウ． Cのみ正しい。
エ． すべて誤っている。

（第1回マイナンバー実務検定2級　問題50）

> **解説** 特定個人情報保護委員会（50条、51条）

本問は、特定個人情報保護委員会の業務（50条、51条）についての理解を問うものである。

A．誤 り。特定個人情報保護委員会は、番号法の施行に必要な限度において、個人番号利用事務等実施者に対し、特定個人情報の取扱いに関し、必要な指導及び助言をすることができる（50条）。よって、指導や助言の対象となるのは「個人番号利用事務等実施者」（個人番号利用事務実施者及び個人番号関係事務実施者）であり、民間事業者も含まれる。従って、本記述は誤っている。

B．誤 り。特定個人情報保護委員会は、番号法の施行に必要な限度において、個人番号利用事務等実施者に対し、特定個人情報の取扱いに関し、必要な指導及び助言をすることができる。この場合において、特定個人情報の適正な取扱いを確保するために必要があると認めるときは、当該特定個人情報と共に管理されている特定個人情報以外の個人情報の取扱いに関し、併せて指導及び助言をすることができる（50条）。従って、本記述は誤っている。

C．正しい。特定個人情報保護委員会は、特定個人情報の取扱いに関して法令の規定に違反する行為が行われた場合において、特定個人情報の適正な取扱いの確保のために必要があると認めるときは、当該違反行為をした者に対し、期限を定めて、当該違反行為の中止その他違反を是正するために必要な措置をとるべき旨を勧告することができる（51条1項）。従って、本記述は正しい。

以上により、問題文ＡＢは誤っているが、Ｃは正しい。従って、正解は肢ウとなる。

解答 ▶▶ ウ

問題 2 特定個人情報保護委員会（個人情報保護法改正後は「個人情報保護委員会」）に関する以下のアからエまでの記述のうち、誤っているものを1つ選びなさい。

ア． 特定個人情報保護委員会は、内閣総理大臣の所轄に属する。

イ． 特定個人情報保護委員会は、国民生活にとっての個人番号その他の特定個人情報の有用性に配慮しつつ、その適正な取扱いを確保するために必要な個人番号利用事務等実施者に対する指導及び助言その他の措置を講ずることを任務とする機関である。

ウ． 特定個人情報保護委員会の所掌事務には、特定個人情報の取扱いに関する監視又は監督及び苦情の申出についての必要なあっせんに関することが含まれている。

エ． 特定個人情報保護委員会の所掌事務には、特定個人情報の保護についての広報及び啓発に関することは含まれていない。

(第2回マイナンバー実務検定1級　問題56)

> **解 説**　特定個人情報保護委員会

本問は、特定個人情報保護委員会についての理解を問うものである。

なお、平成27年9月の個人情報保護法の改正により、特定個人情報保護委員会を改組し、個人情報の取扱いの監視監督権限を有する第三者機関として「個人情報保護委員会」が設置された。その関係で、改正法の施行後（平成28年1月1日の後）は、番号法における特定個人情報保護委員会の規定の一部は、個人情報保護法における個人情報保護委員会の規定に移されることになった。

ア．正しい。 特定個人情報保護委員会は、内閣総理大臣の所轄に属する（番号法36条2項、個人情報保護法改正後50条2項）。なお、「所轄」とは、内閣総理大臣及び各省大臣がそれぞれ行政事務を分担管理するにあたって、その管轄下にある行政機関との関係を表す用語であり、当該機関の独立性が強く、主任の大臣との関係が薄いものについて、行政機構の配分図としては一応その大臣の下に属するという程度の意味を表すときに用いられている。また、内閣の所轄ではなく、「内閣総理大臣」の所轄の下に置くことにしたことも、高次の独立性が要請されていることと関係している。そして、内閣府の外局に、国家行政組織法3条又は内閣府設置法49条を根拠として設置される行政機関で、府省の外局として置かれる委員会（合議制の機関）を置くこととされたものである（いわゆる三条委員会）。従って、本記述は正しい。

イ．正しい。 特定個人情報保護委員会は、国民生活にとっての個人番号その他の特定個人情報の有用性に配慮しつつ、その適正な取扱いを確保するために必要な個人番号利用事務等実施者に対する指導及び助言その他の措置を講ずることを任務とする機関である（番号法37条、個人情報保護法改正後51条）。従って、本記述は正しい。

ウ．正しい。 特定個人情報保護委員会の所掌事務には、特定個人情報の取扱いに関する監視又は監督及び苦情の申出についての必要なあっせんに関すること（番号法38条1号、個人情報保護法改正後52条2号）が含まれている。従って、本記述は正しい。

エ. 誤　り。特定個人情報保護委員会の所掌事務には、特定個人情報の保護についての広報及び啓発に関すること（番号法38条3号、個人情報保護法改正後52条4号）が含まれている。従って、本記述は誤っている。

解答 ▶▶ エ

精選過去問題で確認

問題 3 特定個人情報保護委員会（改正後は個人情報保護委員会）の業務に関する以下のアからエまでの記述のうち、誤っているものを1つ選びなさい。

ア． 特定個人情報保護委員会は、特定個人情報の取扱いに関して法令の規定に違反する行為が行われた場合において、特定個人情報の適正な取扱いの確保のために必要があると認めるときは、当該違反行為をした者に対し、期限を定めて、当該違反行為の中止その他違反を是正するために必要な措置をとるべき旨を勧告することができる。

イ． 特定個人情報保護委員会は、勧告を受けた者が、正当な理由がなくてその勧告に係る措置をとらなかったときは、その者に対し、期限を定めて、その勧告に係る措置をとるべきことを命令することができる。しかし、勧告をせずに命令することは、一切禁止されている。

ウ． 特定個人情報保護委員会は、特定個人情報の取扱いに関し、必要な報告や資料の提出を求めることができ、立入検査もすることができる。

エ． 特定個人情報保護委員会は、個人番号その他の特定個人情報の取扱いに利用される情報提供ネットワークシステムその他の情報システムの構築及び維持管理に関し、費用の節減その他の合理化及び効率化を図った上でその機能の安全性及び信頼性を確保するよう、総務大臣その他の関係行政機関の長に対し、必要な措置を実施するよう求めることができる。

（第3回マイナンバー実務検定1級　問題60）

解説　特定個人情報保護委員会（改正後は個人情報保護委員会）

本問は、特定個人情報保護委員会（改正後は個人情報保護委員会）についての理解を問うものである。

なお、平成27年9月の個人情報保護法の改正により、特定個人情報保護委員会を改組し、個人情報の取扱いの監視監督権限を有する第三者機関として「個人情報保護委員会」が設置された。その関係で、改正法の施行後は（平成28年1月1日の後は）、番号法における特定個人情報保護委員会の規定の一部は、個人情報保護法における個人情報保護委員会の規定に移され

ることになった（特定個人情報の取扱いに関する規定の一部は、番号法に残されている。）。

ア．正しい。 特定個人情報保護委員会は、特定個人情報の取扱いに関して法令の規定に違反する行為が行われた場合において、特定個人情報の適正な取扱いの確保のために必要があると認めるときは、当該違反行為をした者に対し、期限を定めて、当該違反行為の中止その他違反を是正するために必要な措置をとるべき旨を勧告することができる（51条1項、改正後37条1項）。従って、本記述は正しい。

イ．誤り。 特定個人情報保護委員会は、特定個人情報の取扱いに関して法令の規定に違反する行為が行われた場合において、個人の重大な権利利益を害する事実があるため緊急に措置をとる必要があると認めるときは、勧告を前置することなく命令を発することができる（51条3項、改正後37条3項）。従って、本記述は誤っている。

ウ．正しい。 特定個人情報保護委員会は、番号法の施行に必要な限度において、特定個人情報を取り扱う者その他の関係者に対し、特定個人情報の取扱いに関し、必要な報告若しくは資料の提出を求め、又はその職員に、当該特定個人情報を取り扱う者その他の関係者の事務所その他必要な場所に立ち入らせ、特定個人情報の取扱いに関し質問させ、若しくは帳簿書類その他の物件を検査させることができる（52条1項、改正後38条1項）。従って、本記述は正しい。

エ．正しい。 特定個人情報保護委員会は、個人番号その他の特定個人情報の取扱いに利用される情報提供ネットワークシステムその他の情報システムの構築及び維持管理に関し、費用の節減その他の合理化及び効率化を図った上でその機能の安全性及び信頼性を確保するよう、総務大臣その他の関係行政機関の長に対し、必要な措置を実施するよう求めることができる（54条1項、改正後40条1項）。従って、本記述は正しい。

解答 ▶▶ イ

第9章 罰則

1 総論

①間接罰・直接罰

　番号法では、他の法律と同様、あらゆる義務違反をすべて罰則の対象とするものではない。基本的な考え方としては、違法行為・義務違反行為について、個人情報保護委員会の権限行使で是正できるものは個人情報保護委員会から是正を促し、個人情報保護委員会から是正を促されたにもかかわらずそれに応じない場合は、罰則の対象とする（いわゆる間接罰規定）。

　但し、番号法の罰則の特徴として、改正前の個人情報保護法とは異なり、罰則を科すために、あらゆる行為について個人情報保護委員会の命令を経る必要はない（いわゆる直接罰規定）。一定の重大行為については、個人情報保護委員会による権限行使を待たずとも、罰則の対象となる。

②故意犯

　番号法の罰則には過失犯処罰規定はない。したがって、番号法に基づく罰則では、故意犯のみが処罰されることになる。もっとも、刑法その他の法律によって処罰される行為を行えば、番号法以外の法律によって処罰されうるので、刑法その他の法律で過失犯が処罰されるものについては、過失犯も処罰されることになる。

③両罰規定・国外犯

　番号法の罰則のうち、一部の行為については、両罰規定、国外犯規定が設けられている。

2 罰則の内容

(1) 罰則一覧
番号法上の罰則は、次のとおりである。

条文	行為	対象者	法定刑
51条	秘密が記録された特定個人情報ファイルの提供	・個人番号利用事務等に従事する者又は従事していた者 ・個人番号の指定・通知に従事する者又は従事していた者 ・個人番号とすべき番号の生成・通知・機構保存本人確認情報の提供に関する事務に従事する者又は従事していた者 ・国外犯処罰（59条） ・両罰規定（60条）	・4年以下の懲役 ・200万円以下の罰金 ・併科も
52条	不正な利益を図る目的での個人番号の提供・盗用	・個人番号利用事務等に従事する者又は従事していた者 ・個人番号の指定・通知に従事する者又は従事していた者 ・個人番号とすべき番号の生成・通知・機構保存本人確認情報の提供に関する事務に従事する者又は従事していた者 ・国外犯処罰（59条） ・両罰規定（60条）	・3年以下の懲役 ・150万円以下の罰金 ・併科も
53条	秘密漏示・盗用	・情報提供等事務（情報提供ネットワークシステムを使用した特定個人情報の提供の求め又は提供に関する事務）に従事する者又は従事していた者 ・情報提供ネットワークシステムの運営に関する事務に従事する者又は従事していた者 ・国外犯処罰（59条）	・3年以下の懲役 ・150万円以下の罰金 ・併科も
54条	管理を害する行為による個人番号の取得	・限定なし ・国外犯処罰（59条） ・両罰規定（60条）	・3年以下の懲役 ・150万円以下の罰金

55条	職権を濫用して、専ら職務の用以外に供する目的で行った、秘密に属する特定個人情報が記録された文書・図画・電磁的記録の収集	・国の機関の職員 ・地方公共団体の機関の職員 ・地方公共団体情報システム機構の職員 ・独立行政法人等の役員・職員 ・地方独立行政法人の役員・職員 ・国外犯処罰（59条）	・2年以下の懲役 ・100万円以下の罰金
56条	委員会による命令違反	・特定個人情報の取扱いに関して法令の規定に違反する行為をした者 ・両罰規定（60条）	・2年以下の懲役 ・50万円以下の罰金
57条	委員会による報告徴収・資料要求への拒否など	・特定個人情報を取り扱う者その他の関係者 ・両罰規定（60条）	・1年以下の懲役 ・50万円以下の罰金
58条	不正の手段による通知カード又は個人番号カードの交付	・限定なし ・両罰規定（60条）	・6月以下の懲役 ・50万円以下の罰金

（2）各論

①秘密に属する特定個人情報ファイルの提供（番号法第51条）

　個人番号利用事務等、個人番号の指定・通知、個人番号とすべき番号の生成・通知、機構保存本人確認情報の提供に関する事務に従事する者又は従事していた者を対象とする罰則である。これらのいずれかに該当する者が、正当な理由がないのに、その業務に関して取り扱った特定個人情報ファイルで、個人の秘密に属する事項が記録されたものを提供したときは、罰則が科される。ここにいう特定個人情報ファイルには、特定個人情報ファイルの全部又は一部を複製したり、加工したものを含む。

　罰則は、4年以下の懲役、200万円以下の罰金、又は併科である。

②個人番号の提供・盗用（番号法第52条）

　個人番号利用事務等、個人番号の指定・通知、個人番号とすべき番号の生成・通知、機構保存本人確認情報の提供に関する事務に従事する者又は従事していた者を対象とする罰則である。これらのいずれかに該当する者が、その業務に関して知り得た個人番号を自己や第三者の不正な利益を図る目的で提供したり、盗用したときは、罰則が科される。

罰則は、3年以下の懲役、150万円以下の罰金、又は併科である。

③秘密漏示・盗用（番号法第53条）

　情報提供等事務又は情報提供ネットワークシステムの運営に関する事務に従事する者又は従事していた者を対象とする罰則である。これらのいずれかに該当する者が、その業務に関して知り得た当該事務に関する秘密を漏らしたり、盗用したりしたときは、罰則が科される。

　罰則は、3年以下の懲役、150万円以下の罰金、又は併科である。

④個人番号の不正取得（番号法第54条）

　この罰則は、対象者が限定されていない。個人番号を保有する者の管理を害する行為により、個人番号を取得した者は、罰則に科される。個人番号を保有する者の管理を害する行為として、人を欺いたり、人に暴行を加えたり、人を脅迫したりする行為によって、又は財物の窃取、施設への侵入、不正アクセス行為等の行為が例示されている。

　罰則は、3年以下の懲役又は150万円以下の罰金である。

⑤秘密に属する特定個人情報の不正収集（番号法第55条）

　国の機関、地方公共団体の機関の職員、地方公共団体情報システム機構の職員、独立行政法人等・地方独立行政法人の役員・職員を対象とする罰則である。これらのいずれかに該当する者が、その職権を濫用して、専らその職務の用以外の用に供する目的で個人の秘密に属する特定個人情報が記録された文書、図画又は電磁的記録を収集したときは、罰則に科される。

　罰則は、2年以下の懲役又は100万円以下の罰金である。

⑥委員会命令への違反（番号法第56条）

　個人情報保護委員会による番号法に基づく命令に違反した者には、罰則が科される。罰則は、2年以下の懲役又は50万円以下の罰金である。

⑦委員会検査妨害等(番号法第57条)

　個人情報保護委員会による番号法第38条第1項に基づく報告の求め、資料提出の求めに対し、報告・資料提出を行わなかったり、虚偽の報告をしたり、虚偽の資料を提出した者は罰則が科される。また、個人情報保護委員会による番号法第38条第1項に基づく質問や検査に対し、答弁をしなかったり、虚偽の答弁をしたり、検査を拒んだり、妨げたり、忌避した者も、罰則が科される。

　罰則は、1年以下の懲役又は50万円以下の罰金である。

⑧カードの不正交付(番号法第58条)

　偽りその他不正の手段により通知カード又は個人番号カードの交付を受けた者は、罰則が科される。罰則は、6月以下の懲役又は50万円以下の罰金である。

第9章　精選過去問題で確認

問題 1 番号法における罰則に関する以下のアからエまでの記述のうち、誤っているものを１つ選びなさい。

ア． 個人番号利用事務等に従事する者が、特定個人情報ファイルを正当な理由なく提供したときは、番号法により、１年以下の懲役又は50万円以下の罰金に処せられる。

イ． 国の機関等の職員が、その職権を濫用して、専らその職務の用以外の用に供する目的で、特定個人情報が記録された文書等を収集したときは、番号法により、２年以下の懲役又は100万円以下の罰金に処せられる。

ウ． 特定個人情報保護委員会による命令に違反した者は、番号法により、２年以下の懲役又は50万円以下の罰金に処せられる。

エ． 特定個人情報保護委員会に対して虚偽の報告をした者は、番号法により、１年以下の懲役又は50万円以下の罰金に処せられる。

(第１回マイナンバー実務検定２級　問題53)

解説　罰則（51条〜60条）

本問は、番号法における罰則（51条〜60条）についての理解を問うものである。

ア．誤り。 個人番号利用事務等に従事する者が、特定個人情報ファイルを正当な理由なく提供したときは、4年以下の懲役若しくは200万円以下の罰金又は併科に処せられる（51条）。本記述のように「1年以下の懲役又は50万円以下の罰金」のように軽い法定刑ではない。従って、本記述は誤っている。

イ．正しい。 国の機関、地方公共団体の機関若しくは機構の職員又は独立行政法人等若しくは地方独立行政法人の役員若しくは職員が、その職権を濫用して、専らその職務の用以外の用に供する目的で個人の秘密に属する特定個人情報が記録された文書、図画又は電磁的記録を収集したときは、2年以下の懲役又は100万円以下の罰金に処せられる（55条）。従って、本記述は正しい。

ウ．正しい。 個人情報保護委員会による命令に違反した者は（37条2項、3項違反）、2年以下の懲役又は50万円以下の罰金に処せられる（56条）。従って、本記述は正しい。

エ．正しい。 37条1項の規定による報告若しくは資料の提出をせず、若しくは虚偽の報告をし、若しくは虚偽の資料を提出し、又は当該職員の質問に対して答弁をせず、若しくは虚偽の答弁をし、若しくは検査を拒み、妨げ、若しくは忌避した者は、1年以下の懲役又は50万円以下の罰金に処せられる（57条）。従って、本記述は正しい。

解答　▶▶　ア

問題2 番号法における罰則に関する以下のアからエまでの記述のうち、正しいものを1つ選びなさい。

ア．番号法には、個人情報や特定個人情報の漏えいを防ぐためにさまざまな規定（委託先に対する監督義務違反など）が設けられており、これらの番号法上の保護規定に違反する行為があれば、それのみを理由として罰則が科されることになっている。

イ．日本国外で番号法に違反する行為を犯した場合であっても、番号法に規定されている罰則が適用される場合がある。例えば、国外において、相手を欺して個人番号を取得することについては、番号法に規定されている罰則の適用がある。

ウ．日本国外で番号法に違反する行為を犯した場合であっても、番号法に規定されている罰則が適用される場合がある。例えば、国外において特定個人情報保護委員会（改正後の個人情報保護委員会）からの命令を受けた者が当該命令に従わないことや、国外において不正手段による個人番号カードを取得したことについては、番号法に規定されている罰則の適用がある。

エ．番号法に規定されている罰則は、すべて両罰規定の対象となっており、罰則が規定された各行為が法人等の業務として行われた場合には、法人等も処罰される。

（第3回マイナンバー実務検定1級　問題64）

> **解説**　罰則（67条～77条、改正後51条～60条）

本問は、番号法における罰則（67条～77条、改正後51条～60条）についての理解を問うものである。

ア．誤り。番号法には、個人情報や特定個人情報の漏えいを防ぐためにさまざまな規定（委託先に対する監督義務など）が設けられているが、これらの番号法上の保護規定に違反する行為のすべてに対して罰則が科されているわけではなく、特定個人情報保護委員会（改正後は個人情報保護委員会）の勧告・命令があり、その命令に違反した場合に罰則が科されることになっている（73条、改正後56条）ものもある。従って、本記述は誤っている。

イ．正しい。日本国外で番号法に違反する行為を犯した場合であっても、番号法に規定されている罰則が適用される場合がある。例えば、本記述のように、詐欺行為等による個人番号の取得（70条、改正後54条）については、国外犯処罰の対象とされている（76条、改正後59条）。従って、本記述は正しい。

ウ．誤り。特定個人情報保護委員会（改正後の個人情報保護委員会）からの命令違反（73条、改正後56条）については、国外犯処罰の対象とはならない（76条、改正後59条）。また、不正手段による個人番号カードの取得（75条、改正後58条）についても、国外犯処罰の対象とはならない（76条、改正後59条）。従って、本記述は誤っている。

エ．誤り。番号法に規定されている罰則のすべてが両罰規定の対象となっているものではなく、番号法67条、68条、70条、73条～75条（改正後51条、52条、54条、56条～58条）に規定されている違反行為をしたときは、その行為者を罰するほか、その法人に対して罰金刑を科すものとされているにすぎない（77条、改正後60条）。従って、本記述は誤っている。

解答 ▶▶ イ

問題 3 番号法における罰則に関する以下のアからエまでの記述のうち、正しいものを1つ選びなさい。

ア．番号法には、個人情報や特定個人情報の漏えいを防ぐためにさまざまな規定（委託先に対する監督義務違反など）が設けられており、これらの番号法上の保護規定に違反する行為があれば、それのみを理由として罰則が科されることになっている。

イ．番号法に規定されている罰則には、すべて国外犯の処罰規定があるため、罰則が規定された各行為が日本国外において行われた場合であっても処罰される。

ウ．番号法に規定されている罰則は、すべて両罰規定の対象となっており、罰則が規定された各行為が法人等の業務として行われた場合には、法人等も処罰される。

エ．番号法に規定されている罰則は、両罰規定を除き、すべて故意犯の規定であるため、故意がなければ、番号法では処罰されない。

（第2回マイナンバー実務検定1級　問題62）

> **解説** 罰則（67条〜77条）

本問は、番号法における罰則（67条〜77条）についての理解を問うものである。

ア．誤　り。番号法には、個人情報や特定個人情報の漏えいを防ぐためにさまざまな規定（委託先に対する監督義務など）が設けられているが、これらの番号法上の保護規定に違反する行為のすべてに対して罰則が科されているわけではなく、特定個人情報保護委員会の勧告・命令があり、その命令に違反した場合に罰則が科されることになっている（73条）ものもある。従って、本記述は誤っている。

イ．誤　り。番号法に規定されている罰則には、すべて国外犯の処罰規定があるわけではなく、67条から72条までの行為が国外犯処罰の対象とされているにすぎない（76条）。従って、本記述は誤っている。

ウ．誤　り。番号法に規定されている罰則のすべてが両罰規定の対象となっているものではなく、番号法67条、68条、70条、73条〜75条に規定されている違反行為をしたときは、その行為者を罰するほか、その法人に対して罰金刑を科すものとされているにすぎない（77条）。従って、本記述は誤っている。

エ．正しい。番号法に規定されている罰則（67条〜75条）は、両罰規定を除き、すべて故意犯の規定であるため、故意がなければ、番号法では処罰されない。従って、本記述は正しい。

解答 ▶▶ エ

MEMO

凡　例

番号法	行政手続における特定の個人を識別するための番号の利用等に関する法律（平成25年法律第27号）
番号整備等法	行政手続における特定の個人を識別するための番号の利用等に関する法律の施行に伴う関係法律の整備等に関する法律（平成25年法律第28号）
番号法施行令	行政手続における特定の個人を識別するための番号の利用等に関する法律施行令（平成26年政令第155号）
番号法施行規則	行政手続における特定の個人を識別するための番号の利用等に関する法律施行規則（平成26年7月4日号外内閣府、総務省令第3号）
カード省令	行政手続における特定の個人を識別するための番号の利用等に関する法律の規定による通知カード及び個人番号カード並びに情報提供ネットワークシステムによる特定個人情報の提供等に関する省令（平成26年11月20日号外総務省令第85号）
特定個人情報保護評価規則	特定個人情報保護委員会規則第1号
特定個人情報保護評価指針	特定個人情報保護評価指針（平成26年4月20日）
特定個人情報保護評価指針の解説	特定個人情報保護評価指針の解説（平成26年4月20日）
行政機関個人情報保護法	行政機関の保有する個人情報の保護に関する法律（平成15年法律第58号）
独立行政法人等個人情報保護法	独立行政法人等の保有する個人情報の保護に関する法律（平成15年法律第59号）
個人情報保護法	個人情報の保護に関する法律（平成15年法律第57号）
個人情報保護法施行令	個人情報の保護に関する法律施行令（平成15年政令第507号）
住民基本台帳法	住民基本台帳法（昭和42年法律第81号）
住民基本台帳法施行令	住民基本台帳法施行令（昭和四十二年九月十一日政令第二百九十二号）

◆資料編

行政手続における特定の個人を識別するための
番号の利用等に関する法律(マイナンバー法)……………273

特定個人情報の適正な取扱いに関するガイドライン
(行政機関等・地方公共団体等編)………………………325

(別冊)金融業務における特定個人情報の
適正な取扱いに関するガイドライン……………………401

特定個人情報保護評価に関する規則……………………435

特定個人情報保護評価指針………………………………447

個人情報の保護に関する法律(個人情報保護法)…………475

行政手続における特定の個人を識別するための番号の利用等に関する法律

（平成二十五年法律第二十七号）
【平成二八年一月一日施行版】

第一章　総則

(目的)

第一条　この法律は、行政機関、地方公共団体その他の行政事務を処理する者が、個人番号及び法人番号の有する特定の個人及び法人その他の団体を識別する機能を活用し、並びに当該機能によって異なる分野に属する情報を照合してこれらが同一の者に係るものであるかどうかを確認することができるものとして整備された情報システムを運用して、効率的な情報の管理及び利用並びに他の行政事務を処理する者との間における迅速な情報の授受を行うことができるようにするとともに、これにより、行政運営の効率化及び行政分野におけるより公正な給付と負担の確保を図り、かつ、これらの者に対し申請、届出その他の手続を行い、又はこれらの者から便益の提供を受ける国民が、手続の簡素化による負担の軽減、本人確認の簡易な手段その他の利便性の向上を得られるようにするために必要な事項を定めるほか、個人番号その他の特定個人情報の取扱いが安全かつ適正に行われるよう行政機関の保有する個人情報の保護に関する法律（平成十五年法律第五十八号）、独立行政法人等の保有する個人情報の保護に関する法律（平成十五年法律第五十九号）及び個人情報の保護に関する法律（平成十五年法律第五十七号）の特例を定めることを目的とする。

(定義)

第二条　この法律において「行政機関」とは、行政機関の保有する個人情報の保護に関する法律（以下「行政機関個人情報保護法」という。）第二条第一項に規定する行政機関をいう。

2　この法律において「独立行政法人等」とは、独立行政法人等の保有する個人情報の保護に関する法律（以下「独立行政法人等個人情報保護法」という。）第二条第一項に規定する独立行政法人等をいう。

3　この法律において「個人情報」とは、行政機関個人情報保護法第二条第二項に規定する個人情報であって行政機関が保有するもの、独立行政

法人等個人情報保護法第二条第二項に規定する個人情報であって独立行政法人等が保有するもの又は個人情報の保護に関する法律（以下「個人情報保護法」という。）第二条第一項に規定する個人情報であって行政機関及び独立行政法人等以外の者が保有するものをいう。

4　この法律において「個人情報ファイル」とは、行政機関個人情報保護法第二条第四項に規定する個人情報ファイルであって行政機関が保有するもの、独立行政法人等個人情報保護法第二条第四項に規定する個人情報ファイルであって独立行政法人等が保有するもの又は個人情報保護法第二条第二項に規定する個人情報データベース等であって行政機関及び独立行政法人等以外の者が保有するものをいう。

5　この法律において「個人番号」とは、第七条第一項又は第二項の規定により、住民票コード（住民基本台帳法（昭和四十二年法律第八十一号）第七条第十三号に規定する住民票コードをいう。以下同じ。）を変換して得られる番号であって、当該住民票コードが記載された住民票に係る者を識別するために指定されるものをいう。

6　この法律において「本人」とは、個人番号によって識別される特定の個人をいう。

7　この法律において「個人番号カード」とは、氏名、住所、生年月日、性別、個人番号その他政令で定める事項が記載され、本人の写真が表示され、かつ、これらの事項その他総務省令で定める事項（以下「カード記録事項」という。）が電磁的方法（電子的方法、磁気的方法その他の人の知覚によって認識することができない方法をいう。第十八条において同じ。）により記録されたカードであって、この法律又はこの法律に基づく命令で定めるところによりカード記録事項を閲覧し、又は改変する権限を有する者以外の者による閲覧又は改変を防止するために必要なものとして総務省令で定める措置が講じられたものをいう。

8　この法律において「特定個人情報」とは、個人番号（個人番号に対応し、当該個人番号に代わって用いられる番号、記号その他の符号であって、住民票コード以外のものを含む。第七条第一項及び第二項、第八条並びに第五十一条並びに附則第三条第一項から第三項まで及び第五項を

除き、以下同じ。）をその内容に含む個人情報をいう。

9　この法律において「特定個人情報ファイル」とは、個人番号をその内容に含む個人情報ファイルをいう。

10　この法律において「個人番号利用事務」とは、行政機関、地方公共団体、独立行政法人等その他の行政事務を処理する者が第九条第一項又は第二項の規定によりその保有する特定個人情報ファイルにおいて個人情報を効率的に検索し、及び管理するために必要な限度で個人番号を利用して処理する事務をいう。

11　この法律において「個人番号関係事務」とは、第九条第三項の規定により個人番号利用事務に関して行われる他人の個人番号を必要な限度で利用して行う事務をいう。

12　この法律において「個人番号利用事務実施者」とは、個人番号利用事務を処理する者及び個人番号利用事務の全部又は一部の委託を受けた者をいう。

13　この法律において「個人番号関係事務実施者」とは、個人番号関係事務を処理する者及び個人番号関係事務の全部又は一部の委託を受けた者をいう。

14　この法律において「情報提供ネットワークシステム」とは、行政機関の長等（行政機関の長、地方公共団体の機関、独立行政法人等、地方独立行政法人（地方独立行政法人法（平成十五年法律第百十八号）第二条第一項に規定する地方独立行政法人をいう。以下同じ。）及び地方公共団体情報システム機構（以下「機構」という。）並びに第十九条第七号に規定する情報照会者及び情報提供者をいう。第七章を除き、以下同じ。）の使用に係る電子計算機を相互に電気通信回線で接続した電子情報処理組織であって、暗号その他その内容を容易に復元することができない通信の方法を用いて行われる第十九条第七号の規定による特定個人情報の提供を管理するために、第二十一条第一項の規定に基づき総務大臣が設置し、及び管理するものをいう。

15　この法律において「法人番号」とは、第四十二条第一項又は第二項の規定により、特定の法人その他の団体を識別するための番号として指定

されるものをいう。

（基本理念）
第三条　個人番号及び法人番号の利用は、この法律の定めるところにより、次に掲げる事項を旨として、行われなければならない。
　一　行政事務の処理において、個人又は法人その他の団体に関する情報の管理を一層効率化するとともに、当該事務の対象となる者を特定する簡易な手続を設けることによって、国民の利便性の向上及び行政運営の効率化に資すること。
　二　情報提供ネットワークシステムその他これに準ずる情報システムを利用して迅速かつ安全に情報の授受を行い、情報を共有することによって、社会保障制度、税制その他の行政分野における給付と負担の適切な関係の維持に資すること。
　三　個人又は法人その他の団体から提出された情報については、これと同一の内容の情報の提出を求めることを避け、国民の負担の軽減を図ること。
　四　個人番号を用いて収集され、又は整理された個人情報が法令に定められた範囲を超えて利用され、又は漏えいすることがないよう、その管理の適正を確保すること。
２　個人番号及び法人番号の利用に関する施策の推進は、個人情報の保護に十分配慮しつつ、行政運営の効率化を通じた国民の利便性の向上に資することを旨として、社会保障制度、税制及び災害対策に関する分野における利用の促進を図るとともに、他の行政分野及び行政分野以外の国民の利便性の向上に資する分野における利用の可能性を考慮して行われなければならない。
３　個人番号の利用に関する施策の推進は、個人番号カードが第一項第一号に掲げる事項を実現するために必要であることに鑑み、行政事務の処理における本人確認の簡易な手段としての個人番号カードの利用の促進を図るとともに、カード記録事項が不正な手段により収集されることがないよう配慮しつつ、行政事務以外の事務の処理において個人番号カー

ドの活用が図られるように行われなければならない。
4　個人番号の利用に関する施策の推進は、情報提供ネットワークシステムが第一項第二号及び第三号に掲げる事項を実現するために必要であることに鑑み、個人情報の保護に十分配慮しつつ、社会保障制度、税制、災害対策その他の行政分野において、行政機関、地方公共団体その他の行政事務を処理する者が迅速に特定個人情報の授受を行うための手段としての情報提供ネットワークシステムの利用の促進を図るとともに、これらの者が行う特定個人情報以外の情報の授受に情報提供ネットワークシステムの用途を拡大する可能性を考慮して行われなければならない。

（国の責務）
第四条　国は、前条に定める基本理念（以下「基本理念」という。）にのっとり、個人番号その他の特定個人情報の取扱いの適正を確保するために必要な措置を講ずるとともに、個人番号及び法人番号の利用を促進するための施策を実施するものとする。
2　国は、教育活動、広報活動その他の活動を通じて、個人番号及び法人番号の利用に関する国民の理解を深めるよう努めるものとする。

（地方公共団体の責務）
第五条　地方公共団体は、基本理念にのっとり、個人番号その他の特定個人情報の取扱いの適正を確保するために必要な措置を講ずるとともに、個人番号及び法人番号の利用に関し、国との連携を図りながら、自主的かつ主体的に、その地域の特性に応じた施策を実施するものとする。

（事業者の努力）
第六条　個人番号及び法人番号を利用する事業者は、基本理念にのっとり、国及び地方公共団体が個人番号及び法人番号の利用に関し実施する施策に協力するよう努めるものとする。

第二章　個人番号

（指定及び通知）

第七条　市町村長（特別区の区長を含む。以下同じ。）は、住民基本台帳法第三十条の三第二項の規定により住民票に住民票コードを記載したときは、政令で定めるところにより、速やかに、次条第二項の規定により機構から通知された個人番号とすべき番号をその者の個人番号として指定し、その者に対し、当該個人番号を通知カード（氏名、住所、生年月日、性別、個人番号その他総務省令で定める事項が記載されたカードをいう。以下同じ。）により通知しなければならない。

2　市町村長は、当該市町村（特別区を含む。以下同じ。）が備える住民基本台帳に記録されている者の個人番号が漏えいして不正に用いられるおそれがあると認められるときは、政令で定めるところにより、その者の請求又は職権により、その者の従前の個人番号に代えて、次条第二項の規定により機構から通知された個人番号とすべき番号をその者の個人番号として指定し、速やかに、その者に対し、当該個人番号を通知カードにより通知しなければならない。

3　市町村長は、前二項の規定による通知をするときは、当該通知を受ける者が個人番号カードの交付を円滑に受けることができるよう、当該交付の手続に関する情報の提供その他の必要な措置を講ずるものとする。

4　通知カードの交付を受けている者は、住民基本台帳法第二十二条第一項の規定による届出をする場合には、当該届出と同時に、当該通知カードを市町村長に提出しなければならない。この場合において、市町村長は、総務省令で定めるところにより、当該通知カードに係る記載事項の変更その他の総務省令で定める措置を講じなければならない。

5　前項の場合を除くほか、通知カードの交付を受けている者は、当該通知カードに係る記載事項に変更があったときは、その変更があった日から十四日以内に、その旨をその者が記録されている住民基本台帳を備える市町村の長（以下「住所地市町村長」という。）に届け出るとともに、当該通知カードを提出しなければならない。この場合においては、同項

6　通知カードの交付を受けている者は、当該通知カードを紛失したときは、直ちに、その旨を住所地市町村長に届け出なければならない。
7　通知カードの交付を受けている者は、第十七条第一項の規定による個人番号カードの交付を受けようとする場合その他政令で定める場合には、政令で定めるところにより、当該通知カードを住所地市町村長に返納しなければならない。
8　前各項に定めるもののほか、通知カードの様式その他通知カードに関し必要な事項は、総務省令で定める。

（個人番号とすべき番号の生成）
第八条　市町村長は、前条第一項又は第二項の規定により個人番号を指定するときは、あらかじめ機構に対し、当該指定しようとする者に係る住民票に記載された住民票コードを通知するとともに、個人番号とすべき番号の生成を求めるものとする。
2　機構は、前項の規定により市町村長から個人番号とすべき番号の生成を求められたときは、政令で定めるところにより、次項の規定により設置される電子情報処理組織を使用して、次に掲げる要件に該当する番号を生成し、速やかに、当該市町村長に対し、通知するものとする。
　一　他のいずれの個人番号（前条第二項の従前の個人番号を含む。）とも異なること。
　二　前項の住民票コードを変換して得られるものであること。
　三　前号の住民票コードを復元することのできる規則性を備えるものでないこと。
3　機構は、前項の規定により個人番号とすべき番号を生成し、並びに当該番号の生成及び市町村長に対する通知について管理するための電子情報処理組織を設置するものとする。

（利用範囲）

第九条　別表第一の上欄に掲げる行政機関、地方公共団体、独立行政法人等その他の行政事務を処理する者（法令の規定により同表の下欄に掲げる事務の全部又は一部を行うこととされている者がある場合にあっては、その者を含む。第三項において同じ。）は、同表の下欄に掲げる事務の処理に関して保有する特定個人情報ファイルにおいて個人情報を効率的に検索し、及び管理するために必要な限度で個人番号を利用することができる。当該事務の全部又は一部の委託を受けた者も、同様とする。

2　地方公共団体の長その他の執行機関は、福祉、保健若しくは医療その他の社会保障、地方税（地方税法（昭和二十五年法律第二百二十六号）第一条第一項第四号に規定する地方税をいう。以下同じ。）又は防災に関する事務その他これらに類する事務であって条例で定めるものの処理に関して保有する特定個人情報ファイルにおいて個人情報を効率的に検索し、及び管理するために必要な限度で個人番号を利用することができる。当該事務の全部又は一部の委託を受けた者も、同様とする。

3　健康保険法（大正十一年法律第七十号）第四十八条若しくは第百九十七条第一項、相続税法（昭和二十五年法律第七十三号）第五十九条第一項から第三項まで、厚生年金保険法（昭和二十九年法律第百十五号）第二十七条、第二十九条第三項若しくは第九十八条第一項、租税特別措置法（昭和三十二年法律第二十六号）第九条の四の二第二項、第二十九条の二第五項若しくは第六項、第二十九条の三第四項若しくは第五項、第三十七条の十一の三第七項、第三十七条の十四第九項、第十三項若しくは第二十六項、第七十条の二の二第十三項若しくは第七十条の二の三第十四項、所得税法（昭和四十年法律第三十三号）第五十七条第二項若しくは第二百二十五条から第二百二十八条の三の二まで、雇用保険法（昭和四十九年法律第百十六号）第七条又は内国税の適正な課税の確保を図るための国外送金等に係る調書の提出等に関する法律（平成九年法律第百十号）第四条第一項若しくは第四条の三第一項その他の法令又は条例の規定により、別表第一の上欄に掲げる行政機関、地方公共団体、独立行政法人等その他の行政事務を処理する者又は地方公共団体の長その他

の執行機関による第一項又は前項に規定する事務の処理に関して必要とされる他人の個人番号を記載した書面の提出その他の他人の個人番号を利用した事務を行うものとされた者は、当該事務を行うために必要な限度で個人番号を利用することができる。当該事務の全部又は一部の委託を受けた者も、同様とする。

4　前項の規定により個人番号を利用することができることとされている者のうち所得税法第二百二十五条第一項第一号、第二号及び第四号から第六号までに掲げる者は、激甚災害に対処するための特別の財政援助等に関する法律（昭和三十七年法律第百五十号）第二条第一項に規定する激甚災害が発生したときその他これに準ずる場合として政令で定めるときは、内閣府令で定めるところにより、あらかじめ締結した契約に基づく金銭の支払を行うために必要な限度で個人番号を利用することができる。

5　前各項に定めるもののほか、第十九条第十一号から第十四号までのいずれかに該当して特定個人情報の提供を受けた者は、その提供を受けた目的を達成するために必要な限度で個人番号を利用することができる。

（再委託）

第十条　個人番号利用事務又は個人番号関係事務（以下「個人番号利用事務等」という。）の全部又は一部の委託を受けた者は、当該個人番号利用事務等の委託をした者の許諾を得た場合に限り、その全部又は一部の再委託をすることができる。

2　前項の規定により個人番号利用事務等の全部又は一部の再委託を受けた者は、個人番号利用事務等の全部又は一部の委託を受けた者とみなして、第二条第十二項及び第十三項、前条第一項から第三項まで並びに前項の規定を適用する。

（委託先の監督）

第十一条　個人番号利用事務等の全部又は一部の委託をする者は、当該委託に係る個人番号利用事務等において取り扱う特定個人情報の安全管理が図られるよう、当該委託を受けた者に対する必要かつ適切な監督を行

わなければならない。

（個人番号利用事務実施者等の責務）
第十二条　個人番号利用事務実施者及び個人番号関係事務実施者（以下「個人番号利用事務等実施者」という。）は、個人番号の漏えい、滅失又は毀損の防止その他の個人番号の適切な管理のために必要な措置を講じなければならない。
第十三条　個人番号利用事務実施者は、本人又はその代理人及び個人番号関係事務実施者の負担の軽減並びに行政運営の効率化を図るため、同一の内容の情報が記載された書面の提出を複数の個人番号関係事務において重ねて求めることのないよう、相互に連携して情報の共有及びその適切な活用を図るように努めなければならない。

（提供の要求）
第十四条　個人番号利用事務等実施者は、個人番号利用事務等を処理するために必要があるときは、本人又は他の個人番号利用事務等実施者に対し個人番号の提供を求めることができる。
2　個人番号利用事務実施者（政令で定めるものに限る。第十九条第四号において同じ。）は、個人番号利用事務を処理するために必要があるときは、住民基本台帳法第三十条の九から第三十条の十二までの規定により、機構に対し機構保存本人確認情報（同法第三十条の九に規定する機構保存本人確認情報をいう。第十九条第四号及び第五十一条において同じ。）の提供を求めることができる。

（提供の求めの制限）
第十五条　何人も、第十九条各号のいずれかに該当して特定個人情報の提供を受けることができる場合を除き、他人（自己と同一の世帯に属する者以外の者をいう。第二十条において同じ。）に対し、個人番号の提供を求めてはならない。

（本人確認の措置）

第十六条 個人番号利用事務等実施者は、第十四条第一項の規定により本人から個人番号の提供を受けるときは、当該提供をする者から個人番号カード若しくは通知カード及び当該通知カードに記載された事項がその者に係るものであることを証するものとして主務省令で定める書類の提示を受けること又はこれらに代わるべきその者が本人であることを確認するための措置として政令で定める措置をとらなければならない。

第三章　個人番号カード

（個人番号カードの交付等）

第十七条 市町村長は、政令で定めるところにより、当該市町村が備える住民基本台帳に記録されている者に対し、その者の申請により、その者に係る個人番号カードを交付するものとする。この場合において、当該市町村長は、その者から通知カードの返納及び前条の主務省令で定める書類の提示を受け、又は同条の政令で定める措置をとらなければならない。

2　個人番号カードの交付を受けている者は、住民基本台帳法第二十四条の二第一項に規定する最初の転入届をする場合には、当該最初の転入届と同時に、当該個人番号カードを市町村長に提出しなければならない。

3　前項の規定により個人番号カードの提出を受けた市町村長は、当該個人番号カードについて、カード記録事項の変更その他当該個人番号カードの適切な利用を確保するために必要な措置を講じ、これを返還しなければならない。

4　第二項の場合を除くほか、個人番号カードの交付を受けている者は、カード記録事項に変更があったときは、その変更があった日から十四日以内に、その旨を住所地市町村長に届け出るとともに、当該個人番号カードを提出しなければならない。この場合においては、前項の規定を準用する。

5　個人番号カードの交付を受けている者は、当該個人番号カードを紛失

したときは、直ちに、その旨を住所地市町村長に届け出なければならない。
6　個人番号カードは、その有効期間が満了した場合その他政令で定める場合には、その効力を失う。
7　個人番号カードの交付を受けている者は、当該個人番号カードの有効期間が満了した場合その他政令で定める場合には、政令で定めるところにより、当該個人番号カードを住所地市町村長に返納しなければならない。
8　前各項に定めるもののほか、個人番号カードの様式、個人番号カードの有効期間及び個人番号カードの再交付を受けようとする場合における手続その他個人番号カードに関し必要な事項は、総務省令で定める。

（個人番号カードの利用）
第十八条　個人番号カードは、第十六条の規定による本人確認の措置において利用するほか、次の各号に掲げる者が、条例（第二号の場合にあっては、政令）で定めるところにより、個人番号カードのカード記録事項が記録された部分と区分された部分に、当該各号に定める事務を処理するために必要な事項を電磁的方法により記録して利用することができる。この場合において、これらの者は、カード記録事項の漏えい、滅失又は毀損の防止その他のカード記録事項の安全管理を図るため必要なものとして総務大臣が定める基準に従って個人番号カードを取り扱わなければならない。
　一　市町村の機関　地域住民の利便性の向上に資するものとして条例で定める事務
　二　特定の個人を識別して行う事務を処理する行政機関、地方公共団体、民間事業者その他の者であって政令で定めるもの　当該事務

第四章　特定個人情報の提供
第一節　特定個人情報の提供の制限等

（特定個人情報の提供の制限）

第十九条　何人も、次の各号のいずれかに該当する場合を除き、特定個人情報の提供をしてはならない。

一　個人番号利用事務実施者が個人番号利用事務を処理するために必要な限度で本人若しくはその代理人又は個人番号関係事務実施者に対し特定個人情報を提供するとき（個人番号利用事務実施者が、生活保護法（昭和二十五年法律第百四十四号）第二十九条第一項、厚生年金保険法第百条の二第五項その他の政令で定める法律の規定により本人の資産又は収入の状況についての報告を求めるためにその者の個人番号を提供する場合にあっては、銀行その他の政令で定める者に対し提供するときに限る。）。

二　個人番号関係事務実施者が個人番号関係事務を処理するために必要な限度で特定個人情報を提供するとき（第十号に規定する場合を除く。）。

三　本人又はその代理人が個人番号利用事務等実施者に対し、当該本人の個人番号を含む特定個人情報を提供するとき。

四　機構が第十四条第二項の規定により個人番号利用事務実施者に機構保存本人確認情報を提供するとき。

五　特定個人情報の取扱いの全部若しくは一部の委託又は合併その他の事由による事業の承継に伴い特定個人情報を提供するとき。

六　住民基本台帳法第三十条の六第一項の規定その他政令で定める同法の規定により特定個人情報を提供するとき。

七　別表第二の第一欄に掲げる者（法令の規定により同表の第二欄に掲げる事務の全部又は一部を行うこととされている者がある場合にあっては、その者を含む。以下「情報照会者」という。）が、政令で定めるところにより、同表の第三欄に掲げる者（法令の規定により同表の第四欄に掲げる特定個人情報の利用又は提供に関する事務の全部又は

一部を行うこととされている者がある場合にあっては、その者を含む。以下「情報提供者」という。）に対し、同表の第二欄に掲げる事務を処理するために必要な同表の第四欄に掲げる特定個人情報（情報提供者の保有する特定個人情報ファイルに記録されたものに限る。）の提供を求めた場合において、当該情報提供者が情報提供ネットワークシステムを使用して当該特定個人情報を提供するとき。

八　国税庁長官が都道府県知事若しくは市町村長に又は都道府県知事若しくは市町村長が国税庁長官若しくは他の都道府県知事若しくは市町村長に、地方税法第四十六条第四項若しくは第五項、第四十八条第七項、第七十二条の五十八、第三百十七条又は第三百二十五条の規定その他政令で定める同法又は国税（国税通則法（昭和三十七年法律第六十六号）第二条第一号に規定する国税をいう。以下同じ。）に関する法律の規定により国税又は地方税に関する特定個人情報を提供する場合において、当該特定個人情報の安全を確保するために必要な措置として政令で定める措置を講じているとき。

九　地方公共団体の機関が、条例で定めるところにより、当該地方公共団体の他の機関に、その事務を処理するために必要な限度で特定個人情報を提供するとき。

十　社債、株式等の振替に関する法律（平成十三年法律第七十五号）第二条第五項に規定する振替機関等（以下この号において単に「振替機関等」という。）が同条第一項に規定する社債等（以下この号において単に「社債等」という。）の発行者（これに準ずる者として政令で定めるものを含む。）又は他の振替機関等に対し、これらの者の使用に係る電子計算機を相互に電気通信回線で接続した電子情報処理組織であって、社債等の振替を行うための口座が記録されるものを利用して、同法又は同法に基づく命令の規定により、社債等の振替を行うための口座の開設を受ける者が第九条第三項に規定する書面（所得税法第二百二十五条第一項（第一号、第二号、第八号又は第十号から第十二号までに係る部分に限る。）の規定により税務署長に提出されるものに限る。）に記載されるべき個人番号として当該口座を開設する振

替機関等に告知した個人番号を含む特定個人情報を提供する場合において、当該特定個人情報の安全を確保するために必要な措置として政令で定める措置を講じているとき。

十一　第三十八条第一項の規定により求められた特定個人情報を個人情報保護委員会（以下「委員会」という。）に提供するとき。

十二　各議院若しくは各議院の委員会若しくは参議院の調査会が国会法（昭和二十二年法律第七十九号）第百四条第一項（同法第五十四条の四第一項において準用する場合を含む。）若しくは議院における証人の宣誓及び証言等に関する法律（昭和二十二年法律第二百二十五号）第一条の規定により行う審査若しくは調査、訴訟手続その他の裁判所における手続、裁判の執行、刑事事件の捜査、租税に関する法律の規定に基づく犯則事件の調査又は会計検査院の検査（第三十九条において「各議院審査等」という。）が行われるとき、その他政令で定める公益上の必要があるとき。

十三　人の生命、身体又は財産の保護のために必要がある場合において、本人の同意があり、又は本人の同意を得ることが困難であるとき。

十四　その他これらに準ずるものとして個人情報保護委員会規則で定めるとき。

（収集等の制限）

第二十条　何人も、前条各号のいずれかに該当する場合を除き、特定個人情報（他人の個人番号を含むものに限る。）を収集し、又は保管してはならない。

第二節　情報提供ネットワークシステムによる特定個人情報の提供

（情報提供ネットワークシステム）

第二十一条　総務大臣は、委員会と協議して、情報提供ネットワークシステムを設置し、及び管理するものとする。

2　総務大臣は、情報照会者から第十九条第七号の規定により特定個人情

報の提供の求めがあったときは、次に掲げる場合を除き、政令で定めるところにより、情報提供ネットワークシステムを使用して、情報提供者に対して特定個人情報の提供の求めがあった旨を通知しなければならない。
一　情報照会者、情報提供者、情報照会者の処理する事務又は当該事務を処理するために必要な特定個人情報の項目が別表第二に掲げるものに該当しないとき。
二　当該特定個人情報が記録されることとなる情報照会者の保有する特定個人情報ファイル又は当該特定個人情報が記録されている情報提供者の保有する特定個人情報ファイルについて、第二十七条（第三項及び第五項を除く。）の規定に違反する事実があったと認めるとき。

（特定個人情報の提供）
第二十二条　情報提供者は、第十九条第七号の規定により特定個人情報の提供を求められた場合において、当該提供の求めについて前条第二項の規定による総務大臣からの通知を受けたときは、政令で定めるところにより、情報照会者に対し、当該特定個人情報を提供しなければならない。
2　前項の規定による特定個人情報の提供があった場合において、他の法令の規定により当該特定個人情報と同一の内容の情報を含む書面の提出が義務付けられているときは、当該書面の提出があったものとみなす。

（情報提供等の記録）
第二十三条　情報照会者及び情報提供者は、第十九条第七号の規定により特定個人情報の提供の求め又は提供があったときは、次に掲げる事項を情報提供ネットワークシステムに接続されたその者の使用する電子計算機に記録し、当該記録を政令で定める期間保存しなければならない。
一　情報照会者及び情報提供者の名称
二　提供の求めの日時及び提供があったときはその日時
三　特定個人情報の項目
四　前三号に掲げるもののほか、総務省令で定める事項
2　前項に規定する事項のほか、情報照会者及び情報提供者は、当該特定

個人情報の提供の求め又は提供の事実が次の各号のいずれかに該当する場合には、その旨を情報提供ネットワークシステムに接続されたその者の使用する電子計算機に記録し、当該記録を同項に規定する期間保存しなければならない。
一　第三十条第一項の規定により読み替えて適用する行政機関個人情報保護法第十四条に規定する不開示情報に該当すると認めるとき。
二　条例で定めるところにより地方公共団体又は地方独立行政法人が開示する義務を負わない個人情報に該当すると認めるとき。
三　第三十条第三項の規定により読み替えて適用する独立行政法人等個人情報保護法第十四条に規定する不開示情報に該当すると認めるとき。
四　第三十条第四項の規定により読み替えて準用する独立行政法人等個人情報保護法第十四条に規定する不開示情報に該当すると認めるとき。
3　総務大臣は、第十九条第七号の規定により特定個人情報の提供の求め又は提供があったときは、前二項に規定する事項を情報提供ネットワークシステムに記録し、当該記録を第一項に規定する期間保存しなければならない。

（秘密の管理）
第二十四条　総務大臣並びに情報照会者及び情報提供者は、情報提供等事務（第十九条第七号の規定による特定個人情報の提供の求め又は提供に関する事務をいう。以下この条及び次条において同じ。）に関する秘密について、その漏えいの防止その他の適切な管理のために、情報提供ネットワークシステム並びに情報照会者及び情報提供者が情報提供等事務に使用する電子計算機の安全性及び信頼性を確保することその他の必要な措置を講じなければならない。

（秘密保持義務）
第二十五条　情報提供等事務又は情報提供ネットワークシステムの運営に関する事務に従事する者又は従事していた者は、その業務に関して知り得た当該事務に関する秘密を漏らし、又は盗用してはならない。

第五章　特定個人情報の保護
第一節　特定個人情報保護評価等

（特定個人情報ファイルを保有しようとする者に対する指針）

第二十六条　委員会は、特定個人情報の適正な取扱いを確保するため、特定個人情報ファイルを保有しようとする者が、特定個人情報保護評価（特定個人情報の漏えいその他の事態の発生の危険性及び影響に関する評価をいう。）を自ら実施し、これらの事態の発生を抑止することその他特定個人情報を適切に管理するために講ずべき措置を定めた指針（次項及び次条第三項において単に「指針」という。）を作成し、公表するものとする。

2　委員会は、個人情報の保護に関する技術の進歩及び国際的動向を踏まえ、少なくとも三年ごとに指針について再検討を加え、必要があると認めるときは、これを変更するものとする。

（特定個人情報保護評価）

第二十七条　行政機関の長等は、特定個人情報ファイル（専ら当該行政機関の長等の職員又は職員であった者の人事、給与又は福利厚生に関する事項を記録するものその他の個人情報保護委員会規則で定めるものを除く。以下この条において同じ。）を保有しようとするときは、当該特定個人情報ファイルを保有する前に、特定個人情報保護委員会規則で定めるところにより、次に掲げる事項を評価した結果を記載した書面（以下この条において「評価書」という。）を公示し、広く国民の意見を求めるものとする。当該特定個人情報ファイルについて、個人情報保護委員会規則で定める重要な変更を加えようとするときも、同様とする。

一　特定個人情報ファイルを取り扱う事務に従事する者の数
二　特定個人情報ファイルに記録されることとなる特定個人情報の量
三　行政機関の長等における過去の個人情報ファイルの取扱いの状況
四　特定個人情報ファイルを取り扱う事務の概要
五　特定個人情報ファイルを取り扱うために使用する電子情報処理組織

の仕組み及び電子計算機処理等（電子計算機処理（電子計算機を使用して行われる情報の入力、蓄積、編集、加工、修正、更新、検索、消去、出力又はこれらに類する処理をいう。）その他これに伴う政令で定める措置をいう。）の方式

六　特定個人情報ファイルに記録された特定個人情報を保護するための措置

七　前各号に掲げるもののほか、個人情報保護委員会規則で定める事項

2　前項前段の場合において、行政機関の長等は、個人情報保護委員会規則で定めるところにより、同項前段の規定により得られた意見を十分考慮した上で評価書に必要な見直しを行った後に、当該評価書に記載された特定個人情報ファイルの取扱いについて委員会の承認を受けるものとする。当該特定個人情報ファイルについて、個人情報保護委員会規則で定める重要な変更を加えようとするときも、同様とする。

3　委員会は、評価書の内容、第三十八条第一項の規定により得た情報その他の情報から判断して、当該評価書に記載された特定個人情報ファイルの取扱いが指針に適合していると認められる場合でなければ、前項の承認をしてはならない。

4　行政機関の長等は、第二項の規定により評価書について承認を受けたときは、速やかに当該評価書を公表するものとする。

5　前項の規定により評価書が公表されたときは、第二十九条第一項の規定により読み替えて適用する行政機関個人情報保護法第十条第一項の規定による通知があったものとみなす。

6　行政機関の長等は、評価書の公表を行っていない特定個人情報ファイルに記録された情報を第十九条第七号の規定により提供し、又は当該特定個人情報ファイルに記録されることとなる情報の提供を同号の規定により求めてはならない。

（特定個人情報ファイルの作成の制限）

第二十八条　個人番号利用事務等実施者その他個人番号利用事務等に従事する者は、第十九条第十一号から第十四号までのいずれかに該当して特

定個人情報を提供し、又はその提供を受けることができる場合を除き、個人番号利用事務等を処理するために必要な範囲を超えて特定個人情報ファイルを作成してはならない。

（研修の実施）
第二十八条の二　行政機関の長等は、特定個人情報ファイルを保有し、又は保有しようとするときは、特定個人情報ファイルを取り扱う事務に従事する者に対して、政令で定めるところにより、特定個人情報の適正な取扱いを確保するために必要なサイバーセキュリティ（サイバーセキュリティ基本法（平成二十六年法律第百四号）第二条に規定するサイバーセキュリティをいう。第三十五条の二において同じ。）の確保に関する事項その他の事項に関する研修を行うものとする。

（委員会による検査等）
第二十八条の三　特定個人情報ファイルを保有する行政機関、独立行政法人等及び機構は、個人情報保護委員会規則で定めるところにより、定期的に、当該特定個人情報ファイルに記録された特定個人情報の取扱いの状況について委員会による検査を受けるものとする。
2　特定個人情報ファイルを保有する地方公共団体及び地方独立行政法人は、個人情報保護委員会規則で定めるところにより、定期的に、委員会に対して当該特定個人情報ファイルに記録された特定個人情報の取扱いの状況について報告するものとする。

（特定個人情報の漏えい等に関する報告）
第二十八条の四　個人番号利用事務等実施者は、個人情報保護委員会規則で定めるところにより、特定個人情報ファイルに記録された特定個人情報の漏えいその他の特定個人情報の安全の確保に係る重大な事態が生じたときは、委員会に報告するものとする。

第二節　行政機関個人情報保護法等の特例等

（行政機関個人情報保護法等の特例）
第二十九条　行政機関が保有し、又は保有しようとする特定個人情報（第二十三条に規定する記録に記録されたものを除く。）に関しては、行政機関個人情報保護法第八条第二項第二号から第四号まで及び第二十五条の規定は適用しないものとし、行政機関個人情報保護法の他の規定の適用については、次の表の左欄に掲げる行政機関個人情報保護法の規定中同表の中欄に掲げる字句は、同表の右欄に掲げる字句とする。

読み替えられる行政機関個人情報保護法の規定	読み替えられる字句	読み替える字句
第八条第一項	法令に基づく場合を除き、利用目的	利用目的
	自ら利用し、又は提供してはならない	自ら利用してはならない
第八条第二項	自ら利用し、又は提供する	自ら利用する
第八条第二項第一号	本人の同意があるとき、又は本人に提供するとき	人の生命、身体又は財産の保護のために必要がある場合であって、本人の同意があり、又は本人の同意を得ることが困難であるとき
第十条第一項及び第三項	総務大臣	個人情報保護委員会

読み替えられる行政機関個人情報保護法の規定	読み替えられる字句	読み替える字句
第十二条第二項	未成年者又は成年被後見人の法定代理人	未成年者若しくは成年被後見人の法定代理人又は本人の委任による代理人（以下「代理人」と総称する。）
第十三条第二項、第二十八条第二項及び第三十七条第二項	法定代理人	代理人
第十四条第一号、第二十七条第二項及び第三十六条第二項	未成年者又は成年被後見人の法定代理人	代理人
第二十六条第二項	配慮しなければならない	配慮しなければならない。この場合において、行政機関の長は、経済的困難その他特別の理由があると認めるときは、政令で定めるところにより、当該手数料を減額し、又は免除することができる

読み替えられる行政機関個人情報保護法の規定	読み替えられる字句	読み替える字句
第三十六条第一項第一号	又は第八条第一項及び第二項の規定に違反して利用されているとき	行政手続における特定の個人を識別するための番号の利用等に関する法律（平成二十五年法律第二十七号）第二十九条第一項の規定により読み替えて適用する第八条第一項及び第二項（第一号に係る部分に限る。）の規定に違反して利用されているとき、同法第二十条の規定に違反して収集され、若しくは保管されているとき、又は同法第二十八条の規定に違反して作成された特定個人情報ファイル（同法第二条第九項に規定する特定個人情報ファイルをいう。）に記録されているとき
第三十六条第一項第二号	第八条第一項及び第二項	行政手続における特定の個人を識別するための番号の利用等に関する法律第十九条

2　独立行政法人等が保有する特定個人情報（第二十三条第一項及び第二項に規定する記録に記録されたものを除く。）に関しては、独立行政法人等個人情報保護法第九条第二項第二号から第四号まで及び第二十五条の規定は適用しないものとし、独立行政法人等個人情報保護法の他の規定の適用については、次の表の左欄に掲げる独立行政法人等個人情報保護法の規定中同表の中欄に掲げる字句は、同表の右欄に掲げる字句とする。

読み替えられる独立行政法人等個人情報保護法の規定	読み替えられる字句	読み替える字句
第九条第一項	法令に基づく場合を除き	行政手続における特定の個人を識別するための番号の利用等に関する法律（平成二十五年法律第二十七号）第九条第四項の規定に基づく場合を除き
	自ら利用し、又は提供してはならない	自ら利用してはならない
第九条第二項	自ら利用し、又は提供する	自ら利用する
第九条第二項第一号	本人の同意があるとき、又は本人に提供するとき	人の生命、身体又は財産の保護のために必要がある場合であって、本人の同意があり、又は本人の同意を得ることが困難であるとき
第十二条第二項	未成年者又は成年被後見人の法定代理人	未成年者若しくは成年被後見人の法定代理人又は本人の委任による代理人（以下「代理人」と総称する。）
第十三条第二項、第二十八条第二項及び第三十七条第二項	法定代理人	代理人

読み替えられる独立行政法人等個人情報保護法の規定	読み替えられる字句	読み替える字句
第十四条第一号、第二十七条第二項及び第三十六条第二項	未成年者又は成年被後見人の法定代理人	代理人
第二十六条第二項	定める	定める。この場合において、独立行政法人等は、経済的困難その他特別の理由があると認めるときは、行政手続における特定の個人を識別するための番号の利用等に関する法律第二十九条第一項の規定により読み替えて適用する行政機関個人情報保護法第二十六条第二項の規定の例により、当該手数料を減額し、又は免除することができる

読み替えられる 独立行政法人等 個人情報保護法の規定	読み替えられる字句	読み替える字句
第三十六条第一項第一号	又は第九条第一項及び第二項の規定に違反して利用されているとき	行政手続における特定の個人を識別するための番号の利用等に関する法律第二十九条第二項の規定により読み替えて適用する第九条第一項及び第二項（第一号に係る部分に限る。）の規定に違反して利用されているとき、同法第二十条の規定に違反して収集され、若しくは保管されているとき、又は同法第二十八条の規定に違反して作成された特定個人情報ファイル（同法第二条第九項に規定する特定個人情報ファイルをいう。）に記録されているとき
第三十六条第一項第二号	第九条第一項及び第二項	行政手続における特定の個人を識別するための番号の利用等に関する法律第十九条

3 個人情報保護法第二条第三項に規定する個人情報取扱事業者が保有する特定個人情報（第二十三条第一項及び第二項に規定する記録に記録されたものを除く。）に関しては、個人情報保護法第十六条第三項第三号及び第四号並びに第二十三条の規定は適用しないものとし、個人情報保護法の他の規定の適用については、次の表の左欄に掲げる個人情報保護法の規定中同表の中欄に掲げる字句は、同表の右欄に掲げる字句とする。

読み替えられる個人情報保護法の規定	読み替えられる字句	読み替える字句
第十六条第一項	あらかじめ本人の同意を得ないで、前条	前条
第十六条第二項	あらかじめ本人の同意を得ないで、承継前	承継前
第十六条第三項第一号	法令に基づく場合	行政手続における特定の個人を識別するための番号の利用等に関する法律（平成二十五年法律第二十七号）第九条第四項の規定に基づく場合
第十六条第三項第二号	本人	本人の同意があり、又は本人
第二十七条第二項	第二十三条第一項	行政手続における特定の個人を識別するための番号の利用等に関する法律第十九条

（情報提供等の記録についての特例）

第三十条　行政機関が保有し、又は保有しようとする第二十三条第一項及び第二項に規定する記録に記録された特定個人情報に関しては、行政機関個人情報保護法第八条第二項から第四項まで、第九条、第二十一条、第二十二条、第二十五条、第三十三条、第三十四条及び第四章第三節の規定は適用しないものとし、行政機関個人情報保護法の他の規定の適用

については、次の表の左欄に掲げる行政機関個人情報保護法の規定中同表の中欄に掲げる字句は、同表の右欄に掲げる字句とする。

読み替えられる行政機関個人情報保護法の規定	読み替えられる字句	読み替える字句
第八条第一項	法令に基づく場合を除き、利用目的	利用目的
	自ら利用し、又は提供してはならない	自ら利用してはならない
第十条第一項及び第三項	総務大臣	個人情報保護委員会
第十二条第二項	未成年者又は成年被後見人の法定代理人	未成年者若しくは成年被後見人の法定代理人又は本人の委任による代理人(以下「代理人」と総称する。)
第十三条第二項及び第二十八条第二項	法定代理人	代理人
第十四条第一号及び第二十七条第二項	未成年者又は成年被後見人の法定代理人	代理人
第二十六条第二項	配慮しなければならない	配慮しなければならない。この場合において、行政機関の長は、経済的困難その他特別の理由があると認めるときは、政令で定めるところにより、当該手数料を減額し、又は免除することができる。

読み替えられる行政機関個人情報保護法の規定	読み替えられる字句	読み替える字句
第三十五条	当該保有個人情報の提供先	総務大臣及び行政手続における特定の個人を識別するための番号の利用等に関する法律（平成二十五年法律第二十七号）第十九条第七号に規定する情報照会者又は情報提供者（当該訂正に係る同法二十三条第一項及び第二項に規定する記録に記録された者であって、当該行政機関の長以外のものに限る。）

2　総務省が保有し、又は保有しようとする第二十三条第三項に規定する記録に記録された特定個人情報に関しては、行政機関個人情報保護法第八条第二項から第四項まで、第九条、第二十一条、第二十二条、第二十五条、第三十三条、第三十四条及び第四章第三節の規定は適用しないものとし、行政機関個人情報保護法の他の規定の適用については、次の表の左欄に掲げる行政機関個人情報保護法の規定中同表の中欄に掲げる字句は、同表の右欄に掲げる字句とする。

読み替えられる行政機関個人情報保護法の規定	読み替えられる字句	読み替える字句
第八条第一項	法令に基づく場合を除き、利用目的	利用目的
	自ら利用し、又は提供してはならない	自ら利用してはならない
第十条第一項及び第三項	総務大臣	個人情報保護委員会

読み替えられる行政機関個人情報保護法の規定	読み替えられる字句	読み替える字句
第十二条第二項	未成年者又は成年被後見人の法定代理人	未成年者若しくは成年被後見人の法定代理人又は本人の委任による代理人(以下「代理人」と総称する。)
第十三条第二項及び第二十八条第二項	法定代理人	代理人
第十四条第一号及び第二十七条第二項	未成年者又は成年被後見人の法定代理人	代理人
第二十六条第二項	配慮しなければならない	配慮しなければならない。この場合において、行政機関の長は、経済的困難その他特別の理由があると認めるときは、政令で定めるところにより、当該手数料を減額し、又は免除することができる
第三十五条	当該保有個人情報の提供先	当該訂正に係る行政手続における特定の個人を識別するための番号の利用等に関する法律(平成二十五年法律第二十七号)第二十三条第三項に規定する記録に記録された同法第十九条第七号に規定する情報照会者及び情報提供者

3　独立行政法人等が保有する第二十三条第一項及び第二項に規定する記録に記録された特定個人情報に関しては、独立行政法人等個人情報保護法第九条第二項から第四項まで、第十条、第二十一条、第二十二条、第二十五条、第三十三条、第三十四条及び第四章第三節の規定は適用しないものとし、独立行政法人等個人情報保護法の他の規定の適用については、次の表の左欄に掲げる独立行政法人等個人情報保護法の規定中同表の中欄に掲げる字句は、同表の右欄に掲げる字句とする。

読み替えられる独立行政法人等個人情報保護法の規定	読み替えられる字句	読み替える字句
第九条第一項	法令に基づく場合を除き、利用目的	利用目的
	自ら利用し、又は提供してはならない	自ら利用してはならない
第十二条第二項	未成年者又は成年被後見人の法定代理人	未成年者若しくは成年被後見人の法定代理人又は本人の委任による代理人（以下「代理人」と総称する。）
第十三条第二項及び第二十八条第二項	法定代理人	代理人
第十四条第一号及び第二十七条第二項	未成年者又は成年被後見人の法定代理人	代理人

読み替えられる独立行政法人等個人情報保護法の規定	読み替えられる字句	読み替える字句
第二十六条第二項	定める	定める。この場合において、独立行政法人等は、経済的困難その他特別の理由があると認めるときは、行政手続における特定の個人を識別するための番号の利用等に関する法律（平成二十五年法律第二十七号）第三十条第一項の規定により読み替えて適用する行政機関個人情報保護法第二十六条第二項の規定の例により、当該手数料を減額し、又は免除することができる
第三十五条	当該保有個人情報の提供先	総務大臣及び行政手続における特定の個人を識別するための番号の利用等に関する法律第十九条第七号に規定する情報照会者又は情報提供者（当該訂正に係る同法第二十三条第一項及び第二項に規定する記録に記録された者であって、当該独立行政法人等以外のものに限る。）

4 独立行政法人等個人情報保護法第三条、第五条から第九条第一項まで、第十二条から第二十条まで、第二十三条、第二十四条、第二十六条から第三十二条まで、第三十五条及び第四十六条第一項の規定は、行政機関、地方公共団体、独立行政法人等及び地方独立行政法人以外の者が保有する第二十三条第一項及び第二項に規定する記録に記録された特定個人情報について準用する。この場合において、次の表の左欄に掲げる独立行政法人等個人情報保護法の規定中同表の中欄に掲げる字句は、同表の右欄に掲げる字句に読み替えるものとする。

読み替えられる独立行政法人等個人情報保護法の規定	読み替えられる字句	読み替える字句
第九条第一項	法令に基づく場合を除き、利用目的	利用目的
	自ら利用し、又は提供してはならない	自ら利用してはならない
第十二条第二項	未成年者又は成年被後見人の法定代理人	未成年者若しくは成年被後見人の法定代理人又は本人の委任による代理人(以下「代理人」と総称する。)
第十三条第二項及び第二十八条第二項	法定代理人	代理人
第十四条第一号及び第二十七条第二項	未成年者又は成年被後見人の法定代理人	代理人
第二十三条第一項	及び開示請求者	、開示請求者及び開示請求を受けた者

読み替えられる独立行政法人等個人情報保護法の規定	読み替えられる字句	読み替える字句
第二十六条第一項	開示請求をする者は、独立行政法人等の定めるところにより、手数料を納めなければならない	開示請求を受けた者は、行政手続における特定の個人を識別するための番号の利用等に関する法律第二十三条第一項及び第二項に規定する記録の開示を請求されたときは、当該開示の実施に関し、手数料を徴収することができる
第三十五条	当該保有個人情報の提供先	総務大臣及び行政手続における特定の個人を識別するための番号の利用等に関する法律第十九条第七号に規定する情報照会者又は情報提供者（当該訂正に係る同法第二十三条第一項及び第二項に規定する記録に記録された者であって、当該開示請求を受けた者以外のものに限る。）

（地方公共団体等が保有する特定個人情報の保護）

第三十一条　地方公共団体は、行政機関個人情報保護法、独立行政法人等個人情報保護法、個人情報保護法及びこの法律の規定により行政機関の長、独立行政法人等及び個人番号取扱事業者（特定個人情報ファイルを事業の用に供している個人番号利用事務等実施者であって、国の機関、地方公共団体の機関、独立行政法人等及び地方独立行政法人以外のものをいう。以下この節において同じ。）が講ずることとされている措置の

趣旨を踏まえ、当該地方公共団体及びその設立に係る地方独立行政法人が保有する特定個人情報の適正な取扱いが確保され、並びに当該地方公共団体及びその設立に係る地方独立行政法人が保有する特定個人情報の開示、訂正、利用の停止、消去及び提供の停止（第二十三条第一項及び第二項に規定する記録に記録された特定個人情報にあっては、その開示及び訂正）を実施するために必要な措置を講ずるものとする。

（個人情報取扱事業者でない個人番号取扱事業者が保有する特定個人情報の保護）

第三十二条　個人番号取扱事業者（個人情報保護法第二条第三項に規定する個人情報取扱事業者を除く。以下この節において同じ。）は、人の生命、身体又は財産の保護のために必要がある場合において本人の同意があり又は本人の同意を得ることが困難であるとき、及び第九条第四項の規定に基づく場合を除き、個人番号利用事務等を処理するために必要な範囲を超えて、特定個人情報を取り扱ってはならない。

第三十三条　個人番号取扱事業者は、その取り扱う特定個人情報の漏えい、滅失又は毀損の防止その他の特定個人情報の安全管理のために必要かつ適切な措置を講じなければならない。

第三十四条　個人番号取扱事業者は、その従業者に特定個人情報を取り扱わせるに当たっては、当該特定個人情報の安全管理が図られるよう、当該従業者に対する必要かつ適切な監督を行わなければならない。

第三十五条　個人番号取扱事業者のうち次の各号に掲げる者については、その特定個人情報を取り扱う目的の全部又は一部がそれぞれ当該各号に定める目的であるときは、前三条の規定は、適用しない。

一　放送機関、新聞社、通信社その他の報道機関（報道（不特定かつ多数の者に対し客観的事実を事実として知らせることをいい、これに基づいて意見又は見解を述べることを含む。以下この号において同じ。）を業として行う個人を含む。）　報道の用に供する目的

二　著述を業として行う者　著述の用に供する目的

三　大学その他の学術研究を目的とする機関若しくは団体又はそれらに

属する者　学術研究の用に供する目的
　四　宗教団体　宗教活動（これに付随する活動を含む。）の用に供する目的
　五　政治団体　政治活動（これに付随する活動を含む。）の用に供する目的
2　前項各号に掲げる個人番号取扱事業者は、特定個人情報の安全管理のために必要かつ適切な措置、特定個人情報の取扱いに関する苦情の処理その他の特定個人情報の適正な取扱いを確保するために必要な措置を自ら講じ、かつ、当該措置の内容を公表するよう努めなければならない。

（特定個人情報の保護を図るための連携協力）
第三十五条の二　委員会は、特定個人情報の保護を図るため、サイバーセキュリティの確保に関する事務を処理するために内閣官房に置かれる組織と情報を共有すること等により相互に連携を図りながら協力するものとする。

第六章　特定個人情報の取扱いに関する監督等

（指導及び助言）
第三十六条　委員会は、この法律の施行に必要な限度において、個人番号利用事務等実施者に対し、特定個人情報の取扱いに関し、必要な指導及び助言をすることができる。この場合において、特定個人情報の適正な取扱いを確保するために必要があると認めるときは、当該特定個人情報と共に管理されている特定個人情報以外の個人情報の取扱いに関し、併せて指導及び助言をすることができる。

（勧告及び命令）
第三十七条　委員会は、特定個人情報の取扱いに関して法令の規定に違反する行為が行われた場合において、特定個人情報の適正な取扱いの確保

のために必要があると認めるときは、当該違反行為をした者に対し、期限を定めて、当該違反行為の中止その他違反を是正するために必要な措置をとるべき旨を勧告することができる。
2　委員会は、前項の規定による勧告を受けた者が、正当な理由がなくてその勧告に係る措置をとらなかったときは、その者に対し、期限を定めて、その勧告に係る措置をとるべきことを命ずることができる。
3　委員会は、前二項の規定にかかわらず、特定個人情報の取扱いに関して法令の規定に違反する行為が行われた場合において、個人の重大な権利利益を害する事実があるため緊急に措置をとる必要があると認めるときは、当該違反行為をした者に対し、期限を定めて、当該違反行為の中止その他違反を是正するために必要な措置をとるべき旨を命ずることができる。

（報告及び立入検査）
第三十八条　委員会は、この法律の施行に必要な限度において、特定個人情報を取り扱う者その他の関係者に対し、特定個人情報の取扱いに関し、必要な報告若しくは資料の提出を求め、又はその職員に、当該特定個人情報を取り扱う者その他の関係者の事務所その他必要な場所に立ち入らせ、特定個人情報の取扱いに関し質問させ、若しくは帳簿書類その他の物件を検査させることができる。
2　前項の規定により立入検査をする職員は、その身分を示す証明書を携帯し、関係人の請求があったときは、これを提示しなければならない。
3　第一項の規定による立入検査の権限は、犯罪捜査のために認められたものと解釈してはならない。

（適用除外）
第三十九条　前三条の規定は、各議院審査等が行われる場合又は第十九条第十二号の政令で定める場合のうち各議院審査等に準ずるものとして政令で定める手続が行われる場合における特定個人情報の提供及び提供を受け、又は取得した特定個人情報の取扱いについては、適用しない。

(措置の要求)

第四十条　委員会は、個人番号その他の特定個人情報の取扱いに利用される情報提供ネットワークシステムその他の情報システムの構築及び維持管理に関し、費用の節減その他の合理化及び効率化を図った上でその機能の安全性及び信頼性を確保するよう、総務大臣その他の関係行政機関の長に対し、必要な措置を実施するよう求めることができる。

2　委員会は、前項の規定により同項の措置の実施を求めたときは、同項の関係行政機関の長に対し、その措置の実施状況について報告を求めることができる。

(内閣総理大臣に対する意見の申出)

第四十一条　委員会は、内閣総理大臣に対し、その所掌事務の遂行を通じて得られた特定個人情報の保護に関する施策の改善についての意見を述べることができる。

第七章　法人番号

(通知等)

第四十二条　国税庁長官は、政令で定めるところにより、法人等(国の機関、地方公共団体及び会社法(平成十七年法律第八十六号)その他の法令の規定により設立の登記をした法人並びにこれらの法人以外の法人又は法人でない社団若しくは財団で代表者若しくは管理人の定めがあるもの(以下この条において「人格のない社団等」という。)であって、所得税法第二百三十条、法人税法(昭和四十年法律第三十四号)第百四十八条、第百四十九条若しくは第百五十条又は消費税法(昭和六十三年法律第百八号)第五十七条の規定により届出書を提出することとされているものをいう。以下この項及び次項において同じ。)に対して、法人番号を指定し、これを当該法人等に通知するものとする。

2　法人等以外の法人又は人格のない社団等であって政令で定めるものは、

政令で定めるところにより、その者の商号又は名称及び本店又は主たる事務所の所在地その他財務省令で定める事項を国税庁長官に届け出て法人番号の指定を受けることができる。

3　前項の規定による届出をした者は、その届出に係る事項に変更があったとき（この項の規定による届出に係る事項に変更があった場合を含む。）は、政令で定めるところにより、当該変更があった事項を国税庁長官に届け出なければならない。

4　国税庁長官は、政令で定めるところにより、第一項又は第二項の規定により法人番号の指定を受けた者（以下「法人番号保有者」という。）の商号又は名称、本店又は主たる事務所の所在地及び法人番号を公表するものとする。ただし、人格のない社団等については、あらかじめ、その代表者又は管理人の同意を得なければならない。

（情報の提供の求め）

第四十三条　行政機関の長、地方公共団体の機関又は独立行政法人等（以下この章において「行政機関の長等」という。）は、他の行政機関の長等に対し、特定法人情報（法人番号保有者に関する情報であって法人番号により検索することができるものをいう。第四十五条において同じ。）の提供を求めるときは、当該法人番号を当該他の行政機関の長等に通知してするものとする。

2　行政機関の長等は、国税庁長官に対し、法人番号保有者の商号又は名称、本店又は主たる事務所の所在地及び法人番号について情報の提供を求めることができる。

（資料の提供）

第四十四条　国税庁長官は、第四十二条第一項の規定による法人番号の指定を行うために必要があると認めるときは、法務大臣に対し、商業登記法（昭和三十八年法律第百二十五号）第七条（他の法令において準用する場合を含む。）に規定する会社法人等番号（会社法その他の法令の規定により設立の登記をした法人の本店又は主たる事務所の所在地を管轄

する登記所において作成される登記簿に記録されたものに限る。）その他の当該登記簿に記録された事項の提供を求めることができる。

2　前項に定めるもののほか、国税庁長官は、第四十二条第一項若しくは第二項の規定による法人番号の指定若しくは通知又は同条第四項の規定による公表を行うために必要があると認めるときは、官公署に対し、法人番号保有者の商号又は名称及び本店又は主たる事務所の所在地その他必要な資料の提供を求めることができる。

（正確性の確保）

第四十五条　行政機関の長等は、その保有する特定法人情報について、その利用の目的の達成に必要な範囲内で、過去又は現在の事実と合致するよう努めなければならない。

第八章　雑則

（指定都市の特例）

第四十六条　地方自治法（昭和二十二年法律第六十七号）第二百五十二条の十九第一項に規定する指定都市（次項において単に「指定都市」という。）に対するこの法律の規定で政令で定めるものの適用については、区を市と、区長を市長とみなす。

2　前項に定めるもののほか、指定都市に対するこの法律の規定の適用については、政令で特別の定めをすることができる。

（事務の区分）

第四十七条　第七条第一項及び第二項、第八条第一項（附則第三条第四項において準用する場合を含む。）、第十七条第一項及び第三項（同条第四項において準用する場合を含む。）並びに附則第三条第一項から第三項までの規定により市町村が処理することとされている事務は、地方自治法第二条第九項第一号に規定する第一号法定受託事務とする。

（権限又は事務の委任）

第四十八条　行政機関の長は、政令（内閣の所轄の下に置かれる機関及び会計検査院にあっては、当該機関の命令）で定めるところにより、第二章、第四章、第五章及び前章に定める権限又は事務を当該行政機関の職員に委任することができる。

（主務省令）

第四十九条　この法律における主務省令は、内閣府令・総務省令とする。

（政令への委任）

第五十条　この法律に定めるもののほか、この法律の実施のための手続その他この法律の施行に関し必要な事項は、政令で定める。

第九章　罰則

第五十一条　個人番号利用事務等又は第七条第一項若しくは第二項の規定による個人番号の指定若しくは通知、第八条第二項の規定による個人番号とすべき番号の生成若しくは通知若しくは第十四条第二項の規定による機構保存本人確認情報の提供に関する事務に従事する者又は従事していた者が、正当な理由がないのに、その業務に関して取り扱った個人の秘密に属する事項が記録された特定個人情報ファイル（その全部又は一部を複製し、又は加工した特定個人情報ファイルを含む。）を提供したときは、四年以下の懲役若しくは二百万円以下の罰金に処し、又はこれを併科する。

第五十二条　前条に規定する者が、その業務に関して知り得た個人番号を自己若しくは第三者の不正な利益を図る目的で提供し、又は盗用したときは、三年以下の懲役若しくは百五十万円以下の罰金に処し、又はこれを併科する。

第五十三条　第二十五条の規定に違反して秘密を漏らし、又は盗用した者

は、三年以下の懲役若しくは百五十万円以下の罰金に処し、又はこれを併科する。

第五十四条　人を欺き、人に暴行を加え、若しくは人を脅迫する行為により、又は財物の窃取、施設への侵入、不正アクセス行為（不正アクセス行為の禁止等に関する法律（平成十一年法律第百二十八号）第二条第四項に規定する不正アクセス行為をいう。）その他の個人番号を保有する者の管理を害する行為により、個人番号を取得した者は、三年以下の懲役又は百五十万円以下の罰金に処する。

2　前項の規定は、刑法（明治四十年法律第四十五号）その他の罰則の適用を妨げない。

第五十五条　国の機関、地方公共団体の機関若しくは機構の職員又は独立行政法人等若しくは地方独立行政法人の役員若しくは職員が、その職権を濫用して、専らその職務の用以外の用に供する目的で個人の秘密に属する特定個人情報が記録された文書、図画又は電磁的記録（電子的方式、磁気的方式その他人の知覚によっては認識することができない方式で作られる記録をいう。）を収集したときは、二年以下の懲役又は百万円以下の罰金に処する。

第五十六条　第三十七条第二項又は第三項の規定による命令に違反した者は、二年以下の懲役又は五十万円以下の罰金に処する。

第五十七条　第三十八条第一項の規定による報告若しくは資料の提出をせず、若しくは虚偽の報告をし、若しくは虚偽の資料を提出し、又は当該職員の質問に対して答弁をせず、若しくは虚偽の答弁をし、若しくは検査を拒み、妨げ、若しくは忌避した者は、一年以下の懲役又は五十万円以下の罰金に処する。

第五十八条　偽りその他不正の手段により通知カード又は個人番号カードの交付を受けた者は、六月以下の懲役又は五十万円以下の罰金に処する。

第五十九条　第五十一条から第五十五条までの規定は、日本国外においてこれらの条の罪を犯した者にも適用する。

第六十条　法人（法人でない団体で代表者又は管理人の定めのあるものを含む。以下この項において同じ。）の代表者若しくは管理人又は法人若

しくは人の代理人、使用人その他の従業者が、その法人又は人の業務に関して、第五十一条、第五十二条、第五十四条又は第五十六条から第五十八条までの違反行為をしたときは、その行為者を罰するほか、その法人又は人に対しても、各本条の罰金刑を科する。

2 法人でない団体について前項の規定の適用がある場合には、その代表者又は管理人が、その訴訟行為につき法人でない団体を代表するほか、法人を被告人又は被疑者とする場合の刑事訴訟に関する法律の規定を準用する。

附則

（施行期日）

第一条 この法律は、公布の日から起算して三年を超えない範囲内において政令で定める日から施行する。ただし、次の各号に掲げる規定は、当該各号に定める日から施行する。

〔平成二七年政令第一七一号により平成二七年一〇月五日から施行〕

一　第一章、第二十四条、第六十五条及び第六十六条並びに次条並びに附則第五条及び第六条の規定　公布の日

二　第二十五条、第六章第一節、第五十四条、第六章第三節、第六十九条、第七十二条及び第七十六条（第六十九条及び第七十二条に係る部分に限る。）並びに附則第四条の規定　平成二十六年一月一日から起算して六月を超えない範囲内において政令で定める日

〔平成二五年政令第二九九号により平成二六年一月一日から施行〕

三　第二十六条、第二十七条、第二十九条第一項（行政機関個人情報保護法第十条第一項及び第三項の規定を読み替えて適用する部分に限る。）、第三十一条、第六章第二節（第五十四条を除く。）、第七十三条、第七十四条及び第七十七条（第七十三条及び第七十四条に係る部分に

限る。）の規定　公布の日から起算して一年六月を超えない範囲内において政令で定める日

〔平成二六年政令第一六三号により平成二六年四月二〇日から施行〕

四　第九条から第十一条まで、第十三条、第十四条、第十六条、第三章、第二十九条第一項（行政機関個人情報保護法第十条第一項及び第三項の規定を読み替えて適用する部分を除く。）から第三項まで、第三十条第一項（行政機関個人情報保護法第十条第一項及び第三項の規定を読み替えて適用する部分に限る。）及び第二項（行政機関個人情報保護法第十条第一項及び第三項の規定を読み替えて適用する部分に限る。）、第六十三条（第十七条第一項及び第三項（同条第四項において準用する場合を含む。）に係る部分に限る。）、第七十五条（個人番号カードに係る部分に限る。）並びに第七十七条（第七十五条（個人番号カードに係る部分に限る。）に係る部分に限る。）並びに別表第一の規定　公布の日から起算して三年六月を超えない範囲内において政令で定める日

〔平成二七年政令第一七一号により平成二八年一月一日から施行〕

五　第十九条第七号、第二十一条から第二十三条まで並びに第三十条第一項（行政機関個人情報保護法第十条第一項及び第三項の規定を読み替えて適用する部分を除く。）及び第二項（行政機関個人情報保護法第十条第一項及び第三項の規定を読み替えて適用する部分を除く。）から第四項まで並びに別表第二の規定　公布の日から起算して四年を超えない範囲内において政令で定める日

（準備行為）

第二条　行政機関の長等は、この法律（前条各号に掲げる規定については、当該各規定。以下この条において同じ。）の施行の日前においても、この法律の実施のために必要な準備行為をすることができる。

（個人番号の指定及び通知に関する経過措置）

第三条　市町村長は、政令で定めるところにより、この法律の施行の日（次項において「施行日」という。）において現に当該市町村の備える住民基本台帳に記録されている者について、第四項において準用する第八条第二項の規定により機構から通知された個人番号とすべき番号をその者の個人番号として指定し、その者に対し、当該個人番号を通知カードにより通知しなければならない。

2　市町村長は、施行日前に住民票に住民票コードを記載された者であって施行日にいずれの市町村においても住民基本台帳に記録されていないものについて、住民基本台帳法第三十条の三第一項の規定により住民票に当該住民票コードを記載したときは、政令で定めるところにより、第四項において準用する第八条第二項の規定により機構から通知された個人番号とすべき番号をその者の個人番号として指定し、その者に対し、当該個人番号を通知カードにより通知しなければならない。

3　市町村長は、住民基本台帳法の一部を改正する法律（平成十一年法律第百三十三号）の施行の日以後住民基本台帳に記録されていなかった者について、同法附則第四条の規定により住民票に住民票コードを記載したときは、政令で定めるところにより、次項において準用する第八条第二項の規定により機構から通知された個人番号とすべき番号をその者の個人番号として指定し、その者に対し、当該個人番号を通知カードにより通知しなければならない。

4　第七条第三項及び第八条の規定は、前三項の場合について準用する。

5　第一項から第三項までの規定による個人番号の指定若しくは通知又は前項において準用する第八条第二項の規定による個人番号とすべき番号の生成若しくは通知に関する事務に従事する者又は従事していた者が、正当な理由がないのに、その業務に関して取り扱った個人の秘密に属する事項が記録された特定個人情報ファイル（その全部又は一部を複製し、又は加工した特定個人情報ファイルを含む。）を提供したときは、四年以下の懲役若しくは二百万円以下の罰金に処し、又はこれを併科する。

6　前項に規定する者が、その業務に関して知り得た個人番号を自己若し

くは第三者の不正な利益を図る目的で提供し、又は盗用したときは、三年以下の懲役若しくは百五十万円以下の罰金に処し、又はこれを併科する。

7　前二項の規定は、日本国外においてこれらの項の罪を犯した者にも適用する。

（日本年金機構に係る経過措置）

第三条の二　日本年金機構は、第九条第一項の規定にかかわらず、附則第一条第四号に掲げる規定の施行の日から平成二十九年五月三十一日までの間において政令で定める日までの間においては、個人番号を利用して別表第一の下欄に掲げる事務の処理を行うことができない。

（委員会に関する経過措置）

第四条　附則第一条第二号に掲げる規定の施行の日から起算して一年を経過する日（以下この条において「経過日」という。）の前日までの間における第四十条第一項、第二項及び第四項並びに第四十五条第二項の規定の適用については、第四十条第一項中「六人」とあるのは「二人」と、同条第二項中「三人」とあるのは「一人」と、同条第四項中「委員には」とあるのは「委員は」と、「が含まれるものとする」とあるのは「のうちから任命するものとする」と、第四十五条第二項中「三人以上」とあるのは「二人」とし、経過日以後経過日から起算して一年を経過する日の前日までの間における第四十条第一項及び第二項並びに第四十五条第二項の規定の適用については、第四十条第一項中「六人」とあるのは「四人」と、同条第二項中「三人」とあるのは「二人」と、第四十五条第二項中「三人以上」とあるのは「二人以上」とする。

（政令への委任）

第五条　附則第二条から前条までに規定するもののほか、この法律の施行に関し必要な経過措置は、政令で定める。

（検討等）
第六条　政府は、この法律の施行後三年を目途として、この法律の施行の状況等を勘案し、個人番号の利用及び情報提供ネットワークシステムを使用した特定個人情報の提供の範囲を拡大すること並びに特定個人情報以外の情報の提供に情報提供ネットワークシステムを活用することができるようにすることその他この法律の規定について検討を加え、必要があると認めるときは、その結果に基づいて、国民の理解を得つつ、所要の措置を講ずるものとする。
2　政府は、第十四条第一項の規定により本人から個人番号の提供を受ける者が、当該提供をする者が本人であることを確認するための措置として選択することができる措置の内容を拡充するため、適時に必要な技術的事項について検討を加え、必要があると認めるときは、その結果に基づいて所要の措置を講ずるものとする。
3　政府は、この法律の施行後一年を目途として、情報提供等記録開示システム（総務大臣の使用に係る電子計算機と第二十三条第三項に規定する記録に記録された特定個人情報について総務大臣に対して第三十条第二項の規定により読み替えられた行政機関個人情報保護法第十二条の規定による開示の請求を行う者の使用に係る電子計算機とを電気通信回線で接続した電子情報処理組織であって、その者が当該開示の請求を行い、及び総務大臣がその者に対して行政機関個人情報保護法第十八条の規定による通知を行うために設置し、及び運用されるものをいう。以下この項及び次項において同じ。）を設置するとともに、年齢、身体的な条件その他の情報提供等記録開示システムの利用を制約する要因にも配慮した上で、その活用を図るために必要な措置を講ずるものとする。
4　政府は、情報提供等記録開示システムの設置後、適時に、国民の利便性の向上を図る観点から、民間における活用を視野に入れて、情報提供等記録開示システムを利用して次に掲げる手続又は行為を行うこと及び当該手続又は行為を行うために現に情報提供等記録開示システムに電気通信回線で接続した電子計算機を使用する者が当該手続又は行為を行うべき者であることを確認するための措置を当該手続又は行為に応じて簡

易なものとすることについて検討を加え、その結果に基づいて所要の措置を講ずるものとする。
　一　法律又は条例の規定による個人情報の開示に関する手続（前項に規定するものを除く。）
　二　個人番号利用事務実施者が、本人に対し、個人番号利用事務に関して本人が希望し、又は本人の利益になると認められる情報を提供すること。
　三　同一の事項が記載された複数の書面を一又は複数の個人番号利用事務実施者に提出すべき場合において、一の書面への記載事項が他の書面に複写され、かつ、これらの書面があらかじめ選択された一又は複数の個人番号利用事務実施者に対し一の手続により提出されること。
5　政府は、給付付き税額控除（給付と税額控除を適切に組み合わせて行う仕組みその他これに準ずるものをいう。）の施策の導入を検討する場合には、当該施策に関する事務が的確に実施されるよう、国の税務官署が保有しない個人所得課税に関する情報に関し、個人番号の利用に関する制度を活用して当該事務を実施するために必要な体制の整備を検討するものとする。
6　政府は、適時に、地方公共団体における行政運営の効率化を通じた住民の利便性の向上に資する観点から、地域の実情を勘案して必要があると認める場合には、地方公共団体に対し、複数の地方公共団体の情報システムの共同化又は集約の推進について必要な情報の提供、助言その他の協力を行うものとする。

個人情報の保護に関する法律及び行政手続における特定の個人を識別するための番号の利用等に関する法律の一部を改正する法律（平成二七年九月九日法律第六五号）抄

附則

（施行期日）

第一条　この法律は、公布の日から起算して二年を超えない範囲内において政令で定める日から施行する。ただし、次の各号に掲げる規定は、当該各号に定める日から施行する。

一　附則第七条第二項、第十条及び第十二条の規定　公布の日

二　第一条及び第四条並びに附則第五条、第六条、第七条第一項及び第三項、第八条、第九条、第十三条、第二十二条、第二十五条から第二十七条まで、第三十条、第三十二条、第三十四条並びに第三十七条の規定　平成二十八年一月一日

三　第六条（行政手続における特定の個人を識別するための番号の利用等に関する法律（以下「番号利用法」という。）第十九条第一号及び別表第一の改正規定に限る。）並びに附則第十五条、第十六条、第十九条及び第二十九条の規定　番号利用法附則第一条第四号に掲げる規定の施行の日

〔平成二七年政令第一七一号により平成二八年一月一日から施行〕

四　（略）

五　第三条及び第六条（番号利用法第十九条第一号及び別表第一の改正規定を除く。）並びに附則第二十四条及び第三十六条の規定　番号利用法附則第一条第五号に掲げる規定の施行の日

六　第七条並びに附則第十四条、第十七条及び第二十条の規定　公布の日から起算して三年を超えない範囲内において政令で定める日

（検討）

第十二条（略）

2・3　（略）

4　政府は、附則第一条第六号に掲げる規定の施行後三年を目途として、預金保険法（昭和四十六年法律第三十四号）第二条第一項に規定する金融機関が同条第三項に規定する預金者等から、又は農水産業協同組合貯金保険法（昭和四十八年法律第五十三号）第二条第一項に規定する農水産業協同組合が同条第三項に規定する貯金者等から、適切に個人番号の提供を受ける方策及び第七条の規定による改正後の番号利用法の施行の状況について検討を加え、必要があると認めるときは、その結果に基づいて、国民の理解を得つつ、所要の措置を講ずるものとする。

5　政府は、国の行政機関等が保有する個人情報の安全を確保する上でサイバーセキュリティ（サイバーセキュリティ基本法（平成二十六年法律第百四号）第二条に規定するサイバーセキュリティをいう。）に関する対策の的確な策定及び実施が重要であることに鑑み、国の行政機関等における同法第十三条に規定する基準に基づく対策の策定及び実施に係る体制の整備等について検討を加え、その結果に基づいて所要の措置を講ずるものとする。

6　（略）

別表（略）

出典：内閣官房　マイナンバー社会保障・税番号制度
　　　平成28年1月1日時点のマイナンバー法（PDF:850KB）
　　　http://www.cas.go.jp/jp/seisaku/bangoseido/pdf/bangoho_sikou.pdf

特定個人情報の適正な取扱いに関するガイドライン
（行政機関等・地方公共団体等編）

平成26年12月18日
（平成27年10月５日一部改正）
（平成28年１月１日一部改正）
（平成28年４月１日一部改正）
個人情報保護委員会

第1　はじめに

　「行政手続における特定の個人を識別するための番号の利用等に関する法律」（平成25年法律第27号。以下「番号法」という。）に基づく社会保障・税番号制度（以下「番号制度」という。）は、社会保障、税及び災害対策の分野における行政運営の効率化を図り、国民にとって利便性の高い、公平・公正な社会を実現するための社会基盤として導入されるものである。

　一方で、番号制度の導入に伴い、国家による個人情報の一元管理、特定個人情報の不正追跡・突合、財産その他の被害等への懸念が示されてきた。

　個人情報の適正な取扱いという観点からは、個人情報の保護に関する一般法として、「個人情報の保護に関する法律」（平成15年法律第57号。以下「個人情報保護法」という。）、「行政機関の保有する個人情報の保護に関する法律」（平成15年法律第58号。以下「行政機関個人情報保護法」という。）及び「独立行政法人等の保有する個人情報の保護に関する法律」（平成15年法律第59号。以下「独立行政法人等個人情報保護法」という。）の三つの法律（以下「一般法」という。）があり、また、地方公共団体では個人情報の保護に関する条例等（以下「個人情報保護条例」という。）において各種保護措置が定められている。

　番号法においては、一般法に定められる措置の特例として、個人番号をその内容に含む個人情報（以下「特定個人情報」という。）の利用範囲を限定する等、より厳格な保護措置を定めるとともに、国が設置・管理する情報提供ネットワークシステムの使用を始めシステム上の安全管理措置を講ずることとしている。

　本ガイドラインは、個人番号を取り扱う行政機関（行政機関個人情報保護法第2条第1項に規定する行政機関をいう。）及び独立行政法人等（独立行政法人等個人情報保護法第2条第1項に規定する独立行政法人等をいう。）（以下「行政機関等」という。）並びに地方公共団体及び地方独立行政法人（「地方独立行政法人法」（平成15年法律第118号）第2

条第1項に規定する地方独立行政法人をいう。)(以下「地方公共団体等」という。)が特定個人情報の適正な取扱いを確保するための具体的な指針を定めるものである。

　番号法において、国及び地方公共団体は、特定個人情報の適正な取扱いを確保するために必要な措置を講ずるものとされており(番号法第4条、第5条)、主体的に特定個人情報の保護のための取組を行う必要がある。

　本ガイドラインの中で、「しなければならない」及び「してはならない」と記述している事項については、これらに従わなかった場合、法令違反と判断される可能性がある。一方、「望ましい」と記述している事項については、これに従わなかったことをもって直ちに法令違反と判断されることはないが、番号法の趣旨を踏まえ、行政機関等又は地方公共団体等の規模及び事務の特性に応じ対応することが望まれるものである。

　以下、本ガイドラインの構成は、次のとおりとなっている。

　「第2　用語の定義等」においては、本ガイドラインで使用する用語の定義等を記載している。

　「第3　総論」においては、本ガイドラインの位置付け、特定個人情報に関する番号法上の保護措置の概略等について解説している。

　「第4　各論」においては、番号法上の保護措置及び安全管理措置について解説している。また、実務上の指針及び具体例を記述しているほか、留意すべきルールとなる部分についてはアンダーラインを付している。

　＊印は、行政機関等又は地方公共団体等の実際の事務に即した具体的な事例を記述したものである。なお、事例の記述は、理解を助けることを目的として典型的な例を示したものであり、全ての事案を網羅することを目的とするものではない。

第2　用語の定義等

本ガイドラインで使用する用語の定義等については、法令上の定義等に従い、次の表のとおりとする。

項番	用語	定義等
①	個人情報	＜行政機関等＞ 生存する個人に関する情報であって、当該情報に含まれる氏名、生年月日その他の記述等により特定の個人を識別することができるもの（他の情報と照合することができ、それにより特定の個人を識別することができることとなるものを含む。）をいう。 ＜地方公共団体等＞ 生存する個人に関する情報であって、当該情報に含まれる氏名、生年月日その他の記述等により特定の個人を識別することができるもの（他の情報と容易に照合することができ、それにより特定の個人を識別することができることとなるものを含む。）をいう。 【番号法第2条第3項、行政機関個人情報保護法第2条第2項、独立行政法人等個人情報保護法第2条第2項、個人情報保護法第2条第1項】
②	保有個人情報	行政機関の職員及び独立行政法人等の役員又は職員が職務上作成し、又は取得した個人情報であって、当該行政機関の職員及び当該独立行政法人等の役員又は職員が組織的に利用するものとして、当該行政機関及び独立行政法人等が保有しているものをいう。 【行政機関個人情報保護法第2条第3項、独立行政法人等個人情報保護法第2条第3項】
③	個人番号	番号法第7条第1項又は第2項の規定により、住民票コードを変換して得られる番号であって、当該住民票コードが記載された住民票に係る者を識別するために指定されるものをいう（番号法第2条第6項及び第7項、第8条並びに第51条並びに附則第3条第1項から第3項まで及び第5項における個人番号）。 【番号法第2条第5項】

項番	用語	定義等
④	特定個人情報	個人番号（個人番号に対応し、当該個人番号に代わって用いられる番号、記号その他の符号であって、住民票コード以外のものを含む。番号法第7条第1項及び第2項、第8条並びに第51条並びに附則第3条第1項から第3項まで及び第5項を除く。）をその内容に含む個人情報をいう。 【番号法第2条第8項】 ※ 生存する個人の個人番号についても、特定個人情報に該当する（番号法第1条参照）。
⑤	個人情報ファイル	<行政機関等> 保有個人情報を含む情報の集合物であって次に掲げるものをいう。 Ⓐ 一定の事務の目的を達成するために特定の保有個人情報を電子計算機を用いて検索することができるように体系的に構成したもの Ⓑ Ⓐに掲げるもののほか、一定の事務の目的を達成するために氏名、生年月日、その他の記述等により特定の保有個人情報を容易に検索することができるように体系的に構成したもの <地方公共団体等> 個人情報保護法第2条第1項に規定する個人情報を含む情報の集合物であって、次に掲げるものをいう。 Ⓒ 特定の個人情報について電子計算機を用いて検索することができるように体系的に構成したもの Ⓓ Ⓒに掲げるもののほか、特定の個人情報を容易に検索することができるように体系的に構成したものとして「個人情報の保護に関する法律施行令」（平成15年政令第507号。以下「個人情報保護法施行令」という。）で定めるもの 【番号法第2条第4項、行政機関個人情報保護法第2条第4項、独立行政法人等個人情報保護法第2条第4項、個人情報保護法第2条第2項、個人情報保護法施行令第1条】

項番	用語	定義等
⑥	特定個人情報ファイル	個人番号をその内容に含む個人情報ファイルをいう。 【番号法第2条第9項】
⑦	情報照会者	番号法別表第2の第1欄に掲げる者（法令の規定により同表の第2欄に掲げる事務の全部又は一部を行うこととされている者がある場合にあっては、その者を含む。）をいう。 【番号法第19条第7号】
⑧	情報提供者	番号法別表第2の第3欄に掲げる者（法令の規定により同表の第4欄に掲げる特定個人情報の利用又は提供に関する事務の全部又は一部を行うこととされている者がある場合にあっては、その者を含む。）をいう。 【番号法第19条第7号】
⑨	情報提供等の記録	総務大臣、情報照会者及び情報提供者は、番号法第19条第7号の規定により情報提供ネットワークシステムを使用して特定個人情報の提供の求め又は提供があった場合には、情報提供ネットワークシステムに接続されたその者の使用する電子計算機（総務大臣においては情報提供ネットワークシステム）に、情報照会者及び情報提供者の名称、提供の求め及び提供の日時、特定個人情報の項目等を記録することとされており、当該記録をいう（→第4－3－(3)②）。 【番号法第23条】
⑩	個人番号利用事務	行政機関、地方公共団体、独立行政法人等その他の行政事務を処理する者が番号法第9条第1項又は第2項の規定によりその保有する特定個人情報ファイルにおいて個人情報を効率的に検索し、及び管理するために必要な限度で個人番号を利用して処理する事務をいう（→第4－1－(1)①Ａａ）。 【番号法第2条第10項】
⑪	個人番号関係事務	番号法第9条第3項の規定により個人番号利用事務に関して行われる他人の個人番号を必要な限度で利用して行う事務をいう（→第4－1－(1)①Ａｂ）。 【番号法第2条第11項】

項番	用語	定義等
⑫	個人番号利用事務等	個人番号利用事務又は個人番号関係事務をいう。 【番号法第10条第1項】
⑬	個人番号利用事務実施者	個人番号利用事務を処理する者及び個人番号利用事務の全部又は一部の委託を受けた者をいう。 【番号法第2条第12項】
⑭	個人番号関係事務実施者	個人番号関係事務を処理する者及び個人番号関係事務の全部又は一部の委託を受けた者をいう。 【番号法第2条第13項】
⑮	個人番号利用事務等実施者	個人番号利用事務実施者又は個人番号関係事務実施者をいう。 【番号法第12条】

第3 総論

第3-1 目的

　　個人情報保護委員会（以下「委員会」という。）は、個人情報保護法第51条に基づき、個人情報の適正かつ効果的な活用が新たな産業の創出並びに活力ある経済社会及び豊かな国民生活の実現に資するものであることその他の個人情報の有用性に配慮しつつ、個人の権利利益を保護するため、個人情報の適正な取扱いの確保を図ること（個人番号利用事務等実施者に対する指導及び助言その他の措置を講ずることを含む。）を任務としている。本ガイドラインは、番号法第4条及び個人情報保護法第51条に基づき、行政機関等及び地方公共団体等が特定個人情報の適正な取扱いを確保するための具体的な指針を定めるものである。

第3-2 本ガイドラインの適用対象等

（1）本ガイドラインの適用対象

　　番号法は、行政機関等、地方公共団体等又は事業者の別を問わず、個人番号を取り扱う全ての者に適用される。

　　本ガイドラインは、番号法の適用を受ける者のうち行政機関等及び

地方公共団体等を対象とするものである。

（2）　行政機関等及び地方公共団体等が番号法の適用を受ける場面

　行政機関等及び地方公共団体等は、個人番号の提供の求めの制限（番号法第15条）並びに特定個人情報の提供の制限（同法第19条）及び収集等の制限（同法第20条）の規定の適用を受ける。また、行政機関等及び地方公共団体等が同法の規定の適用を受ける主な事務は、次のとおりである。

- 行政機関等及び地方公共団体等が個人番号を利用して個人情報を検索、管理する事務（同法第9条第1項）
- 行政機関等及び地方公共団体等がその職員等（以下「職員」という。）から個人番号の提供を受けて、これを給与所得の源泉徴収票、給与支払報告書等の必要な書類に記載して、税務署長、市町村長（特別区の区長を含む。以下同じ。）等に提出する事務（同法第9条第3項）
- 激甚災害が発生したとき等において、「所得税法」（昭和40年法律第33号）第225条第1項第1号、第2号及び第4号から第6号までに該当する独立行政法人等（以下「金融機関に該当する独立行政法人等」という。）が個人番号を利用して金銭を支払う事務（同法第9条第4項）

　なお、行政機関等又は地方公共団体等から個人番号利用事務等の全部又は一部の委託を受けた者は、個人番号利用事務等実施者となる。

第3-3　本ガイドラインの位置付け等

（1）　番号法と一般法との関係

　番号法は、特定個人情報の取扱いに関して、一般法の特例を規定した特別法であることから、番号法の規定は、一般法の規定に優先して適用される。一方、特定個人情報に関して番号法に特段の規定がない事項については、一般法の規定が適用される。

（２）　番号法と個人情報保護条例との関係

　一般に、法律は条例に優先して適用されることから、特定個人情報に関する番号法の特例規定は、個人情報保護条例の規定に優先して適用される。一方、特定個人情報に関して番号法に特段の規定がない事項については、個人情報保護条例の規定が適用される。

　また、番号法により行政機関個人情報保護法及び独立行政法人等個人情報保護法の規定を読み替えて適用することとされている部分があること等を踏まえ、番号法第31条においては、地方公共団体等が保有する特定個人情報の適正な取扱いを確保し、また、地方公共団体等が保有する特定個人情報の開示、訂正、利用の停止、消去及び提供の停止を実施するために、必要な措置を講ずるものとしている。

　したがって、地方公共団体においては、これらに対応するため、個人情報保護条例の改正等が必要となる場合がある。

（３）　本ガイドラインの位置付け

　本ガイドラインは、特定個人情報の適正な取扱いについての具体的な指針を定めるものである。

　また、特定個人情報に関し、番号法に特段の規定がなく一般法又は個人情報保護条例が適用される部分については、一般法を基に定められている指針等（「行政機関の保有する個人情報の適切な管理のための措置に関する指針について」（平成16年９月14日総管情第84号総務省行政管理局長通知）、「独立行政法人等の保有する個人情報の適切な管理のための措置に関する指針について」（平成16年９月14日総管情第85号総務省行政管理局長通知）及び「地方公共団体における個人情報保護対策について」（平成15年６月16日総行情第91号総務省政策統括官通知）等をいい、以下「指針等」という。）を遵守することを前提としている。

第3-4 番号法の特定個人情報に関する保護措置
(1) 保護措置の概要

個人番号は、社会保障、税及び災害対策の分野において、個人情報を複数の機関の間で紐付けるものであり、住民票を有する全ての者に一人一番号で重複のないように、住民票コードを変換して得られる番号である。したがって、個人番号が悪用され、又は漏えいした場合、個人情報の不正な追跡・突合が行われ、個人の権利利益の侵害を招きかねない。

そこで、番号法においては、特定個人情報について、一般法よりも厳格な各種の保護措置を設けている。この保護措置は、「特定個人情報の利用制限」、「特定個人情報の安全管理措置等」及び「特定個人情報の提供制限等」の三つに大別される。

ア 特定個人情報の利用制限

番号法においては、個人番号を利用することができる範囲について、社会保障、税及び災害対策に関する特定の事務に限定している（番号法第9条及び別表第1）。また、行政機関個人情報保護法及び独立行政法人等個人情報保護法の読替え又は適用除外の規定を置き（同法第29条第1項及び第2項）、本来の利用目的以外の目的で例外的に特定個人情報を利用することができる範囲について、行政機関個人情報保護法及び独立行政法人等個人情報保護法における個人情報の利用の場合よりも限定的に定めている。

地方公共団体においては、番号法第31条の規定に基づき、行政機関等と同様の適用となるよう、個人情報保護条例の改正等が必要となる場合がある。

さらに、個人番号利用事務等実施者に対し、必要な範囲を超えた特定個人情報ファイルの作成を禁止している（同法第28条）。

イ 特定個人情報の安全管理措置等

行政機関等については、行政機関個人情報保護法及び独立行政法

人等個人情報保護法に基づき、保有個人情報の安全管理措置を講じなければならず、個人情報の取扱いの委託を受けた者にも同様の義務が課されている（行政機関個人情報保護法第６条、独立行政法人等個人情報保護法第７条）。また、行政機関等の職員又は受託業務に従事している者は、個人情報を漏えいし又は不当な目的に利用することが禁止されている（行政機関個人情報保護法第７条、独立行政法人等個人情報保護法第８条）。

地方公共団体等については、個人情報保護条例の定めるところによる。

番号法においては、これらに加え、個人番号（生存する個人のものだけでなく死者のものも含む。）について安全管理措置を講ずることとされている（番号法第12条）。

また、個人番号利用事務等を再委託する場合には委託者による再委託の許諾を要件とする（同法第10条）とともに、委託者の委託先に対する監督義務を課している（同法第11条）。さらに、委託を受けた者及び再委託を受けた者は、個人番号利用事務等実施者になることを明確にし（同法第２条第12項及び第13項）、これらの者も番号法における個人番号の安全管理措置を講じなければならないこととしている（同法第12条）。

ウ　**特定個人情報の提供制限等**

行政機関個人情報保護法及び独立行政法人等個人情報保護法は、保有個人情報について、法令の規定に基づく場合等を除くほか、本人の同意を得ないで、第三者に提供することを認めていない（行政機関個人情報保護法第８条、独立行政法人等個人情報保護法第９条）。地方公共団体等については、個人情報保護条例の定めによっている。

番号法においては、特定個人情報の提供について、個人番号の利用制限と同様に、一般法における個人情報の提供の場合よりも限定的に定めている（番号法第19条）。また、何人も、特定個人情報の

提供を受けることが認められている場合を除き、他人（自己と同一の世帯に属する者以外の者をいう。同法第20条において同じ。）に対し、個人番号の提供を求めてはならない（同法第15条）。

さらに、特定個人情報の収集又は保管についても同様の制限を定めている（同法第20条）。

なお、本人から個人番号の提供を受ける場合には、本人確認を義務付けている（同法第16条）。

（2） 委員会による監視・監督

委員会は、特定個人情報の取扱いに関する監視・監督を行うため、次に掲げる権限を有している。

- 個人番号利用事務等実施者に対し、特定個人情報の取扱いに関し、必要な指導及び助言をすることができる。この場合において、特定個人情報の適正な取扱いを確保するために必要があると認めるときは、当該特定個人情報と共に管理されている特定個人情報以外の個人情報の取扱いに関し、併せて指導及び助言をすることができる（番号法第36条）。
- 特定個人情報の取扱いに関して法令違反行為が行われた場合において、その適正な取扱いの確保のために必要があると認めるときは、当該違反行為をした者に対し、期限を定めて、当該違反行為の中止その他違反を是正するために必要な措置をとるべき旨を勧告することができる（同法第37条第1項）。
- 勧告を受けた者が正当な理由なく勧告に係る措置をとらなかったときは、その者に対し、期限を定めて、勧告に係る措置をとるべきことを命ずることができる（同条第2項）。
- さらに、特定個人情報の取扱いに関して法令違反行為が行われた場合において、個人の重大な権利利益を害する事実があるため緊急に措置をとる必要があると認めるときは、当該違反行為をした者に対し、期限を定めて、当該違反行為の中止その他違反を是正するために必要な措置をとるべき旨を命ずることができる（同条第3項）。

・　特定個人情報を取り扱う者その他の関係者に対し、特定個人情報の取扱いに関し、必要な報告若しくは資料の提出を求めること又は立入検査を行うことができる（同法第38条）。

（3）　罰則の強化

　行政機関個人情報保護法、独立行政法人等個人情報保護法、「住民基本台帳法」（昭和42年法律第81号）、「国家公務員法」（昭和22年法律第120号）及び「地方公務員法」（昭和25年法律第261号）においては、正当な理由なく個人情報ファイルを提供したとき、不正な利益を図る目的で保有個人情報を提供又は盗用したとき、職務上知り得た秘密を漏えい又は盗用したとき等に罰則が科されることとされているが、番号法においては、類似の刑の上限が引き上げられている等罰則が強化されている（番号法第51条から第58条まで）。
　なお、次表①から⑤までは、日本国外においてこれらの罪を犯した者にも適用される（同法第59条）。

項番	行為	番号法	同種法律における類似規定の罰則		
			行政機関個人情報保護法 ［独立行政法人等個人情報保護法］	住民基本台帳法	国家公務員法 ［地方公務員法］
①	個人番号利用事務等に従事する者又は従事していた者が、正当な理由なく、特定個人情報ファイルを提供	4年以下の懲役若しくは200万円以下の罰金又は併科 （第51条）	2年以下の懲役又は100万円以下の罰金 （第53条［第50条］）	－	－
②	上記の者が、不正な利益を図る目的で、個人番号を提供又は盗用	3年以下の懲役若しくは150万円以下の罰金又は併科 （第52条）	1年以下の懲役又は50万円以下の罰金 （第54条［第51条］）	2年以下の懲役又は100万円以下の罰金 （第42条）	－

資料編

項番	行為	番号法	同種法律における類似規定の罰則		
			行政機関個人情報保護法 [独立行政法人等個人情報保護法]	住民基本台帳法	国家公務員法 [地方公務員法]
③	情報提供ネットワークシステムの事務に従事する者又は従事していた者が、情報提供ネットワークシステムに関する秘密を漏えい又は盗用	同上 (第53条)	－	同上 (第42条)	－
④	人を欺き、人に暴行を加え、人を脅迫し、又は、財物の窃取、施設への侵入、不正アクセス等により個人番号を取得	3年以下の懲役又は150万円以下の罰金 (第54条)	－	－	－
⑤	国の機関の職員が、職権を濫用して、専らその職務の用以外の用に供する目的で、特定個人情報が記録された文書等を収集	2年以下の懲役又は100万円以下の罰金 (第55条)	1年以下の懲役又は50万円以下の罰金 (第55条 [第52条])	－	－
⑥	委員会から命令を受けた者が、委員会の命令に違反	2年以下の懲役又は50万円以下の罰金 (第56条)	－	1年以下の懲役又は50万円以下の罰金 (第43条)	－
⑦	委員会に対する、虚偽の報告、虚偽の資料提出、検査拒否等	1年以下の懲役又は50万円以下の罰金 (第57条)	－	30万円以下の罰金 (第46条、第47条)	－
⑧	偽りその他不正の手段により個人番号カード等を取得	6月以下の懲役又は50万円以下の罰金 (第58条)	－	30万円以下の罰金 (第46条)	－

(注) 改正地方公務員法が、平成26年4月25日に成立し、同年5月14日に公布（公布日から起算して2年を超えない範囲において政令で定める日から施行）。

第3-5　特定個人情報保護のための主体的な取組について

　行政機関等及び地方公共団体等は、番号法等関係法令並びに本ガイドライン及び指針等に従い、特定個人情報の適正な取扱いを確保するための具体的な方策について検討し、実践するとともに、国民・住民等の意見、事務の実態、技術の進歩等を踏まえ、点検・見直しを継続的に行う体制を主体的に構築することが重要である。

第3-6　特定個人情報の漏えい事案等が発生した場合の対応

　特定個人情報の漏えい事案等が発生した場合の対応については、別に定める。

※　特定個人情報の漏えい事案等が発生した場合の対応の具体的な内容については、番号法第28条の4及び「特定個人情報の漏えいその他の特定個人情報の安全の確保に係る重大な事態の報告に関する規則」（平成27年特定個人情報保護委員会規則第5号）並びに「独立行政法人等及び地方公共団体等における特定個人情報の漏えい事案等が発生した場合の対応について」（平成27年特定個人情報保護委員会告示第1号）及び「行政機関における特定個人情報の漏えい事案等が発生した場合の対応について」（平成27年9月28日特個第581号特定個人情報保護委員会事務局長通知）を参照のこと。

第3-7　本ガイドラインの見直しについて

　本ガイドラインについては、社会情勢の変化、国民意識の変化等諸環境の変化に加え、個人情報の保護に関する技術の進歩及び国際動向も踏まえつつ、必要に応じ見直しを行うものとする。

第4　各論
第4－1　特定個人情報の利用制限
第4－1－(1)　個人番号の利用制限

> （関係条文）
> ・番号法　第9条、第29条第1項、第2項
> ・行政機関個人情報保護法　第3条第2項、第8条
> ・独立行政法人等個人情報保護法　第3条第2項、第9条

1　個人番号の原則的な取扱い

　個人番号(注)は、番号法があらかじめ限定的に定めた事務の範囲の中から、具体的な利用目的を特定した上で、利用するのが原則である。

　行政機関等及び地方公共団体等が個人番号を利用するのは、個人番号利用事務、個人番号関係事務及び各議院審査等番号法第19条第11号から第14号までに基づき特定個人情報の提供を受けた目的を達成するために必要な限度で利用する事務である。

　また、金融機関に該当する独立行政法人等は、激甚災害の場合等に、個人番号関係事務のために保管している個人番号を金銭の支払のために利用することができる。

　行政機関等は、行政機関個人情報保護法及び独立行政法人等個人情報保護法とは異なり、本人の同意があったとしても、例外として認められる場合を除き（2参照）、これらの事務以外で個人番号を利用してはならない。地方公共団体等も同様である。

　　（注）「個人番号」には、個人番号に対応して、当該個人番号に代わって用いられる番号等も含まれる（番号法第2条第8項）。例えば、数字をアルファベットに読み替えるという法則に従って、個人番号をアルファベットに置き換えた場合であっても、当該アルファベットは「個人番号」に該当することとなる。一方、基礎年金番号、システムで使用している住民番号、職員番号等（個人番号を

一定の法則に従って変換したものではないもの)は、「個人番号」には該当しない。

A　個人番号を利用することができる事務の範囲
a　**個人番号利用事務**（番号法第9条第1項及び第2項）

　個人番号利用事務とは、行政機関等、地方公共団体等その他の者が、法令に基づき行う社会保障、税及び災害対策に関する特定の事務において、保有している個人情報の検索、管理のために個人番号を利用することをいい、番号法別表第1の下欄に個人番号利用事務が列挙されている。

　また、地方公共団体の場合は、同法別表第1に掲げられていない事務であっても、同法第9条第2項に基づき、社会保障、地方税又は防災に関する事務その他これらに類する事務のうち、個人番号を利用することを条例で定めるものについて、個人番号を利用することができる。

＊　甲市が行っている乳幼児医療手当給付事務は、番号法別表第1に掲げられていない事務であるが、同法第9条第2項に基づき、当該事務において個人番号を利用する旨の条例を制定して、当該手当の申請書に記載された当該申請者の個人番号を利用して甲市のデータベースから当該申請者の必要なデータを検索する場合は、この事務は個人番号利用事務に当たる。

　都道府県及び市町村（特別区を含む。以下同じ。）は、地域の総合的な行政主体として社会保障、地方税又は防災に関する複数の事務を同一の機関で処理しており、個人情報保護条例の規定の下、複数の事務間において相互に個人情報の授受がなされているところもある。これと同様に、特定個人情報についても、番号法別表第1に掲げられている事務を処理するために必要な場合に複数の事務間で特定個人情報を移転し、その検索、管理を行うために個人番号を利

用する場合が想定される。このような場合には、同一機関内であっても複数事務間で特定個人情報の移転を行うこととなることから、同法第9条第2項に基づく条例を定める必要があると解されている。

なお、地方公共団体において、同法第9条第2項に基づき、条例で個人番号を利用することができることとした事務について、当該事務の根拠を定める条例において書面の提出を義務付けている場合があるが、この場合であって、同項に基づく特定個人情報の移転に係る条例を定める場合に、当該特定個人情報と同一の内容の情報を含む書面の提出を不要と判断するときは、当該書面の提出を義務付けている条例等を改正等する必要がある。

行政機関等又は地方公共団体等から個人番号利用事務の全部又は一部の委託を受けた者は、個人番号利用事務を行うことができる。この場合において、当該委託を受けた者は、委託に関する契約の内容に応じて、本ガイドラインが適用されることとなる。

b **個人番号関係事務**（番号法第9条第3項）

個人番号関係事務とは、「国家公務員共済組合法」（昭和33年法律第128号）、「地方公務員等共済組合法」（昭和37年法律第152号）、所得税法その他の法令又は条例の規定により、個人番号利用事務の処理に関し必要な限度で他人の個人番号を利用して行う事務をいう。例えば、所得税法の規定に基づき、職員の個人番号を給与所得の源泉徴収票に記載して、税務署長に提出する事務等が該当する。

なお、行政機関等又は地方公共団体等から個人番号関係事務の全部又は一部の委託を受けた者は、個人番号関係事務を行うことができる。

＊ 給与受給者である職員が、所得税法第194条第1項の規定に従って、扶養親族の個人番号を扶養控除等申告書に記載して、勤務先である行政機関等又は地方公共団体等に提出することは個人

番号関係事務に当たる。

- c **各議院審査等番号法第19条第11号から第14号までに基づき特定個人情報の提供を受けた目的を達成するために必要な限度で利用する事務**（番号法第9条第5項）

  番号法第19条第11号から第14号までの規定に基づき特定個人情報の提供を受けた者（第4-3-(2) ②Bj～m参照）は、その提供を受けた目的を達成するために必要な限度で個人番号を利用することができる。

B **利用目的以外の目的のための個人番号の利用禁止**（番号法第29条第1項により読み替えて適用される行政機関個人情報保護法第8条第1項、番号法第29条第2項により読み替えて適用される独立行政法人等個人情報保護法第9条第1項）

  個人番号の利用目的はできる限り特定及び明示がされなければならず、原則として個人番号は特定された利用目的の範囲内で利用されることとなる。

  * 行政機関等及び地方公共団体等は、個人番号利用事務において申請者から個人番号の提供を受ける際に、当該個人番号を番号法第19条第7号及び第8号に基づいて他の個人番号利用事務実施者に提供する場合があることは、明示する必要はない。

  一般法は、法令に基づく場合又は本人の同意がある場合等は、個人情報を利用目的以外の目的のために利用することができることとしているが、番号法は、<u>例外として認められる二つの場合を除き</u>（②参照）、<u>特定個人情報を利用目的以外の目的のために利用してはならない</u>と定めている。

  したがって、個人番号についても利用目的以外の目的のために利用してはならない。

地方公共団体においては、番号法第31条の規定に基づき、行政機関等と同様の適用となるよう、個人情報保護条例の改正等が必要となる場合がある。

2　例外的な取扱いができる場合

番号法では、次に掲げる場合に、例外的に利用目的以外の目的のための個人番号の利用を認めている。

a　金融機関に該当する独立行政法人等が激甚災害時等に金銭の支払を行う場合（番号法第9条第4項、第29条第2項により読み替えて適用される独立行政法人等個人情報保護法第9条第1項、番号法施行令（注）第10条）

金融機関に該当する独立行政法人等は、「激甚災害に対処するための特別の財政援助等に関する法律」（昭和37年法律第150号）第2条第1項の激甚災害が発生したとき、又は「災害対策基本法」（昭和36年法律第223号）第63条第1項その他内閣府令で定める法令の規定により一定の区域への立入りを制限、禁止され、若しくは当該区域からの退去を命ぜられたときに、支払調書の作成等の個人番号関係事務を処理する目的で保有している個人番号について、顧客に対する金銭の支払を行うという別の目的のために、顧客の預金情報等の検索に利用することができる。

　　（注）番号法施行令とは、「行政手続における特定の個人を識別するための番号の利用等に関する法律施行令」（平成26年政令第155号）をいう（以下同じ。）。

b　人の生命、身体又は財産の保護のために必要がある場合であって、本人の同意があり、又は本人の同意を得ることが困難である場合（番号法第29条第1項又は第2項により読み替えて適用される行政機関個人情報保護法第8条第2項第1号又は独立行政法人等個人情

報保護法第9条第2項第1号）

　人の生命、身体又は財産の保護のために必要がある場合であって、本人の同意があり、又は本人の同意を得ることが困難であるときは、行政機関等は、個人番号利用事務等を処理する目的で保有している個人番号について、人の生命、身体又は財産を保護するために利用することができる。

　<u>地方公共団体においては</u>、番号法第31条の規定に基づき、<u>行政機関等と同様の適用となるよう、個人情報保護条例の改正等が必要となる場合がある。</u>

第4－1－(2)　特定個人情報ファイルの作成の制限

（関係条文）
・番号法　第28条

● **特定個人情報ファイルの作成の制限**（番号法第28条）

　行政機関等及び地方公共団体等その他個人番号利用事務等に従事する者が、特定個人情報ファイルを作成することができるのは、個人番号利用事務等を処理するために必要な場合、又は番号法第19条第11号から第14号までのいずれかに該当して特定個人情報を提供し、又はその提供を受けることができる場合に限定されており、<u>これらの場合を除き特定個人情報ファイルを作成してはならない。</u>

第4－2　特定個人情報の安全管理措置等
第4－2－(1)　委託の取扱い

（関係条文）
・番号法　第10条、第11条
・行政機関個人情報保護法　第6条
・独立行政法人等個人情報保護法　第7条

1　委託先の監督（番号法第11条、行政機関個人情報保護法第6条、独立行政法人等個人情報保護法第7条）

A　委託先における安全管理措置

　　行政機関個人情報保護法第6条第2項において、委託を受けた者は、保有個人情報の安全管理措置を講ずることを義務付けられている（独立行政法人等個人情報保護法第7条第2項においても同じ。）。

　　地方公共団体等については、個人情報保護条例の定めによっている。

　　これに加え、番号法は、個人番号利用事務等の全部又は一部の委託をする者は、委託した個人番号利用事務等で取り扱う特定個人情報の安全管理措置が適切に講じられるよう「委託を受けた者」に対する必要かつ適切な監督を行わなければならないとしている。

　　このため、個人番号利用事務等の全部又は一部の委託をする行政機関等及び地方公共団体等は、「委託を受けた者」において、番号法に基づき個人番号利用事務等を行う行政機関等及び地方公共団体等が果たすべき安全管理措置と同等の措置が講じられるよう必要かつ適切な監督を行わなければならない。

　　なお、「委託を受けた者」を適切に監督するために必要な措置を講じず、又は、必要かつ十分な監督義務を果たすための具体的な対応をとらなかった結果、特定個人情報の漏えい等が発生した場合、番号法違反と判断される可能性がある。

B　必要かつ適切な監督

　　「必要かつ適切な監督」には、①委託先の適切な選定、②委託先に安全管理措置を遵守させるための必要な契約の締結、③委託先における特定個人情報の取扱状況の把握が含まれる。

　　委託先の選定については、個人番号利用事務等を行う行政機関等及び地方公共団体等は、委託先において、番号法に基づき当該行政機関等及び地方公共団体等が果たすべき安全管理措置と同等の措置が講じられるか否かについて、あらかじめ確認しなければならない。具体的な確認事項としては、委託先の設備、技術水準、従業者(注)に対する

監督・教育の状況、その他委託先の経営環境等が挙げられる。

　委託契約の締結については、契約内容として、秘密保持義務、事業所内からの特定個人情報の持出しの禁止、特定個人情報の目的外利用の禁止、再委託における条件、漏えい事案等が発生した場合の委託先の責任、委託契約終了後の特定個人情報の返却又は廃棄、特定個人情報を取り扱う従業者の明確化、従業者に対する監督・教育、契約内容の遵守状況について報告を求める規定を盛り込むとともに、行政機関等及び地方公共団体等において必要があると認めるときは委託先に対して実地の調査を行うことができる規定等を盛り込まなければならない。

　　(注)「従業者」とは、事業者の組織内にあって直接間接に事業者の指揮監督を受けて事業者の業務に従事している者をいう。具体的には、従業員のほか、取締役、監査役、理事、監事、派遣社員等を含む。

2　**再委託**（番号法第10条、第11条）
　A　**再委託の要件**（第10条第1項）
　　　個人番号利用事務等の全部又は一部の「委託を受けた者」は、当該個人番号利用事務等の委託をした者の許諾を得た場合に限り、再委託をすることができる。

　　＊　市役所甲が、保険給付の支給に関する事務（個人番号利用事務）の一部を、事業者乙に委託している場合、乙は、「当該個人番号利用事務等の委託をした者」である市役所甲の許諾を得た場合に限り、同事務を別の事業者丙に委託することができる。

　B　**再委託の効果**（第10条第2項）
　　　再委託を受けた者は、個人番号利用事務等の全部又は一部の「委託を受けた者」とみなされ、再委託を受けた個人番号利用事務等を行うことができるほか、最初に当該個人番号利用事務等の委託をした者で

ある行政機関等又は地方公共団体等の許諾を得た場合に限り、その事務を更に再委託することができる。

このように、行政機関等又は地方公共団体等が許諾を与えることが個人番号利用事務等の再委託の要件とされていることから、行政機関等及び地方公共団体等は、委託をする個人番号利用事務等において取り扱う特定個人情報の適切な安全管理が図られることを確認した上で再委託の諾否を判断しなければならない。

* 更に再委託をする場合も、その許諾を得る相手は、最初に当該個人番号利用事務等の委託をした行政機関等又は地方公共団体等である。

したがって、個人番号利用事務等が、行政機関等又は地方公共団体等→甲→乙→丙→丁と順次委託される場合、丙は、最初に当該個人番号利用事務等の委託をした者である行政機関等又は地方公共団体等の許諾を得た場合に限り、別の事業者丁に再委託を行うことができる。更に再委託が繰り返される場合も同様である。

なお、乙は丙を監督する義務があるため、乙・丙間の委託契約の内容に、丙が再委託する場合の取扱いを定め、再委託を行う場合の条件、再委託した場合の乙に対する通知義務等を盛り込む。

C 再委託先の監督（第11条）

①Aにおける「委託を受けた者」とは、行政機関等又は地方公共団体等が直接委託する事業者を指すが、行政機関等又は地方公共団体等→甲→乙→丙→丁と順次委託される場合、甲に対する行政機関等又は地方公共団体等の監督義務の内容には、再委託の適否だけではなく、甲が乙、丙、丁に対して必要かつ適切な監督を行っているかどうかを監督することも含まれる。したがって、行政機関等又は地方公共団体等は甲に対する監督義務だけではなく、再委託先である乙、丙、丁に対しても間接的に監督義務を負うこととなる。

第4-2-(2) 安全管理措置

(関係条文)
・番号法　第12条
・行政機関個人情報保護法　第6条、第7条
・独立行政法人等個人情報保護法　第7条、第8条

● **安全管理措置**（番号法第12条、行政機関個人情報保護法第6条、第7条、独立行政法人等個人情報保護法第7条、第8条）

　　個人番号利用事務等実施者は、個人番号（生存する個人のものだけでなく死者のものも含む。）の漏えい、滅失又は毀損の防止その他の個人番号の適切な管理のために必要な措置を講じなければならない。また、行政機関等は、保有個人情報である特定個人情報の漏えい、滅失又は毀損の防止その他の保有個人情報である特定個人情報の適切な管理のために必要な措置を講じなければならない。

　　地方公共団体においては、番号法第31条の規定に基づき、行政機関等と同様の適用となるよう、個人情報保護条例の改正等が必要となる場合がある。

　　行政機関等及び地方公共団体等は、安全管理措置の検討に当たり、番号法及び行政機関個人情報保護法等関係法令並びに本ガイドライン（「(別添) 特定個人情報に関する安全管理措置（行政機関等・地方公共団体等編）」を含む。）及び指針等を遵守することを前提とする。

　　また、行政機関等及び地方公共団体等は、個人のプライバシー等の権利利益に影響を与え得る特定個人情報の漏えいその他の事態を発生させるリスクを軽減するための措置として特定個人情報保護評価書に記載した全ての措置を講ずるものとする。

※　安全管理措置の具体的な内容については、「(別添) 特定個人情報に関する安全管理措置（行政機関等・地方公共団体等編）」を参照のこと。

第4-3　特定個人情報の提供制限等
第4-3-(1)　個人番号の提供の要求

> （関係条文）
> ・番号法　第14条

1　提供の要求（番号法第14条第1項）

　　行政機関等及び地方公共団体等は、個人番号利用事務等を行うため、本人又は他の個人番号利用事務等実施者から個人番号の提供を受ける必要がある。番号法第14条第1項は、個人番号利用事務等実施者が個人番号の提供を求めるための根拠となる規定である。

　　個人番号利用事務等実施者は、本条により、個人番号利用事務等を処理するために必要がある場合、本人又は他の個人番号利用事務等実施者に対し個人番号の提供を求めることとなる。

2　提供を求める時期

　　個人番号利用事務等実施者は、個人番号利用事務等を処理するために必要があるときに個人番号の提供を求めることとなる。

　　＊　行政機関等及び地方公共団体等の場合、個人番号利用事務に関しては、本人が申請・届出等を行う時点で個人番号の提供を求めることが一般的である。

3　地方公共団体情報システム機構に対する提供の要求（番号法第14条第2項、番号法施行令第11条）

　　個人番号利用事務実施者（住民基本台帳法別表第1から別表第4までの上欄に掲げる者に限る。）は、個人番号利用事務を処理するために必要があるときは、住民基本台帳法第30条の9から第30条の12までの規定により、地方公共団体情報システム機構に対し、同法第30条の9に規定する機構保存本人確認情報の提供を求めることができる。

第4−3−(2) 個人番号の提供の求めの制限、特定個人情報の提供制限

(関係条文)
- 番号法　第15条、第19条、第29条第1項及び第2項、第30条第1項から第3項まで
- 行政機関個人情報保護法　第8条
- 独立行政法人等個人情報保護法　第9条

1 提供の求めの制限（番号法第15条）

　何人も、番号法第19条各号のいずれかに該当し特定個人情報の提供を受けることができる場合を除き、他人^(注)の個人番号の提供を求めてはならない。

＊　行政機関等及び地方公共団体等は、給与の源泉徴収事務を処理する目的で、給与受給者である職員に対し、個人番号の提供を求めることとなる（番号法第19条第3号に該当）。一方、職員の人事評価等を管理する目的で、個人番号の提供を求めてはならない。

（注）番号法第15条及び第20条において、他人とは「自己と同一の世帯に属する者以外の者」であり、子、配偶者等の自己と同一の世帯に属する者に対しては、同法第19条各号のいずれかに該当しなくても、個人番号の提供を求めることができる。

2 特定個人情報の提供制限（番号法第19条）

　何人も、番号法で限定的に明記された場合を除き、特定個人情報を「提供」してはならない。

A 「提供」の意義について

　行政機関等の場合は、当該行政機関等を超えて特定個人情報が移動することが「提供」である。

地方公共団体の場合は、当該地方公共団体から他の地方公共団体や行政機関等へ特定個人情報が移動することが「提供」であり、同一地方公共団体内の異なる機関に特定個人情報が移動することも「提供」に当たる。

* 「提供」に当たらない場合

    甲市の市長部局にある税務課から、同じ市長部局にある福祉課に特定個人情報が移転する場合は、同じ甲市市長部局内であるから、「提供」には当たらず、「利用」となる（第4−1−（1）①Ａａ参照）。

* 「提供」に当たる場合

    甲市の市長部局にある市民課から、甲市教育委員会に特定個人情報が移動する場合は、同一地方公共団体内の異なる機関に特定個人情報が移動することから、「提供」に当たる。なお、この場合、番号法第19条第7号に基づく情報連携によらず甲市教育委員会が特定個人情報の提供を受けるためには、同条第9号に基づき、甲市教育委員会に対し特定個人情報を提供する旨の条例が定められる必要がある。

B　特定個人情報を提供できる場合（番号法第19条第1号から第14号まで）

特定個人情報を提供できる場合として、番号法第19条各号が定めているもののうち行政機関等及び地方公共団体等が関わるものは、次のとおりである。

a　個人番号利用事務実施者からの提供（第1号）

個人番号利用事務実施者が、個人番号利用事務を処理するために、必要な限度で本人、代理人又は個人番号関係事務実施者に特定個人情報を提供する場合である。

* 市町村長（個人番号利用事務実施者）は、本条を根拠として住民税を徴収（個人番号利用事務）するために、事業者（個人番号

関係事務実施者：特別徴収による住民税の納入事務）に対し、その従業員等の個人番号と共に特別徴収税額を通知することができる。

b **個人番号関係事務実施者からの提供**（第2号）

個人番号関係事務実施者は、個人番号関係事務を処理するに当たり、必要な限度で特定個人情報を提供することとなる。

* 行政機関等又は地方公共団体等（個人番号関係事務実施者）は、所得税法第226条第1項の規定に従って、給与所得の源泉徴収票の提出という個人番号関係事務を処理するために、職員の個人番号が記載された給与所得の源泉徴収票を作成し、税務署長に提出することとなる。

* 給与受給者である職員は、扶養控除等申告書の提出という個人番号関係事務を処理するために、勤務先である行政機関等又は地方公共団体等（個人番号関係事務実施者）に対し、その扶養親族の個人番号を記載した扶養控除等申告書を提出することとなる（この場合、職員は個人番号関係事務実施者となる。）。

c **本人又は代理人からの提供**（第3号）

本人又はその代理人は、個人番号利用事務等実施者に対し、本人の個人番号を含む特定個人情報を提供することとなる。

本人又はその代理人からの特定個人情報の提供により、行政機関等又は地方公共団体等は個人番号の提供を受け、それを個人番号利用事務のために利用することができる。

d **機構による個人番号の提供**（第4号、第14条第2項、番号法施行令第11条）

地方公共団体情報システム機構は、番号法第14条第2項の規定に基づき、個人番号利用事務実施者（住民基本台帳法別表第1から別

表第4までの上欄に掲げる者に限る。）に個人番号を含む機構保存本人確認情報を提供することができる。

e **委託、合併に伴う提供**（第5号）

　特定個人情報の取扱いの全部若しくは一部の委託又は合併その他の事由（市町村合併や機関の統廃合等）による事務の承継が行われたときは、特定個人情報を提供することが認められている。

f **住民基本台帳法上の規定に基づく提供**（第6号、番号法施行令第19条）

　住民基本台帳法第30条の6第1項（市町村長から都道府県知事への本人確認情報の通知等）の規定その他番号法施行令で定める同法の規定に基づき、特定個人情報を提供することができる。

　なお、「その他番号法施行令で定める同法の規定」は、同法第12条第5項（本人等の請求による住民票の写し等の交付）（同法第30条の51の規定（外国人住民についての適用の特例）により読み替えて適用する場合を含む。）、第30条の7第1項（都道府県知事から機構への本人確認情報の通知等）、第30条の32第2項（自己の本人確認情報の開示）及び主務省令で定める規定である。

＊　市町村長は、転入者について、住民票に記載した後、住民基本台帳法第30条の6第1項の規定に基づき、当該転入者の個人番号を含む本人確認情報を都道府県知事に通知することとなる。

g **情報提供ネットワークシステムを通じた提供**（第7号、番号法施行令第21条）

　情報照会者が、情報提供者に対し、番号法別表第2の第2欄に掲げる事務を処理するために必要な同表の第4欄に掲げる特定個人情報（情報提供者の保有する特定個人情報ファイルに記録されたものに限る。）の提供を求めた場合において、情報提供者は、情報提供

ネットワークシステムを使用して当該特定個人情報を提供することができる(第4-3-(3)参照)。

h 国税・地方税法令に基づく国税連携及び地方税連携による提供
（第8号、番号法施行令第22条、第23条）

「地方税法」（昭和25年法律第226号）第46条第4項若しくは第5項（個人の道府県民税の賦課徴収に関する報告等）、第48条第7項（個人の道府県民税に係る徴収及び滞納処分の特例）、第72条の58（道府県知事の通知義務）、第317条（市町村による所得の計算の通知）若しくは第325条（所得税又は法人税に関する書類の供覧等）の規定その他番号法施行令で定める同法又は国税に関する法律の規定により、国税庁長官が都道府県知事若しくは市町村長に国税に関する特定個人情報を提供する場合又は都道府県知事若しくは市町村長が国税庁長官若しくは他の都道府県知事若しくは市町村長に地方税に関する特定個人情報を提供する場合において、その特定個人情報の安全を確保するために必要な措置を講じているときは、それぞれ特定個人情報を提供することができる。

なお、「その他番号法施行令で定める同法の規定」は、番号法施行令第22条で定められており、地方税法第48条第2項（個人の道府県民税に係る徴収及び滞納処分の特例）、第72条の59（所得税又は道府県民税に関する書類の供覧等）、第294条第3項（市町村民税の納税義務者等）及び主務省令で定める規定である。

「特定個人情報の安全を確保するために必要な措置」は、番号法施行令第23条で定められており、①特定個人情報の提供を受ける者の名称、特定個人情報の提供の日時及び提供する特定個人情報の項目その他主務省令で定める事項を記録し、並びにその記録を7年間保存すること、②提供する特定個人情報が漏えいした場合において、その旨及びその理由を遅滞なく委員会に報告するために必要な体制を整備するとともに、提供を受ける者が同様の体制を整備していることを確認すること並びに③これらのほか特定個人情報の安全を確

保するために必要な措置として「行政手続における特定の個人を識別するための番号の利用等に関する法律施行規則」（平成26年内閣府・総務省令第3号。以下「番号法施行規則」という。）で定める措置をいう。

＊　甲市長は、地方税法第315条第1号ただし書の規定に基づき、甲市内に住所を有する個人の所得税に係る申告書に記載されている金額が過少であると認められた場合に、自ら調査し、その調査に基づいて自ら所得を計算して市民税を課したときに、その特定個人情報の安全を確保するための必要な措置を講じた上で、同法第317条の規定に基づき、その市の区域を管轄する乙税務署長に対して、その個人の総所得金額等を当該個人の個人番号と共に通知することとなる。

i　**地方公共団体の他の機関に対する提供**（第9号）

地方公共団体の機関は、条例で定めるところにより、その地方公共団体の他の機関に、その事務を処理するために必要な限度で特定個人情報を提供することができる。

この場合において、提供を受ける機関には個人番号を利用する法的根拠があることが前提とされていることから、提供を受けることのできる機関は、法令又は条例に基づく個人番号利用事務実施者である必要がある。

なお、地方公共団体内の他の機関に特定個人情報を提供するために番号法第19条第9号に基づく条例を定める場合、同法第9条第2項に基づき個人番号を利用することができることとした事務の根拠となる条例において書面の提出を義務付けているときは、当該特定個人情報と同一の内容の情報を含む書面の提出を不要とする場合が考えられる。この場合、当該書面の提出を義務付けている条例等の改正等が必要となる。

＊　甲市の市長部局にある税務部門は、甲市教育委員会が個人番号利用事務である学校保健安全法に基づく医療費用援助に関する事務を処理するため、条例で定めるところにより、地方税情報を甲市教育委員会に提供することができる。

j　**委員会からの提供の求め**（第11号）

　委員会が、特定個人情報の取扱いに関し、番号法第38条第１項の規定により、特定個人情報の提出を求めた場合には、この求めに応じ、委員会に対し、特定個人情報を提供しなければならない。

k　**各議院審査等その他公益上の必要があるときの提供**（第12号、番号法施行令第26条、同施行令別表）

　①各議院の審査、調査の手続、②訴訟手続その他の裁判所における手続、③裁判の執行、④刑事事件の捜査、⑤租税に関する法律の規定に基づく犯則事件の調査、⑥会計検査院の検査が行われるとき、⑦公益上の必要があるときは、特定個人情報を提供することができる。⑦の公益上の必要があるときは、番号法施行令第26条で定められており、「私的独占の禁止及び公正取引の確保に関する法律」（昭和22年法律第54号）の規定による犯則事件の調査（番号法施行令別表第２号）、「金融商品取引法」（昭和23年法律第25号）の規定による犯則事件の調査（同表第４号）、租税調査（同表第８号）、個人情報保護法の規定による報告徴収（同表第19号）、「犯罪による収益の移転防止に関する法律」（平成19年法律第22号）の規定による届出（同表第23号）等がある。

l　**人の生命、身体又は財産の保護のための提供**（第13号）

　人の生命、身体又は財産の保護のために必要がある場合において、本人の同意があり、又は本人の同意を得ることが困難であるときは、特定個人情報を提供することができる。

m　委員会規則に基づく提供（第14号）

　　　　番号法第19条第1号から第13号までに準ずるものとして委員会規則で定めた場合には、特定個人情報を提供することができる。

　C　行政機関個人情報保護法及び独立行政法人等個人情報保護法による提供の制限との違い

　　　行政機関個人情報保護法第8条及び独立行政法人等個人情報保護法第9条は、保有個人情報について、法令の規定に基づく場合、本人の同意がある場合等には、第三者に提供することができることとしている。

　　　一方、番号法においては、他の法令の規定や本人の同意があったとしても、同法第19条各号に該当する場合を除いて、特定個人情報を提供してはならない。

　　　したがって、特定個人情報の提供を求められた場合には、その提供を求める根拠が、同法第19条各号に該当するものかどうかをよく確認し、<u>同条各号に該当しない場合には、特定個人情報を提供してはならない</u>。

＊　行政機関個人情報保護法等の規定に基づく開示請求、訂正請求又は利用停止請求において、本人から個人番号を付して請求が行われた場合や本人に対しその個人番号又は特定個人情報を提供する場合は、番号法第19条各号に定めはないものの、法の解釈上当然に特定個人情報の提供が認められるべき場合であり、特定個人情報を提供することができる。

第4-3-(3)　情報提供ネットワークシステムによる特定個人情報の提供

（関係条文）
・番号法　　第19条、第21条から第25条まで、第30条
・行政機関個人情報保護法　　第8条
・独立行政法人等個人情報保護法　　第9条

1 情報提供ネットワークシステムによる特定個人情報の情報連携
　A　情報提供ネットワークシステム（番号法第21条）

　　「情報提供ネットワークシステム」とは、番号法第19条第7号の規定に基づき、同法第2条第14項に規定する行政機関の長等（行政機関の長、地方公共団体の機関、独立行政法人等、地方独立行政法人及び地方公共団体情報システム機構並びに情報照会者及び情報提供者をいう。以下同じ。）の間で、特定個人情報を安全、効率的にやり取りするための情報システムであり、総務大臣が、委員会と協議の上、設置し、管理するものである。

　　行政機関等及び地方公共団体等は、同法第19条第7号の規定及び別表第2に基づき、情報提供ネットワークシステムを通じて、情報照会者として他の個人番号利用事務実施者から個人番号利用事務を処理するために必要な特定個人情報の提供を受け、又は情報提供者として他の個人番号利用事務実施者に対し特定個人情報を提供することとなる。このような情報のやり取りを情報連携という。

　　行政機関の長等においては、それぞれ設置される中間サーバー等（中間サーバーに相当する機能を有する既存業務システムを含む。）を通じて情報提供ネットワークシステムにアクセスし、同法別表第2の第4欄に掲げられた特定個人情報について、原則としてシステム上自動的に照会・提供を行うこととなる。したがって、こうしたシステムの管理についての環境を整備することが必要となる。

　　また、情報提供ネットワークシステムを使用することができるのは、行政機関の長等に限られる。したがって、行政機関等及び地方公共団体等から個人番号利用事務の委託を受けた者（法令の規定により、同法別表第2の第2欄に掲げる事務の全部又は一部を行うこととされている者及び同表の第4欄に掲げる特定個人情報の利用又は提供に関する事務の全部又は一部を行うこととされている者を除く。）は、<u>情報提供ネットワークシステムに接続された端末を操作して情報照会等を行うことはできない。</u>

B　特定個人情報の提供（番号法第22条、番号法施行令第28条）

　情報提供者は、番号法第19条第7号の規定により特定個人情報の提供を求められた場合において、同法第21条第2項の規定による総務大臣からの通知を受けたときは、番号法施行令で定めるところにより、情報照会者に対して求められた特定個人情報を提供しなければならない（番号法第22条第1項）。具体的には、システム上でのやり取りとなることから、同システムの管理についての環境を整備することが必要となる。

　また、同法第22条第1項の規定による特定個人情報の提供があった場合において、他の法令の規定により当該特定個人情報と同一の内容の情報を含む書面の提出が義務付けられているときは、同条第2項の規定により当該書面の提出があったものとみなされることから、当該書面を提出すべき者は、当該書面を提出する必要がなくなる。

*　児童扶養手当の支給を受けるには、所得証明書の提出が必要であるが（児童扶養手当法施行規則第1条第7号）、情報提供ネットワークシステムを通じて所得情報の提供が行われる場合には、申請者は所得証明書の提出義務を免除される。

2　情報提供等の記録（番号法第23条、番号法施行令第29条）

　情報照会者及び情報提供者が、情報提供ネットワークシステムに接続されたその者の使用する電子計算機に記録し、当該記録を保存しなければならない事項として以下の場合があるが、具体的には、システム上で記録されることから、同システムの管理についての環境を整備することが必要となる。

a　情報照会者及び情報提供者は、番号法第19条第7号の規定により特定個人情報の提供の求め又は提供があったときは、情報提供ネットワークシステムに接続されたその者の使用する電子計算機に次に掲げる事項を記録し、当該記録を7年間保存しなければならない（番号法

第23条第1項)。
- 一 情報照会者及び情報提供者の名称
- 二 提供の求めの日時及び提供があったときはその日時
- 三 特定個人情報の項目
- 四 一から三までに掲げるもののほか、総務省令で定める事項

b 情報照会者及び情報提供者は、a に規定する事項のほか、当該特定個人情報の提供の求め又は提供の事実が、次に掲げる事項に該当する場合には、その旨を情報提供ネットワークシステムに接続されたその者の使用する電子計算機に記録し、当該記録を7年間保存しなければならない(番号法第23条第2項)。
- 一 番号法第30条第1項の規定により、「未成年者又は成年被後見人の法定代理人」に本人の委任による代理人(以下「任意代理人」という。)を加えた「代理人」と読み替えて適用する行政機関個人情報保護法第14条に規定する不開示情報に該当すると認めるとき。
- 二 条例で定めるところにより地方公共団体又は地方独立行政法人が開示する義務を負わない個人情報に該当すると認めるとき。
- 三 番号法第30条第3項の規定により、「未成年者又は成年被後見人の法定代理人」に任意代理人を加えた「代理人」と読み替えて適用する独立行政法人等個人情報保護法第14条に規定する不開示情報に該当すると認めるとき。

なお、提供される特定個人情報ではない情報提供の求め又は提供の事実が不開示情報に該当するか否かについては、情報照会者及び情報提供者であるそれぞれの行政機関の長等において判断することとなることに留意する必要がある。

c 総務大臣は、番号法第19条第7号の規定により特定個人情報の提供の求め又は提供があったときは、a 及び b に規定する事項を情報提供ネットワークシステムに記録し、当該記録を7年間保存しなければな

らない（番号法第23条第3項）。

　　d　情報提供等の記録に記録された特定個人情報については、番号法において、一般法における利用目的以外の目的のために利用することを認める規定を全て適用除外としており、利用目的以外の目的のために利用することはできない（番号法第30条第1項又は第2項により読み替えて適用される行政機関個人情報保護法第8条第1項及び適用除外とされる同条第2項から第4項まで、番号法第30条第3項により読み替えて適用される独立行政法人等個人情報保護法第9条第1項及び適用除外とされる同条第2項から第4項まで、番号法第30条第4項により読み替えて準用される独立行政法人等個人情報保護法第9条第1項）。

　　　地方公共団体等が保有する情報提供等の記録については、番号法第31条の規定に基づき、行政機関等と同様の適用となるよう、個人情報保護条例の改正等が必要となる場合がある。

3　**秘密の管理及び秘密保持義務**（番号法第24条、第25条）

　　a　総務大臣並びに情報照会者及び情報提供者は、情報提供等事務（番号法第19条第7号の規定による特定個人情報の提供の求め又は提供に関する事務をいう。）に関する秘密について、その漏えいの防止その他の適切な管理のために、情報提供ネットワークシステム並びに情報照会者及び情報提供者が情報提供等事務に使用する電子計算機の安全性及び信頼性を確保することその他の必要な措置を講じなければならない（番号法第24条）。

　　b　情報提供等事務又は情報提供ネットワークシステムの運営に関する事務に従事する者又は従事していた者は、その業務に関して知り得た当該事務に関する秘密を漏らし、又は盗用してはならない（番号法第25条）。

第4−3−(4) 収集・保管制限

（関係条文）
・番号法　第20条

● **収集・保管の制限**（番号法第20条）
　何人も、番号法第19条各号のいずれかに該当する場合を除き、他人[注]の個人番号を含む特定個人情報を収集又は保管してはならない。

（注）番号法第15条及び第20条において、他人とは「自己と同一の世帯に属する者以外の者」であり、子、配偶者等の自己と同一の世帯に属する者の特定個人情報は、同法第19条各号のいずれかに該当しなくても、収集又は保管することができる。

A　収集制限

　「収集」とは、集める意思を持って自己の占有に置くことを意味し、例えば、人から個人番号を記載したメモを受け取ること、人から聞き取った個人番号をメモすること等、直接取得する場合のほか、電子計算機等を操作して個人番号を画面上に表示させ、その個人番号を書き取ること、プリントアウトすること等を含む。一方、特定個人情報の提示を受けただけでは、「収集」に当たらない。

＊　市立図書館の利用カードとして個人番号カードを利用する場合において、図書の貸出し等は個人番号利用事務等ではないため、市立図書館の職員は、個人番号を利用してはならず、個人番号をコピーしてはならない。

＊　甲市役所の職員は、個人番号利用事務以外の業務において、申請者から、本人確認書類として個人番号カードを示された場合、同カードを利用して本人確認することができるが、同カードに記載さ

れた個人番号を書き写す又は個人番号カードの個人番号が記載された部分をコピーする等により個人番号を収集し、それをファイルに編綴して、執務室内に保管してはならない。

B 保管制限と廃棄

個人番号は、番号法で限定的に明記された事務を処理するために収集又は保管されるものであるから、それらの事務を行う必要がある場合に限り特定個人情報を保管し続けることができる。また、行政機関等及び地方公共団体等が保有する個人番号が記載された文書等については、各機関が定める文書管理に関する規程等によって保存期間が一般的に定められており、これらの文書等に記載された個人番号については、その期間保管することとなる。

一方、<u>それらの事務を処理する必要がなくなった場合で、文書管理に関する規程等によって定められている保存期間を経過した場合には、個人番号をできるだけ速やかに廃棄又は削除しなければならない。</u>

* 扶養控除等申告書は、所得税法施行規則第76条の３により、当該申告書の提出期限（毎年最初に給与等の支払を受ける日の前日まで）の属する年の翌年１月10日の翌日から７年を経過する日まで保存することとなっていることから、当該期間を経過した場合には、当該申告書に記載された個人番号を保管しておく必要はなく、番号法上、原則として、個人番号が記載された扶養控除等申告書をできるだけ速やかに廃棄しなければならない。

    そのため、個人番号が記載された扶養控除等申告書等の書類については、保存期間経過後における廃棄を前提とした保管体制をとることが望ましい。

* 地方公共団体が保有する個人番号が記載された文書については、各地方公共団体が定める文書管理に関する規程等に基づき、保存期間満了日まで保存することとなっているが、当該期間を経過した場

合には、番号法上、原則として、個人番号が記載された文書をできるだけ速やかに廃棄しなければならない。

※　廃棄方法等の具体的な内容については、「（別添）特定個人情報に関する安全管理措置（行政機関等・地方公共団体等編）」を参照のこと。

第４−３−（５）　本人確認

（関係条文）
・番号法　第16条

● **本人確認**（番号法第16条）
　本人確認については、番号法、番号法施行令、番号法施行規則及び個人番号利用事務実施者が認める方法に従うこととなるため、適切に対応する必要がある。

〈参考〉
　番号法、番号法施行令及び番号法施行規則における本人確認の概要は、次のとおりである。この項目において、「法」は番号法、「令」は番号法施行令、「規」は番号法施行規則をいう（番号法施行規則第１条第１項第１号の場合は、「規１①一」と表記する。）。

① 　本人から個人番号の提供を受ける場合
　ⅰ　個人番号カードの提示を受ける場合
　　「個人番号カード」（法16）

ii 通知カードの提示を受ける場合

「通知カード」＋「本人の身元確認書類」

（法16）　　　　　（規1①）
　　　　　　　　　　└→運転免許証等（規1①一、二）
　　　　　　　　　　　　└→困難な場合（規1①三）
　　　　　　　　　　　　　　└→財務大臣等の特則
　　　　　　　　　　　　　　　（規1③一から四まで）
　　　　　　　　　　　　　　　　└→困難な場合（規1③五）
　　　　　　　　　　└→特定の個人と同一の者であることが明らかな場合（規3⑤）

iii　i、ii以外の場合

（i）書類の提示を受ける場合等

「番号確認書類」＋「本人の身元確認書類」

（令12①一）　　　（令12①二）
　└→住民票の　　　└→運転免許証等（規2）
　　　写し等　　　　　　└→困難な場合（規3②）
　　　　└→困難な場合　　　　└→財務大臣等の特則（規3③）
　　　　　　（規3①）　　└→電話による場合（規3④）
　　　　　　　　　　　　└→特定の個人と同一の者であることが明らかな場合（規3⑤）

（ii）電子情報処理組織を使用して個人番号の提供を受ける場合

　　個人番号カードのICチップの読み取り、電子署名等の送信、個人番号利用事務実施者による地方公共団体情報システム機構への確認等（規4）

② 本人の代理人から個人番号の提供を受ける場合
  i 書類の提示を受ける場合等

「代理権確認書類」＋「代理人の身元確認書類」＋「本人の番号確認書類」
(令12②一)　　　　　　(令12②二)　　　　　　(令12②三)
↳戸籍謄本、　　　　　↳個人番号カード、　　↳本人に係る
　委任状等　　　　　　　運転免許証等　　　　　個人番号カード
　(規6①一、二)　　　　(規7①)　　　　　　　(規8)

    ↳困難な場合　　　　↳代理人が法人の場合　↳困難な場合
　　　(規6①三)　　　　　(規7②)　　　　　　　(規9⑤)
    ↳代理人が法人の　　↳困難な場合
　　　場合(規6②)　　　　(規9①)
　　　　　　　　　　　　　↳財務大臣等の特則
　　　　　　　　　　　　　　(規9②)

    ↳電話による場合　　↳電話による場合
　　　(規9③)　　　　　　(規9③)
　　　　　　　　　　　　↳特定の個人と同一の者であることが明
　　　　　　　　　　　　　らかな場合(規9④)

  ii 電子情報処理組織を使用して個人番号の提供を受ける場合
　　代理権証明情報及び代理人の電子署名等の送信、個人番号利用事務実施者による地方公共団体情報システム機構への確認等（規10）

※　書面の送付により個人番号の提供を受ける場合は、上記で提示を受けることとされている書類又はその写しの提出を受けなければならない（規11）。

第4-4　その他の取扱い
第4-4-（1）　保有個人情報の提供を受ける者に対する措置要求

（関係条文）
・番号法　第29条第1項及び第2項、第30条第1項から第3項まで
・行政機関個人情報保護法　第9条
・独立行政法人等個人情報保護法　第10条

● **保有個人情報の提供を受ける者に対する措置要求**（行政機関個人情報保護法第9条、独立行政法人等個人情報保護法第10条）
　行政機関等が保有する特定個人情報及び情報提供等の記録に関する措置要求については、番号法において適用除外となっている。
　<u>地方公共団体においては、同法第31条の規定に基づき、行政機関等と同様の適用となるよう、個人情報保護条例の改正等が必要となる場合がある。</u>

第4-4-（2）　個人情報ファイルの保有等に関する事前通知

（関係条文）
・番号法　第27条、第29条、第30条
・行政機関個人情報保護法　第10条
・特定個人情報保護評価に関する規則　第2条
・特定個人情報保護評価指針

● **特定個人情報ファイルを保有しようとするときの事前通知**
　A　**事前通知**（番号法第29条第1項又は第30条第1項により読み替えて適用される行政機関個人情報保護法第10条第1項）
　　　行政機関（会計検査院を除く。以下この項において同じ。）が特定個人情報ファイル（情報提供等の記録を含む。）を保有しようとするときは、個人情報ファイルを保有しようとするときと同様、行政機関

個人情報保護法第10条第1項の規定が適用される。ただし、番号法において同項が読み替えられて適用されるため、当該行政機関の長が同項各号に掲げる事項をあらかじめ通知しなければならない通知先は、総務大臣ではなく委員会である。通知した事項を変更しようとするときも、同様である。なお、特定個人情報について行政機関個人情報保護法が適用されるときは、同法の規定中「個人情報ファイル」とあるのは「個人情報ファイルである特定個人情報ファイル」を意味する。

　また、行政機関が、番号法第27条第1項に規定する評価書（全項目評価書）を委員会へ提出し、特定個人情報ファイルの取扱いについて、同条第2項の規定により委員会の承認を受け、同条第4項の規定により公表したときは、同法第29条第1項の規定により読み替えて適用される行政機関個人情報保護法第10条第1項の規定による委員会に対する通知があったものとみなされる。

　委員会は、「特定個人情報保護評価指針」（平成26年特定個人情報保護委員会告示第4号）第8において、行政機関が「特定個人情報保護評価に関する規則」（平成26年特定個人情報保護委員会規則第1号）第2条第2号に規定する重点項目評価書を委員会へ提出し、公表したときについても、委員会に対する事前通知があったものとして取り扱うこととしている。

　一方、独立行政法人等個人情報保護法には行政機関個人情報保護法第10条第1項に相当する規定がないことから、独立行政法人等は、特定個人情報ファイルを保有する前に委員会に通知する必要はない。地方公共団体等についても、同様に委員会に通知する必要はない。

B　**事前通知が不要の場合**（行政機関個人情報保護法第10条第2項）

　行政機関個人情報保護法第10条第2項の規定は、特定個人情報ファイルについても個人情報ファイルと同様に適用されることから、同項各号に掲げる個人情報ファイル（例：行政機関の職員の給与に関する事項を記録するもの）に相当する特定個人情報ファイルについては、行政機関の長は、委員会に事前に通知する必要がない。

ただし、事前に通知する必要がない場合であっても、番号法第27条の規定に基づき、特定個人情報ファイルを保有する前に特定個人情報保護評価を実施するものとされていることに留意する必要がある。

C **保有をやめたときの通知**（番号法第29条第１項又は第30条第１項により読み替えて適用される行政機関個人情報保護法第10条第３項）
　行政機関の長は、行政機関個人情報保護法第10条第１項に規定する事項を通知した特定個人情報ファイルについて、当該行政機関がその保有をやめたとき、又はその個人情報ファイルが同条第２項第９号に該当するに至ったときは、遅滞なく、委員会に対しその旨を通知しなければならない。

〈参考〉行政機関における委員会への事前通知等の要否

事前通知等の要否	具体的な場面
必要な場合	①特定個人情報ファイルを保有しようとするとき^(注) ②通知した事項を変更しようとするとき^(注) ③特定個人情報ファイルの保有をやめたとき ④特定個人情報ファイルにおける本人の数が千人に満たなくなったとき （注）全項目評価書を委員会に提出し、特定個人情報ファイルの取扱いについて委員会の承認を受け、公表したときは、委員会に対する事前通知があったものとみなされる。また、重点項目評価書を委員会へ提出し、公表したときについても、委員会に対する事前通知があったものとして取り扱われる。
不要な場合	行政機関個人情報保護法第10条第２項各号に掲げる個人情報ファイルに相当する特定個人情報ファイル

（独立行政法人等及び地方公共団体等は、委員会へ事前通知等をする必要はない。）

第4−4−(3) 開示

(関係条文)
・番号法　第29条第1項及び第2項、第30条第1項から第3項まで
・行政機関個人情報保護法　第12条から第26条まで
・独立行政法人等個人情報保護法　第12条から第26条まで

● **開示**（番号法第29条第1項又は第2項により読み替えて適用される行政機関個人情報保護法第12条から第26条まで又は独立行政法人等個人情報保護法第12条から第26条まで。情報提供等の記録については番号法第30条第1項から第3項までにより読み替えて適用される行政機関個人情報保護法第12条から第26条まで又は独立行政法人等個人情報保護法第12条から第26条まで。番号法施行令第33条）

　行政機関の保有する特定個人情報については、個人情報と同様、行政機関個人情報保護法の規定により、何人も行政機関の長に対して自己を本人とする保有個人情報である特定個人情報の開示を請求することができる（行政機関個人情報保護法第12条第1項。独立行政法人等についての独立行政法人等個人情報保護法も同じ。）。

　ただし、特定個人情報については、次のAからDまでについて行政機関個人情報保護法及び独立行政法人等個人情報保護法と異なる規定となっているので留意する必要がある。

　<u>地方公共団体においては、番号法第31条の規定に基づき、行政機関等と同様の適用となるよう、個人情報保護条例の改正等が必要となる場合がある。</u>

A　代理人の範囲の拡大

　未成年者又は成年被後見人の法定代理人のほか、任意代理人が本人に代わって開示の請求をすることができる。

B　事案の移送の禁止

情報提供等の記録については、事案の移送が禁止されている。

C　他の法令による開示の実施との調整

行政機関個人情報保護法第25条及び独立行政法人等個人情報保護法第25条の適用を除外し、他の法令の規定に基づき開示することとされている場合であっても、開示の実施の調整は行わないこととしている。

D　開示請求の手数料の免除

開示請求に係る手数料について、経済的困難その他特別の理由があると認めるときは免除することができる。

第4-4-(4)　訂正

（関係条文）
・番号法　第29条第1項及び第2項、第30条第1項から第3項まで
・行政機関個人情報保護法　第27条から第35条まで
・独立行政法人等個人情報保護法　第27条から第35条まで

● 訂正（番号法第29条第1項又は第2項により読み替えて適用される行政機関個人情報保護法第27条から第35条まで又は独立行政法人等個人情報保護法第27条から第35条まで。情報提供等の記録については番号法第30条第1項から第3項までにより読み替えて適用される行政機関個人情報保護法第27条から第35条まで又は独立行政法人等個人情報保護法第27条から第35条まで）

行政機関の保有する特定個人情報については、個人情報と同様、行政機関個人情報保護法の規定により、何人も行政機関の長に対して自己を本人とする特定個人情報で開示を受けたものについての訂正を請求することができる（行政機関個人情報保護法第27条第1項。独立行政法人等についての独立行政法人等個人情報保護法も同じ。）。

ただし、特定個人情報については、次のAからCまでについて行政機関個人情報保護法及び独立行政法人等個人情報保護法と異なる規定となっているので留意する必要がある。

<u>地方公共団体においては、番号法第31条の規定に基づき、行政機関等と同様の適用となるよう、個人情報保護条例の改正等が必要となる場合がある。</u>

A　代理人の範囲の拡大

特定個人情報の開示の場合と同様、任意代理人が本人に代わって訂正の請求をすることができる。

B　事案の移送の禁止

特定個人情報の開示の場合と同様、情報提供等の記録については事案の移送が禁止されている。

C　訂正を実施した場合の通知先の変更

情報提供等の記録について訂正を実施した場合において必要があるときは、同一の記録を保有する者である総務大臣及び情報照会者又は情報提供者（自己を除く。）に通知するものとしている。

第4-4-(5)　利用停止

（関係条文）
・番号法　第29条第1項及び第2項、第30条第1項から第3項まで
・行政機関個人情報保護法　第36条から第41条まで
・独立行政法人等個人情報保護法　第36条から第41条まで

● **利用停止**（番号法第29条第1項又は第2項により読み替えて適用される行政機関個人情報保護法第36条から第41条まで又は独立行政法人等個人情報保護法第36条から第41条まで。情報提供等の記録については

番号法第30条第1項から第3項までにより適用が除外される行政機関個人情報保護法第4章第3節又は独立行政法人等個人情報保護法第4章第3節）

行政機関の保有する特定個人情報については、個人情報と同様、行政機関個人情報保護法の規定により、何人も、自己を本人とする保有個人情報が適法に取得されたものでないとき等のときは、その利用の停止、消去又は提供の停止（以下「利用停止」という。）を請求することができる（行政機関個人情報保護法第36条第1項。独立行政法人等についての独立行政法人等個人情報保護法も同じ。）。

ただし、特定個人情報については、次のAからCまでについて行政機関個人情報保護法及び独立行政法人等個人情報保護法と異なる規定となっているので留意する必要がある。

<u>地方公共団体においては</u>、番号法第31条の規定に基づき、<u>行政機関等と同様の適用となるよう、個人情報保護条例の改正等が必要となる場合がある。</u>

A 代理人の範囲の拡大

特定個人情報の開示の場合と同様、任意代理人が本人に代わって利用停止の請求をすることができる。

B 請求事由の追加等

番号法第19条、第20条又は第28条の規定に違反して特定個人情報が利用され、又は提供されているときは、利用停止の請求をすることができる。

C 情報提供等の記録の取扱い

情報提供等の記録については、<u>情報提供ネットワークシステムにおいて自動保存されるものであり目的外利用及び提供の規定に違反した事態が想定されないこと等から、利用停止の請求をすることができない。</u>

第４−５　特定個人情報保護評価

（関係条文）
・番号法　第21条、第26条、第27条
・特定個人情報保護評価に関する規則
・特定個人情報保護評価指針

1　**特定個人情報保護評価**（番号法第26条、第27条）

　　特定個人情報保護評価は、評価実施機関[注]が、特定個人情報ファイルを取り扱う事務における当該特定個人情報ファイルの取扱いについて自ら評価するものである。評価実施機関は、特定個人情報ファイルを保有しようとする又は保有する場合は、当該特定個人情報ファイルの取扱いが個人のプライバシー等の権利利益に与え得る影響を予測した上で特定個人情報の漏えいその他の事態を発生させるリスクを分析し、このようなリスクを軽減するための適切な措置を講じていることを確認の上、基礎項目評価書、重点項目評価書又は全項目評価書（以下「特定個人情報保護評価書」という。）において自ら宣言するものである。

　※　特定個人情報保護評価の詳細については、特定個人情報保護評価に関する規則及び特定個人情報保護評価指針を参照のこと。

　（注）評価実施機関とは、番号法第27条及び特定個人情報保護評価に関する規則の規定に基づき特定個人情報保護評価を実施する同法第２条第14項に規定する行政機関の長等をいう。

2　**特定個人情報保護評価書に記載した措置の実施**

　　評価実施機関は、個人のプライバシー等の権利利益に影響を与え得る特定個人情報の漏えいその他の事態を発生させるリスクを軽減するための措置として特定個人情報保護評価書に記載した全ての措置を講ずるものとする。

③ 特定個人情報保護評価に係る違反に対する措置

特定個人情報保護評価を実施していない場合、特定個人情報ファイルの適正な取扱いの確保のための措置が適切に講じられていないおそれがある。このような場合に、情報連携を行わせると不適切な形で特定個人情報ファイルがネットワークを通じてやり取りされることとなり、適切に取り扱われている他の事務やシステムにまで悪影響を及ぼすおそれがあることから、<u>特定個人情報保護評価の実施が義務付けられているにもかかわらずこれを実施していない場合は、情報連携を行うことが禁止されている</u>（番号法第21条第2項第2号、第27条第6項）。

第4−6　行政機関個人情報保護法等の主な規定

行政機関等は、特定個人情報の適正な取扱いについて、次のとおり行政機関個人情報保護法及び独立行政法人等個人情報保護法の適用を受けるので留意する必要がある。具体的な取扱いについては、従来と同様に、指針等によることを前提としている。

<u>地方公共団体においては</u>、番号法第31条の規定に基づき、<u>行政機関等と同様の適用となるよう、個人情報保護条例の改正等が必要となる場合がある</u>。

ここでは、行政機関個人情報保護法の規定を例として挙げる。

A　個人情報の保有の制限等（行政機関個人情報保護法第3条）

a　利用目的の特定（第1項）

行政機関は、個人情報を保有するに当たっては、法令の定める所掌事務を遂行するため必要な場合に限り、かつ、その利用の目的をできる限り特定しなければならない。

b　保有の制限（第2項）

行政機関は、aの規定により特定された利用の目的（以下「利用目的」という。）の達成に必要な範囲を超えて、個人情報を保有してはならない。

c **利用目的の変更**(第3項)

行政機関は、利用目的を変更する場合には、変更前の利用目的と相当の関連性を有すると合理的に認められる範囲を超えて行ってはならない。

B **利用目的の明示**(行政機関個人情報保護法第4条)

行政機関は、本人から直接書面(電子的方式、磁気的方式その他人の知覚によっては認識することができない方式で作られる記録を含む。)に記録された当該本人の個人情報を取得するときは、次に掲げる場合を除き、あらかじめ、本人に対し、その利用目的を明示しなければならない。

一　人の生命、身体又は財産の保護のために緊急に必要があるとき。
二　利用目的を本人に明示することにより、本人又は第三者の生命、身体、財産その他の権利利益を害するおそれがあるとき。
三　利用目的を本人に明示することにより、国の機関、独立行政法人等、地方公共団体又は地方独立行政法人が行う事務又は事業の適正な遂行に支障を及ぼすおそれがあるとき。
四　取得の状況からみて利用目的が明らかであると認められるとき。

C **保有個人情報の正確性の確保**(行政機関個人情報保護法第5条)

行政機関の長は、利用目的の達成に必要な範囲内で、保有個人情報が過去又は現在の事実と合致するよう努めなければならない。

D **個人情報ファイル簿の作成及び公表**(行政機関個人情報保護法第11条)
　a **個人情報ファイル簿の作成及び公表**(第1項)

行政機関の長は、「行政機関の保有する個人情報の保護に関する法律施行令」(平成15年政令第548号。以下「政令」という。)第7条で定めるところにより、当該行政機関が保有している個人情報ファイルについて、それぞれ次に掲げる事項を記載した帳簿(cにおいて「個人情報ファイル簿」という。)を作成し、公表しなければならない。

一　個人情報ファイルの名称

二　当該行政機関の名称及び個人情報ファイルが利用に供される事務をつかさどる組織の名称

三　個人情報ファイルの利用目的

四　個人情報ファイルに記録される項目（以下Ｄにおいて「記録項目」という。）及び本人（他の個人の氏名、生年月日その他の記述等によらないで検索し得る者に限る。ｂにおいて同じ。）として個人情報ファイルに記録される個人の範囲（以下Ｄにおいて「記録範囲」という。）

五　個人情報ファイルに記録される個人情報（以下Ｄにおいて「記録情報」という。）の収集方法

六　記録情報を当該行政機関以外の者に経常的に提供する場合には、その提供先

七　開示、訂正又は利用停止の請求を受理する組織の名称及び所在地

八　訂正又は利用の停止、消去若しくは提供の停止について他の法律又はこれに基づく命令により特別の手続が定められているときは、その旨

九　その他政令第8条で定める事項

ｂ　個人情報ファイル簿への掲載の適用除外（第2項）

　ａの規定は、次に掲げる個人情報ファイルについては、適用しない。

一　国の安全、外交上の秘密その他の国の重大な利益に関する事項を記録する個人情報ファイル

二　犯罪の捜査、租税に関する法律の規定に基づく犯則事件の調査又は公訴の提起若しくは維持のために作成し、又は取得する個人情報ファイル

三　行政機関の職員又は職員であった者に係る個人情報ファイルであって、専らその人事、給与若しくは福利厚生に関する事項又はこれらに準ずる事項を記録するもの（行政機関が行う職員の採用試験に関する個人情報ファイルを含む。）

四　専ら試験的な電子計算機処理の用に供するための個人情報ファイル

五　行政機関個人情報保護法第10条第1項の規定による通知又はa（同法第11条第1項）の規定による公表に係る個人情報ファイルに記録されている記録情報の全部又は一部を記録した個人情報ファイルであって、その利用目的、記録項目及び記録範囲が当該通知に係るこれらの事項の範囲内のもの

六　1年以内に消去することとなる記録情報のみを記録する個人情報ファイル

七　資料その他の物品若しくは金銭の送付又は業務上必要な連絡のために利用する記録情報を記録した個人情報ファイルであって、送付又は連絡の相手方の氏名、住所その他の送付又は連絡に必要な事項のみを記録するもの

八　職員が学術研究の用に供するためその発意に基づき作成し、又は取得する個人情報ファイルであって、記録情報を専ら当該学術研究の目的のために利用するもの

九　本人の数が政令で定める数に満たない個人情報ファイル

十　三から九までに掲げる個人情報ファイルに準ずるものとして政令で定める個人情報ファイル

c　**個人情報ファイル簿の一部不記載**（第3項）

　　aの規定にかかわらず、行政機関の長は、記録項目の一部若しくは個人情報ファイルに記録される個人情報の収集方法若しくは同情報を当該行政機関以外の者に経常的に提供する場合の提供先を個人情報ファイル簿に記載し、又は個人情報ファイルを個人情報ファイル簿に掲載することにより、利用目的に係る事務の性質上、当該事務の適正な遂行に著しい支障を及ぼすおそれがあると認めるときは、その記録項目の一部若しくは事項を記載せず、又はその個人情報ファイルを個人情報ファイル簿に掲載しないことができる。

E　審査請求（行政機関個人情報保護法第42条から第44条まで）

E－1　審理員による審理手続に関する規定の適用除外（第42条第1項）

　開示決定等、訂正決定等、利用停止決定等又は開示請求、訂正請求若しくは利用停止請求に係る不作為に係る審査請求については、「行政不服審査法」（平成26年法律第68号）第9条（審理員）、第17条（審理員となるべき者の名簿）、第24条（審理手続を経ないでする却下裁決）、第2章第3節（審理手続）及び第4節（行政不服審査会等への諮問）並びに第50条第2項（裁決の方式）の規定を適用しない。

E－2　審査会への諮問（第43条第1項）

　開示決定等、訂正決定等、利用停止決定等又は開示請求、訂正請求若しくは利用停止請求に係る不作為について審査請求があったときは、当該審査請求に対する裁決をすべき行政機関の長は、次の各号のいずれかに該当する場合を除き、情報公開・個人情報保護審査会（審査請求に対する裁決をすべき行政機関の長が会計検査院長である場合にあっては、別に法律で定める審査会）に諮問しなければならない。

一　審査請求が不適法であり、却下する場合
二　裁決で、審査請求の全部を認容し、当該審査請求に係る保有個人情報の全部を開示することとする場合（当該保有個人情報の開示について反対の意思を表示した意見書（E－3及びE－4において「反対意見書」という。）が提出されている場合を除く。）
三　裁決で、審査請求の全部を認容し、当該審査請求に係る保有個人情報の訂正をすることとする場合
四　裁決で、審査請求の全部を認容し、当該審査請求に係る保有個人情報の利用停止をすることとする場合

E－3　諮問をした旨の通知（第43条第2項）

　E－2の規定により諮問をした行政機関の長は、次に掲げる者に対し、諮問をした旨を通知しなければならない。

一　審査請求人及び参加人（行政不服審査法第13条第4項に規定する

参加人をいう。以下この項及びE-4において同じ。)
　二　開示請求者、訂正請求者又は利用停止請求者（これらの者が審査請求人又は参加人である場合を除く。）
　三　当該審査請求に係る保有個人情報の開示について反対意見書を提出した第三者（当該第三者が審査請求人又は参加人である場合を除く。）

E-4　第三者からの審査請求を棄却する場合等における手続（第44条第1項）

　次の各号のいずれかに該当する裁決をする場合、行政機関の長は、意見書の提出の機会を与えられた第三者が当該第三者に関する情報の開示について反対意見書を提出した場合において、開示決定をするときは、開示決定の日と開示を実施する日との間に少なくとも2週間を置かなければならない。この場合において、行政機関の長は、開示決定後直ちに、反対意見書を提出した第三者に対し、開示決定をした旨及びその理由並びに開示を実施する日を書面により通知しなければならない。
　一　開示決定に対する第三者からの審査請求を却下し、又は棄却する裁決
　二　審査請求に係る開示決定等（開示請求に係る保有個人情報の全部を開示する旨の決定を除く。）を変更し、当該審査請求に係る保有個人情報を開示する旨の裁決（第三者である参加人が当該第三者に関する情報の開示に反対の意思を表示している場合に限る。）

F　苦情の処理（行政機関個人情報保護法第48条）

　行政機関の長は、個人情報の取扱いに関する苦情の適切かつ迅速な処理に努めなければならない。

（別添）特定個人情報に関する安全管理措置
（行政機関等・地方公共団体等編）

1 安全管理措置の検討手順

　行政機関等及び地方公共団体等は、個人番号及び特定個人情報（以下「特定個人情報等」という。）の取扱いを検討するに当たって、個人番号を取り扱う事務の範囲及び特定個人情報等の範囲を明確にした上で、特定個人情報等を取り扱う職員（以下「事務取扱担当者」という。）を明確にしておく必要がある。

　これらを踏まえ、特定個人情報等の適正な取扱いの確保について組織として取り組むために、特定個人情報等の安全管理に関する基本方針（以下「基本方針」という。）を策定することが重要である。

　行政機関等は、個人情報の保護に関する管理規程等及び取扱規程等の見直し等を行い、特定個人情報等を取り扱う体制の整備及び情報システムの改修等を行う必要がある。地方公共団体等は、個人情報の保護に関する取扱規程等の見直し等を行い、特定個人情報等を取り扱う体制の整備及び情報システムの改修等を行う必要がある。

　行政機関等及び地方公共団体等は、特定個人情報等の取扱いに関する安全管理措置について、次のような手順で検討を行う必要がある。検討に際し、特定個人情報保護評価を実施した事務については、A～Cを省略し、D～Eを実施することも考えられる。

A　個人番号を取り扱う事務の範囲の明確化

　行政機関等及び地方公共団体等は、個人番号利用事務等の範囲を明確にしておかなければならない。→ガイドライン第4－1－（1）①A参照

B　特定個人情報等の範囲の明確化

　行政機関等及び地方公共団体等は、Aで明確化した事務において取り扱う特定個人情報等の範囲を明確にしておかなければならない[注]。

（注）特定個人情報等の範囲を明確にするとは、事務において使用される個人番号及び個人番号と関連付けて管理される個人情報（氏名、生年月日等）の範囲を明確にすることをいう。

C 事務取扱担当者の明確化

行政機関等及び地方公共団体等は、Aで明確化した事務に従事する事務取扱担当者を明確にしておかなければならない。

D 基本方針の策定

特定個人情報等の適正な取扱いの確保について組織として取り組むために、基本方針を策定することが重要である。→2A参照

E 取扱規程等の見直し等

行政機関等は、個人情報の保護に関する管理規程等の見直し等を行わなければならない。また、行政機関等及び地方公共団体等は、A～Cで明確化した事務における特定個人情報等の適正な取扱いを確保するために、個人情報の保護に関する取扱規程等の見直し等を行わなければならない。→2B参照

2 講ずべき安全管理措置の内容

本セクション2においては、特定個人情報等の保護のために必要な安全管理措置について本文で示し、その具体的な手法の例示を記述している。なお、手法の例示は、これに限定する趣旨で記載したものではなく、また、個別ケースによって別途考慮すべき要素があり得るので注意を要する。

行政機関等は、安全管理措置を講ずるに当たり、番号法、行政機関個人情報保護法等関係法令、本ガイドライン、指針等[注]及び政府機関の情報セキュリティ対策のための統一基準等に準拠した各府省庁等における情報セキュリティポリシー等を遵守することを前提とする。

地方公共団体等は、安全管理措置を講ずるに当たり、番号法、個人情

報保護条例、本ガイドライン、指針等及び地方公共団体における情報セキュリティポリシーに関するガイドライン等を参考に地方公共団体等において策定した情報セキュリティポリシー等を遵守することを前提とする。

行政機関等及び地方公共団体等は、特定個人情報保護評価を実施した事務については、その内容を遵守するものとする。また、個人番号利用事務の実施に当たり、接続する情報提供ネットワークシステム等の接続規程等が示す安全管理措置等を遵守することを前提とする。

> （注）「指針等」とは、「行政機関の保有する個人情報の適切な管理のための措置に関する指針について（平成16年9月14日総管情第84号総務省行政管理局長通知）」、「独立行政法人等の保有する個人情報の適切な管理のための措置に関する指針について（平成16年9月14日総管情第85号総務省行政管理局長通知）」及び「地方公共団体における個人情報保護対策について（平成15年6月16日総行情第91号総務省政策統括官通知）」等をいう。

A　基本方針の策定

特定個人情報等の適正な取扱いの確保について組織として取り組むために、基本方針を策定することが重要である。

B　取扱規程等の見直し等

①A～Cで明確化した事務において事務の流れを整理し、特定個人情報等の具体的な取扱いを定めるために、取扱規程等の見直し等を行わなければならない。

特に、特定個人情報等の複製及び送信、特定個人情報等が保存されている電子媒体等の外部への送付及び持出し等については、責任者の指示に従い行うことを定めること等が重要である。

≪手法の例示≫
* 取扱規程等は、次に掲げる管理段階ごとに、取扱方法、責任者・事務取扱担当者及びその任務等について定めることが考えられる。具体的に定める事項については、C～Fに記述する安全管理措置を織り込むことが重要である。
    ① 取得する段階
    ② 利用を行う段階
    ③ 保存する段階
    ④ 提供を行う段階
    ⑤ 削除・廃棄を行う段階

* 個人番号利用事務の場合、例えば、次のような事務フローに即して、手続を明確にしておくことが重要である。
    ① 住民等からの申請書を受領する方法（本人確認、個人番号の確認等）
    ② 住民等からの申請書をシステムに入力・保存する方法
    ③ 個人番号を含む証明書等の作成・印刷方法
    ④ 個人番号を含む証明書等を住民等に交付する方法
    ⑤ 申請書及び本人確認書類等の保存方法
    ⑥ 保存期間を経過した書類等の廃棄方法

C 組織的安全管理措置

行政機関等及び地方公共団体等は、特定個人情報等の適正な取扱いのために、次に掲げる組織的安全管理措置を講じなければならない。

a 組織体制の整備

安全管理措置を講ずるための組織体制を整備する。
行政機関等は、組織体制の整備として、次に掲げる事項を含める。地方公共団体等は、次に掲げる事項を参考に、適切に組織体制を整備する。

- 総括責任者（行政機関等に各1名）の設置及び責任の明確化
- 保護責任者（個人番号利用事務等を実施する課室等に各1名）の設置及び責任の明確化
- 監査責任者の設置及び責任の明確化
- 事務取扱担当者及びその役割の明確化
- 事務取扱担当者が取り扱う特定個人情報等の範囲の明確化
- 事務取扱担当者が取扱規程等に違反している事実又は兆候を把握した場合の責任者への報告連絡体制の整備
- 個人番号の漏えい、滅失又は毀損等（以下「情報漏えい等」という。）事案の発生又は兆候を把握した場合の職員から責任者等への報告連絡体制の整備
- 特定個人情報等を複数の部署で取り扱う場合の各部署の任務分担及び責任の明確化

b　取扱規程等に基づく運用

取扱規程等に基づく運用状況を確認するため、特定個人情報等へのアクセス状況を記録し、その記録を一定の期間保存し、定期に又は随時に分析するために必要な措置を講ずる。また、記録の改ざん、窃取又は不正な削除の防止のために必要な措置を講ずる。

≪手法の例示≫
* 記録する項目としては、次に掲げるものが挙げられる。
  - 特定個人情報ファイルの利用・出力状況の記録
  - 書類・媒体等の持出しの記録
  - 特定個人情報ファイルの削除・廃棄記録
  - 削除・廃棄を委託した場合、これを証明する記録等
  - 特定個人情報ファイルを情報システムで取り扱う場合、事務取扱担当者の情報システムの利用状況（ログイン実績、アクセスログ等）の記録

c 取扱状況を確認する手段の整備

特定個人情報ファイルの取扱状況を確認するための手段を整備する。

行政機関等は、次に掲げる項目を含めて記録する。地方公共団体等は、次に掲げる項目を参考に、適切な手段を整備する。

なお、取扱状況を確認するための記録等には、特定個人情報等は記載しない。

- 特定個人情報ファイルの名称
- 行政機関等の名称及び特定個人情報ファイルが利用に供される事務をつかさどる組織の名称
- 特定個人情報ファイルの利用目的
- 特定個人情報ファイルに記録される項目及び本人として特定個人情報ファイルに記録される個人の範囲
- 特定個人情報ファイルに記録される特定個人情報等の収集方法

d 情報漏えい等事案に対応する体制等の整備

情報漏えい等の事案の発生又は兆候を把握した場合に、適切かつ迅速に対応するための体制及び手順等を整備する。

情報漏えい等の事案が発生した場合、二次被害の防止、類似事案の発生防止等の観点から、事案に応じて、事実関係及び再発防止策等を早急に公表することが重要である。

≪手法の例示≫

* 情報漏えい等の事案の発生時に、次のような対応を行うことを念頭に、体制及び手順等を整備することが考えられる。
  - 情報漏えい等の事案が発覚した際の報告・連絡等
  - 事実関係の調査及び原因の究明
  - 影響を受ける可能性のある本人への連絡
  - 委員会及び主務大臣等への報告
  - 再発防止策の検討及び決定
  - 事実関係及び再発防止策等の公表

＊　不正アクセス、ウイルス感染の事案に加え、標的型攻撃等の被害を受けた場合の対応について、関係者において定期的に確認又は訓練等を実施する。

e　取扱状況の把握及び安全管理措置の見直し

　監査責任者（地方公共団体等においては相当する者）は、特定個人情報の管理の状況について、定期に及び必要に応じ随時に点検又は監査（外部監査を含む。）を行い、その結果を総括責任者（地方公共団体等においては相当する者。以下同じ。）に報告する。

　総括責任者は、点検又は監査の結果等を踏まえ、必要があると認めるときは、取扱規程等の見直し等の措置を講ずる。

D　人的安全管理措置

　行政機関等及び地方公共団体等は、特定個人情報等の適正な取扱いのために、次に掲げる人的安全管理措置を講じなければならない。

a　事務取扱担当者の監督

　総括責任者及び保護責任者（地方公共団体等においては相当する者。以下同じ。）は、特定個人情報等が取扱規程等に基づき適正に取り扱われるよう、事務取扱担当者に対して必要かつ適切な監督を行う。

b　事務取扱担当者等の教育

　総括責任者及び保護責任者は、事務取扱担当者に、特定個人情報等の適正な取扱いについて理解を深め、特定個人情報等の保護に関する意識の高揚を図るための啓発その他必要な教育研修を行う。

　また、特定個人情報等を取り扱う情報システムの管理に関する事務に従事する職員に対し、特定個人情報等の適切な管理のために、情報システムの管理、運用及びセキュリティ対策に関して必要な教育研修を行う。

総括責任者は、保護責任者に対し、課室等における特定個人情報等の適正な管理のために必要な教育研修を行う。

　総括責任者及び保護責任者は、事務取扱担当者に、特定個人情報等の適切な管理のために、教育研修への参加の機会を付与する等の必要な措置を講ずる。

c　**法令・内部規程違反等に対する厳正な対処**

　法令又は内部規程等に違反した職員に対し、法令又は内部規程等に基づき厳正に対処する。

E　**物理的安全管理措置**

　行政機関等及び地方公共団体等は、特定個人情報等の適正な取扱いのために、次に掲げる<u>物理的安全管理措置を講じなければならない</u>。

a　**特定個人情報等を取り扱う区域の管理**

　特定個人情報等の情報漏えい等を防止するために、特定個人情報等を取り扱う事務を実施する区域（以下「取扱区域」という。）を明確にし、物理的な安全管理措置を講ずる。

　特定個人情報ファイルを取り扱う情報システムを管理する区域（以下「管理区域」という。）を明確にし、物理的な安全管理措置を講ずる。管理区域において、入退室管理及び管理区域へ持ち込む機器等の制限等の措置を講ずる。

　行政機関等は、管理区域のうち、基幹的なサーバー等の機器を設置する室等（以下「情報システム室等」という。）を区分して管理する場合には、情報システム室等について、次の①及び②に掲げる措置を講ずる。地方公共団体等は、次の①及び②に掲げる項目を参考に、適切な措置を講ずる。

　　①　**入退室管理**

　　　・　情報システム室等に入室する権限を有する者を定めるとともに、用件の確認、入退室の記録、部外者についての識別化、

部外者が入室する場合の職員の立会い等の措置を講ずる。また、情報システム室等に特定個人情報等を記録する媒体を保管するための施設を設けている場合においても、必要があると認めるときは、同様の措置を講ずる。
- ・ 必要があると認めるときは、情報システム室等の出入口の特定化による入退室の管理の容易化、所在表示の制限等の措置を講ずる。
- ・ 必要があると認めるときは、入室に係る認証機能を設定し、及びパスワード等の管理に関する定めの整備（その定期又は随時の見直しを含む。）、パスワード等の読取防止等を行うために必要な措置を講ずる。

② **情報システム室等の管理**
- ・ 外部からの不正な侵入に備え、施錠装置、警報装置、監視設備の設置等の措置を講ずる。

b **機器及び電子媒体等の盗難等の防止**

管理区域及び取扱区域における特定個人情報等を取り扱う機器、電子媒体及び書類等の盗難又は紛失等を防止するために、物理的な安全管理措置を講ずる。また、電子媒体及び書類等の庁舎内の移動等において、紛失・盗難等に留意する。

≪手法の例示≫
- ＊ 特定個人情報等を取り扱う機器、電子媒体又は書類等を、施錠できるキャビネット、書庫又は必要に応じて耐火金庫等へ保管する。
- ＊ 特定個人情報ファイルを取り扱う情報システムが機器のみで運用されている場合は、セキュリティワイヤー等により固定すること等が考えられる。

c 電子媒体等の取扱いにおける漏えい等の防止

　許可された電子媒体又は機器等以外のものについて使用の制限等の必要な措置を講ずる。また、記録機能を有する機器の情報システム端末等への接続の制限等の必要な措置を講ずる。

　取扱規程等の手続に基づき、特定個人情報等が記録された電子媒体又は書類等を持ち出す必要が生じた場合には、容易に個人番号が判明しない措置の実施、追跡可能な移送手段の利用等、安全な方策を講ずる。

≪手法の例示≫
　* 特定個人情報等が記録された電子媒体を安全に持ち出す方法としては、持出しデータの暗号化、パスワードによる保護、施錠できる搬送容器の使用等が考えられる。ただし、行政機関等に法定調書等をデータで提出するに当たっては、行政機関等が指定する提出方法に従う。
　* 特定個人情報等が記載された書類等を安全に持ち出す方法としては、封緘、目隠しシールの貼付を行うこと等が考えられる。

d 個人番号の削除、機器及び電子媒体等の廃棄

　特定個人情報等が記録された電子媒体及び書類等について、文書管理に関する規程等によって定められている保存期間を経過した場合には、個人番号をできるだけ速やかに復元できない手段で削除又は廃棄する。

　→ガイドライン第4－3－(4) B「保管制限と廃棄」参照

　個人番号若しくは特定個人情報ファイルを削除した場合、又は電子媒体等を廃棄した場合には、削除又は廃棄した記録を保存する。また、これらの作業を委託する場合には、委託先が確実に削除又は廃棄したことについて、証明書等により確認する。

≪手法の例示≫
* 特定個人情報等が記載された書類等を廃棄する場合、焼却又は溶解等の復元不可能な手段を採用する。
* 特定個人情報等が記録された機器及び電子媒体等を廃棄する場合、専用のデータ削除ソフトウェアの利用又は物理的な破壊等により、復元不可能な手段を採用する。
* 特定個人情報ファイル中の個人番号又は一部の特定個人情報等を削除する場合、容易に復元できない手段を採用する。
* 個人番号が記載された書類等については、保存期間経過後における廃棄を前提とした手続を定める。

F 技術的安全管理措置

行政機関等及び地方公共団体等は、特定個人情報等の適正な取扱いのために、次に掲げる技術的安全管理措置を講じなければならない。

a アクセス制御

情報システムを使用して個人番号利用事務等を行う場合、事務取扱担当者及び当該事務で取り扱う特定個人情報ファイルの範囲を限定するために、適切なアクセス制御を行う。

≪手法の例示≫
* アクセス制御を行う方法としては、次に掲げるものが挙げられる。
  ・ 個人番号と紐付けてアクセスできる情報の範囲をアクセス制御により限定する。
  ・ 特定個人情報ファイルを取り扱う情報システム等を、アクセス制御により限定する。
  ・ ユーザーIDに付与するアクセス権により、特定個人情報ファイルを取り扱う情報システムを使用できる者を事務取扱担当者に限定する。

・　特定個人情報ファイルへのアクセス権を付与すべき者を最小化する。
・　アクセス権を有する者に付与する権限を最小化する。
・　情報システムの管理者権限を有するユーザーであっても、情報システムの管理上特定個人情報ファイルの内容を知らなくてもよいのであれば、特定個人情報ファイルへ直接アクセスできないようにアクセス制御をする。
・　特定個人情報ファイルを取り扱う情報システムに導入したアクセス制御機能の脆弱性等を検証する。

b　アクセス者の識別と認証
　特定個人情報等を取り扱う情報システムは、事務取扱担当者が正当なアクセス権を有する者であることを、識別した結果に基づき認証する。

≪手法の例示≫
＊　事務取扱担当者の識別方法としては、ユーザーＩＤ、パスワード、磁気・ＩＣカード、生体情報等が考えられる。

c　不正アクセス等による被害の防止等
　情報システムを外部等からの不正アクセス又は不正ソフトウェアから保護する仕組み等を導入し、適切に運用する。また、個人番号利用事務の実施に当たり接続する情報提供ネットワークシステム等の接続規程等が示す安全管理措置を遵守する。個人番号利用事務において使用する情報システムについて、インターネットから独立する等の高いセキュリティ対策を踏まえたシステム構築や運用体制整備を行う。

≪手法の例示≫
* 特定個人情報等を取り扱う情報システムと外部ネットワーク（又はその他の情報システム）との接続箇所に、ファイアウォール等を設置し、不正アクセスを遮断する。
* 情報システム及び機器にセキュリティ対策ソフトウェア等（ウイルス対策ソフトウェア等）を導入する。
* 導入したセキュリティ対策ソフトウェア等により、入出力データにおける不正ソフトウェアの有無を確認する。
* 機器やソフトウェア等に標準装備されている自動更新機能等の活用により、ソフトウェア等を最新状態とする。
* 定期に及び必要に応じ随時にログ等の分析を行い、不正アクセス等を検知する。
* 不正アクセス等の被害に遭った場合であっても、被害を最小化する仕組み（ネットワークの遮断等）を導入し、適切に運用する。
* 情報システムの不正な構成変更（許可されていない電子媒体、機器の接続等、ソフトウェアのインストール等）を防止するために必要な措置を講ずる。

d　情報漏えい等の防止

　特定個人情報等をインターネット等により外部に送信する場合、通信経路における情報漏えい等を防止するための措置を講ずる。
　特定個人情報ファイルを機器又は電子媒体等に保存する必要がある場合、原則として、暗号化又はパスワードにより秘匿する。

≪手法の例示≫
* 通信経路における情報漏えい等の防止策としては、通信経路の暗号化等が考えられる。
* 暗号化又はパスワードによる秘匿に当たっては、不正に入手した者が容易に復元できないように、暗号鍵及びパスワードの

運用管理、パスワードに用いる文字の種類や桁数等の要素を考慮する。

（巻末資料）
特定個人情報の取扱いにおいて必要となり得る個人情報保護条例の改正等
１．番号法第31条に基づく個人情報保護条例の改正等

　地方公共団体においては、番号法第31条の規定に基づき、行政機関等と同様の適用となるよう、次のとおり個人情報保護条例の改正等が必要となる場合がある。

（１）「特定個人情報」の定義等

　地方公共団体における個人情報保護条例上の「個人情報」の定義においては、「事業を営む個人の当該事業に関する情報、法人その他の団体に関する情報に含まれる当該法人その他の団体の役員に関する情報を除く。」等の除外規定を設けている場合がある。特定個人情報については、当該除外部分を含めて保護の対象となるよう「特定個人情報」の定義を追加する等が必要になると考えられる。

〈参考〉定義を追加する場合の例

用語	改正内容
特定個人情報	「行政手続における特定の個人を識別するための番号の利用等に関する法律（平成25年法律第27号）第２条第８項に規定する特定個人情報をいう。」等と追加 ※　この場合、「特定個人情報」の定義にいう「個人情報」とは、条例の規定の如何にかかわらず、個人情報保護法第２条第１項に規定する個人情報となる。

（2） 番号法第29条・第30条を踏まえた個人情報保護条例の改正等

項目	改正内容	
	特定個人情報（情報提供等の記録を除く。）（番号法第29条）	情報提供等の記録（番号法第30条）
利用目的以外の目的での利用	・次の例外を除いて原則禁止とする。 （第4－1－(1) ①B） ＜例外＞ ①激甚災害時等に金銭の支払を行う場合 （第4－1－(1) ②a） ②人の生命、身体又は財産の保護のために必要がある場合であって、本人の同意があり、又は本人の同意を得ることが困難である場合 （第4－1－(1) ②b）	・禁止とする。 （第4－3－(3) ②d）
提供制限	・番号法第19条各号に該当する場合に提供できるようにする。 （第4－3－(2) ②）	
開示	・本人、法定代理人、任意代理人による請求を認める。 （第4－4－(3) A）	
	・他の法令又は条例の規定に基づき開示することとされている場合であっても、開示の実施の調整は行わないこととする。 （第4－4－(3) C）	
	・経済的困難その他特別の理由があると認めるときは、開示請求の手数料を免除できるようにする。 （第4－4－(3) D）	
		・事案の移送を禁止とする。 （第4－4－(3) B）

項目	改正内容	
	特定個人情報（情報提供等の記録を除く。）（番号法第29条）	情報提供等の記録（番号法第30条）
訂正	・本人、法定代理人、任意代理人による請求を認める。（第4−4−(4) A)	
		・事案の移送を禁止とする。（第4−4−(4) B)
		・訂正の通知先を、総務大臣及び情報照会者又は情報提供者とする。（第4−4−(4) C)
利用停止	・本人、法定代理人、任意代理人による請求を認める。（第4−4−(5) A)	・請求を認めない。（第4−4−(5) C)
	・次の場合も請求を認める。（第4−4−(5) B) ①利用制限に違反している場合 ②収集・保管制限に違反している場合 ③ファイル作成制限に違反している場合 ④提供制限に違反している場合	
措置要求	・保有する個人情報の提供を受ける者に対する措置要求を行わないこととする。（第4−4−(1))	

※　個人情報保護条例において、オンライン結合の制限等を規定している場合は、上記表の提供制限における改正内容と同様、番号法第19条各号に該当する場合に特定個人情報を提供できるよう、当該規定の改正が必要となる場合がある。

（3）特定個人情報の適正な取扱いの確保のための個人情報保護条例の改正等

項目	必要な措置
安全管理措置	・個人番号利用事務等実施者は、個人番号（生存する個人のものだけでなく死者のものも含む。）の漏えい、滅失又は毀損の防止その他の個人番号の適切な管理のために必要な措置を講ずる。 ・保有する個人情報である特定個人情報の漏えい、滅失又は毀損の防止その他の保有個人情報の適切な管理のために必要な措置を講ずる。 （第4－2－（2））)

※ 上記の項目のほか、利用目的の特定、保有の制限、利用目的の変更、利用目的の明示、保有する個人情報の正確性の確保等について、番号法第31条の規定に基づき、行政機関等と同様の適用となるよう、個人情報保護条例の改正等が必要となる場合がある。

2．特定個人情報の利活用のための条例の改正等

項目	条例の改正等が必要な場合
利用事務 （番号法第9条第2項）	・番号法別表第1に規定されていない地方公共団体の独自事務に利用する場合 ・同一地方公共団体の同一機関内における複数の事務間で特定個人情報を移転する場合 ・当該独自事務の根拠となる条例において書面の提出を義務付けている場合に、上記の特定個人情報の移転により、当該特定個人情報と同一の内容の情報を含む書面の提出を不要とする場合（第4－1－（1）①Aa）

項目	条例の改正等が必要な場合
提供制限 （番号法第19条第9号）	・同一地方公共団体内における他の機関に特定個人情報を提供する場合 ・独自事務に個人番号を利用し、当該独自事務の根拠となる条例において書面の提出を義務付けている場合に、上記の同一地方公共団体内における特定個人情報の提供を受けることにより、当該特定個人情報と同一の内容の情報を含む書面の提出を不要とする場合（第4－3－(2) ②Ｂⅰ）
個人番号カードの利用 （番号法第18条）	・市町村の機関が地域住民の利便性の向上に資するものとして条例で定める事務で利用する場合等

出典：個人情報保護委員会
　　　特定個人情報の適正な取扱いに関するガイドライン（行政機関等・地方公共団体等編）（PDF:821KB）
　　　http://www.ppc.go.jp/legal/policy/

（別冊）
金融業務における特定個人情報の適正な取扱いに関するガイドライン

平成26年12月11日
（平成28年1月1日一部改正）
個人情報保護委員会

別冊の位置付け

「特定個人情報の適正な取扱いに関するガイドライン（事業者編）」（以下「事業者ガイドライン」という。）は、事業者が主として従業員等の個人番号を取り扱う事務を行うことを前提に作成されている。

一方、金融分野（金融庁作成の「金融分野における個人情報保護に関するガイドライン」第1条第1項に定義される金融分野をいう。）における事業者（以下「金融機関」という。）は、番号法、「所得税法」（昭和40年法律第33号）等の規定により、税及び災害対策の分野において、顧客の個人番号を取り扱う事務も行うこととなる。

「（別冊）金融業務における特定個人情報の適正な取扱いに関するガイドライン」は、事業者ガイドラインの別冊として、金融機関が金融業務に関連して顧客の個人番号を取り扱う事務において、特定個人情報の適正な取扱いを確保するための具体的な指針を定めるものである。

本別冊ガイドラインは、事業者ガイドラインの「第4　各論」に相当する部分を構成するものであり、「第1　はじめに」から「第3　総論」までについては、事業者ガイドラインを参照するものとする。また、金融機関が行う金融業務以外の業務については、事業者ガイドラインを適用するものとする。

本別冊ガイドラインの中で、「しなければならない」及び「してはならない」と記述している事項については、これらに従わなかった場合、法令違反と判断される可能性がある。一方、「望ましい」と記述している事項については、これに従わなかったことをもって直ちに法令違反と判断されることはないが、番号法の趣旨を踏まえ、可能な限り対応することが望まれるものである。

1 特定個人情報の利用制限
1-(1) 個人番号の利用制限

> **要点**
> ○ 個人番号を利用できる事務については、番号法によって限定的に定められており、金融機関が金融業務に関連して個人番号を利用するのは、主として、支払調書等に顧客の個人番号を記載して税務署長に提出する場合である。→1
> ○ また、例外的な利用について、番号法は個人情報保護法に比べ、より限定的に定めている。金融機関の場合、利用目的を超えて個人番号を利用することができるのは、①激甚災害が発生したとき等に金銭の支払をするために個人番号を利用する場合及び②人の生命、身体又は財産の保護のために個人番号を利用する必要がある場合である。→2
>
> （関係条文）
> ・番号法第9条、第29条第3項、第32条
> ・個人情報保護法第16条

1 個人番号の原則的な取扱い

　個人番号(注)は、番号法があらかじめ限定的に定めた事務の範囲の中から、具体的な利用目的を特定した上で、利用するのが原則である。

　金融機関が金融業務に関連して個人番号を利用するのは、主として、支払調書等に顧客の個人番号を記載して税務署長に提出する場合である（個人番号関係事務）。

　金融機関は、個人情報保護法とは異なり、<u>本人の同意があったとしても、例外として認められる場合を除き</u>（2参照）、<u>これらの事務以外で個人番号を利用してはならない。</u>

　＊　金融機関は、顧客の管理のために、個人番号を顧客番号として利用してはならない。

(注)「個人番号」には、個人番号に対応して、当該個人番号に代わって用いられる番号等も含まれる(番号法第2条第8項)。例えば、数字をアルファベットに読み替えるという法則に従って、個人番号をアルファベットに置き換えた場合であっても、当該アルファベットは「個人番号」に該当することとなる。一方、金融機関が、顧客を管理するために付している顧客番号等(当該顧客の個人番号を一定の法則に従って変換したものではないもの)は、「個人番号」には該当しない。

A **個人番号関係事務**(番号法第9条第3項)

金融機関が金融業務に関連して個人番号を取り扱うこととなるのが個人番号関係事務である。具体的には、金融機関が、法令に基づき、顧客の個人番号を利子等の支払調書、特定口座年間取引報告書等の書類に記載して、税務署長に提出する事務等である。

B **利用目的を超えた個人番号の利用禁止**
   a **利用目的を超えた個人番号の利用禁止**(番号法第29条第3項により読み替えて適用される個人情報保護法第16条第1項、番号法第32条)

   金融機関は、個人番号の利用目的をできる限り特定しなければならない(個人情報保護法第15条第1項)が、その特定の程度としては、本人が、自らの個人番号がどのような目的で利用されるのかを一般的かつ合理的に予想できる程度に具体的に特定する必要がある。

   * 「金融商品取引に関する支払調書作成事務」、「保険取引に関する支払調書作成事務」のように特定することが考えられる。

   番号法は、個人情報保護法とは異なり、本人の同意があったとしても、利用目的を超えて特定個人情報を利用してはならないと定めている。したがって、個人番号についても利用目的(個人番号を利用できる事務の範囲で特定した利用目的)の範囲内でのみ利用することができ

る。利用目的を超えて個人番号を利用する必要が生じた場合には、当初の利用目的と相当の関連性を有すると合理的に認められる範囲内で利用目的を変更して、本人への通知等を行うことにより、変更後の利用目的の範囲内で個人番号を利用することができる（個人情報保護法第15条第2項、第18条第3項）。

＊　前の保険契約を締結した際に保険金支払に関する支払調書作成事務のために提供を受けた個人番号については、後の保険契約に基づく保険金支払に関する支払調書作成事務のために利用することができると解される。

＊　金融機関が顧客から個人番号の提供を受けるに当たり、想定される全ての支払調書作成事務等を利用目的として特定して、本人への通知等を行うことが考えられる。なお、通知等の方法としては、従来から行っている個人情報の取得の際と同様に、利用目的を記載した書類の提示等の方法が考えられる。

b　**合併等の場合**（番号法第29条第3項により読み替えて適用される個人情報保護法第16条第2項）
　　個人情報取扱事業者は、合併等の理由で事業を承継することに伴って、他の個人情報取扱事業者から当該事業者の顧客の特定個人情報を取得した場合には、承継前に特定されていた利用目的に従って特定個人情報を利用することができる。ただし、<u>本人の同意があったとしても、承継前に特定されていた利用目的を超えて特定個人情報を利用してはならない</u>。

＊　金融機関甲が、金融機関乙の事業を承継し、支払調書作成事務等のために乙が保有していた乙の顧客の個人番号を承継した場合、当該顧客の個人番号を当該顧客に関する支払調書作成事務等の範囲で利用することができる。

2 例外的な取扱いができる場合

番号法では、次に掲げる場合に、例外的に利用目的を超えた個人番号の利用を認めている。

a 金融機関が激甚災害時等に金銭の支払を行う場合（番号法第9条第4項、第29条第3項により読み替えて適用される個人情報保護法第16条第3項第1号、番号法第32条、番号法施行令^(注)第10条）

①銀行等の預金等取扱金融機関、②証券会社、③生命保険会社、④損害保険会社、⑤生命保険会社又は損害保険会社と同様の業務を行う共済団体は、「激甚災害に対処するための特別の財政援助等に関する法律」（昭和37年法律第150号）第2条第1項の激甚災害が発生したとき、又は「災害対策基本法」（昭和36年法律第223号）第63条第1項その他内閣府令で定める法令の規定により一定の区域への立入りを制限、禁止され、若しくは当該区域からの退去を命ぜられたときに、支払調書の作成等の個人番号関係事務を処理する目的で保有している個人番号について、顧客に対する金銭の支払を行うという別の目的のために、顧客の預金情報等の検索に利用することができる。

（注）番号法施行令とは、「行政手続における特定の個人を識別するための番号の利用等に関する法律施行令」（平成26年政令第155号）をいう（以下同じ。）。

b 人の生命、身体又は財産の保護のために必要がある場合であって、本人の同意があり、又は本人の同意を得ることが困難である場合
（番号法第29条第3項により読み替えて適用される個人情報保護法第16条第3項第2号、番号法第32条）

人の生命、身体又は財産の保護のために必要がある場合であって、本人の同意があり、又は本人の同意を得ることが困難であるときは、支払調書の作成等の個人番号関係事務を処理する目的で保有している個人番号について、人の生命、身体又は財産を保護するために利用することができる。

1-(2) 特定個人情報ファイルの作成の制限

> 要点
> ○ 個人番号関係事務を処理するために必要な範囲に限って、特定個人情報ファイルを作成することができる。
>
> (関係条文)
> ・番号法　第28条

● **特定個人情報ファイルの作成の制限**（番号法第28条）
　金融機関が金融業務に関連して特定個人情報ファイルを作成することができるのは、個人番号関係事務を処理するために必要な範囲に限られている。法令に基づき行う顧客の支払調書作成事務等に限って、特定個人情報ファイルを作成することができるものであり、これらの場合を除き特定個人情報ファイルを作成してはならない。

2　特定個人情報の安全管理措置等
2-(1) 委託の取扱い

> 要点
> ○　個人番号関係事務の全部又は一部の委託をする者は、委託先において、番号法に基づき委託者自らが果たすべき安全管理措置と同等の措置が講じられるよう必要かつ適切な監督を行わなければならない。
> →①A、②C
> 　「必要かつ適切な監督」には、①委託先の適切な選定、②安全管理措置に関する委託契約の締結、③委託先における特定個人情報の取扱状況の把握が含まれる。→①B
>
> ※　安全管理措置の具体的な内容については、「2-(2) 安全管理措置」及び事業者ガイドラインの「(別添) 特定個人情報に関する安

全管理措置（事業者編）」を参照のこと。

○　個人番号関係事務の全部又は一部の「委託を受けた者」は、委託者の許諾を得た場合に限り、再委託を行うことができる。→②A
　再委託を受けた者は、個人番号関係事務の「委託を受けた者」とみなされ、最初の委託者の許諾を得た場合に限り、更に再委託することができる。→②B

（関係条文）
・番号法　　第10条、第11条
・個人情報保護法　　第22条

① **委託先の監督**（番号法第11条、個人情報保護法第22条）
　A　**委託先における安全管理措置**
　　　個人番号関係事務の全部又は一部の委託をする者（以下「委託者」という。）は、委託した個人番号関係事務で取り扱う特定個人情報の安全管理措置が適切に講じられるよう「委託を受けた者」に対する必要かつ適切な監督を行わなければならない。
　　　このため、委託者は、「委託を受けた者」において、番号法に基づき委託者自らが果たすべき安全管理措置と同等の措置が講じられるよう必要かつ適切な監督を行わなければならない。
　　　なお、「委託を受けた者」を適切に監督するために必要な措置を講じず、又は、必要かつ十分な監督義務を果たすための具体的な対応をとらなかった結果、特定個人情報の漏えい等が発生した場合、番号法違反と判断される可能性がある。

　　＊　保険会社から個人番号関係事務の全部又は一部の委託を受け、個人番号を取り扱う代理店は、番号法上の「委託を受けた者」となり、委託者である保険会社は、代理店において、保険会社自らが果たす

べき安全管理措置と同等の措置が講じられるよう必要かつ適切な監督を行わなければならない。

B　必要かつ適切な監督

「必要かつ適切な監督」には、①委託先の適切な選定、②委託先に安全管理措置を遵守させるために必要な契約の締結、③委託先における特定個人情報の取扱状況の把握が含まれる。

委託先の選定については、委託者は、<u>委託先において、番号法に基づき委託者自らが果たすべき安全管理措置と同等の措置が講じられるか否かについて、あらかじめ確認しなければならない</u>。具体的な確認事項としては、委託先の設備、技術水準、従業者[注]に対する監督・教育の状況、その他委託先の経営環境等が挙げられる。

委託契約の締結については、<u>契約内容として、秘密保持義務、事業所内からの特定個人情報の持出しの禁止、特定個人情報の目的外利用の禁止、再委託における条件、漏えい事案等が発生した場合の委託先の責任、委託契約終了後の特定個人情報の返却又は廃棄、従業者に対する監督・教育、契約内容の遵守状況について報告を求める規定等を盛り込まなければならない</u>。また、これらの契約内容のほか、特定個人情報を取り扱う従業者の明確化、委託者が委託先に対して実地の調査を行うことができる規定等を盛り込むことが望ましい。

(注)「従業者」とは、金融機関の組織内にあって直接間接に金融機関の指揮監督を受けて金融機関の業務に従事している者をいう。具体的には、従業員のほか、取締役、監査役、理事、監事、派遣社員等を含む。

2　**再委託**（番号法第10条、第11条）
　A　**再委託の要件**（第10条第1項）

個人番号関係事務の全部又は一部の「委託を受けた者」は、委託者の許諾を得た場合に限り、再委託をすることができる。

＊　金融機関甲が個人番号関係事務を事業者乙に委託している場合、乙は、委託者である甲の許諾を得た場合に限り、同事務を別の事業者丙に委託することができる。

B　再委託の効果（第10条第2項）

再委託を受けた者は、個人番号関係事務の全部又は一部の「委託を受けた者」とみなされ、再委託を受けた個人番号関係事務を行うことができるほか、最初の委託者の許諾を得た場合に限り、その事務を更に再委託することができる。

＊　更に再委託をする場合も、その許諾を得る相手は、最初の委託者である。
　したがって、個人番号関係事務が甲→乙→丙→丁と順次委託される場合、丙は、最初の委託者である甲の許諾を得た場合に限り、別の事業者丁に再委託を行うことができる。更に再委託が繰り返される場合も同様である。
　なお、乙は丙を監督する義務があるため、乙・丙間の委託契約の内容に、丙が再委託する場合の取扱いを定め、再委託を行う場合の条件、再委託した場合の乙に対する通知義務等を盛り込むことが望ましい。

C　再委託先の監督（第11条）

①Aにおける「委託を受けた者」とは、委託者が直接委託する事業者を指すが、甲→乙→丙→丁と順次委託される場合、乙に対する甲の監督義務の内容には、再委託の適否だけではなく、乙が丙、丁に対して必要かつ適切な監督を行っているかどうかを監督することも含まれる。したがって、<u>甲は乙に対する監督義務だけではなく、再委託先である丙、丁に対しても間接的に監督義務を負うこととなる</u>。

2-(2) 安全管理措置

● **安全管理措置**（番号法第12条、第33条、第34条、個人情報保護法第20条、第21条）

　個人番号関係事務実施者である金融機関は、<u>個人番号及び特定個人情報（以下「特定個人情報等」という。）の漏えい、滅失又は毀損の防止等、特定個人情報等の管理のために、必要かつ適切な安全管理措置を講じなければならない</u>。また、従業者(注)に特定個人情報等を取り扱わせるに当たっては、<u>特定個人情報等の安全管理措置が適切に講じられるよう、当該従業者に対する必要かつ適切な監督を行わなければならない</u>。

（注）「従業者」とは、金融機関の組織内にあって直接間接に金融機関の指揮監督を受けて金融機関の業務に従事している者をいう。具体的には、従業員のほか、取締役、監査役、理事、監事、派遣社員等を含む。

※　安全管理措置の具体的な内容については、事業者ガイドラインの「（別添）特定個人情報に関する安全管理措置（事業者編）」を参照することとするが、金融庁作成の「金融分野における個人情報保護に関するガイドラインの安全管理措置等についての実務指針」を遵守することを前提とする。

3　特定個人情報の提供制限等
3-(1)　個人番号の提供の要求

> **要点**
> 〇　個人番号関係事務実施者は、個人番号関係事務を処理するために必要がある場合に限って、本人又は他の個人番号関係事務実施者に対して個人番号の提供を求めることができる。
>
> （関係条文）
> ・番号法　第14条

1 提供の要求（番号法第14条第1項）

　金融機関は、金融業務に関連する個人番号関係事務を行うため、本人又は他の個人番号関係事務実施者から個人番号の提供を受ける必要がある。番号法第14条第1項は、個人番号関係事務実施者が個人番号の提供を求めるための根拠となる規定である。

　個人番号関係事務実施者は、本条により、個人番号関係事務を処理するために必要がある場合、本人又は他の個人番号関係事務実施者に対し個人番号の提供を求めることとなる。

A　本人に対する個人番号の提供の要求

　金融機関は、本条を根拠として、顧客に対し、支払調書作成事務等に必要な個人番号の提供を求めることとなる。

B　他の個人番号関係事務実施者に対する個人番号の提供の要求

　金融機関は、本条を根拠として、他の個人番号関係事務実施者に対し、支払調書作成事務等に必要な個人番号の提供を求めることとなる。

　＊　株式等振替制度において、株式発行者から株主名簿に関する事務の委託を受けた株主名簿管理人（信託銀行等）は、振替機関に対して、株主の個人番号の提供を求めることとなる。

2 提供を求める時期

　個人番号関係事務実施者は、個人番号関係事務を処理するために必要があるときに個人番号の提供を求めることとなる。

　金融機関は、個人番号関係事務が発生した時点で個人番号の提供を求めることが原則であるが、顧客との法律関係等に基づき、個人番号関係事務の発生が予想される場合には、契約を締結した時点等の当該事務の発生が予想できた時点で個人番号の提供を求めることが可能であると解される。なお、契約内容等から個人番号関係事務が明らかに発生しないと認められる場合には、個人番号の提供を求めてはならない。

* 特定口座に係る所得計算等に伴う特定口座年間取引報告書の作成事務の場合は、租税特別措置法第37条の11の3第4項の規定により顧客は特定口座開設届出書を提出する時点で個人番号を告知する義務があるため、その時点で提供を求めることとなる。

* 先物取引の差金等決済に伴う支払調書の作成事務の場合は、所得税法第224条の5第1項及び同法施行令第350条の3第1項の規定により差金等決済をする日までに、その都度、個人番号の告知を求めることが原則であるが、先物取引等の委託に係る契約の締結時点で個人番号の提供を求めることも可能であると解される。

* 生命保険契約に基づく保険金等の支払に伴う支払調書の作成事務の場合は、保険契約の締結時点で保険契約者等及び保険金等受取人の個人番号の提供を求めることも可能であると解される。

* 協同組織金融機関の出資配当金の支払に伴う支払調書の作成事務の場合は、所得税法第224条第1項及び同法施行令第336条第1項の規定により支払の確定の都度、個人番号の告知を求めることが原則であるが、協同組織金融機関に加入する時点で個人番号の提供を求めることも可能であると解される。

3-(2) 個人番号の提供の求めの制限、特定個人情報の提供制限

要点
○ 番号法で限定的に明記された場合を除き、個人番号の提供を求めてはならない。→1
○ 番号法で限定的に明記された場合を除き、特定個人情報を提供してはならない。→2

(関係条文)
・番号法　第15条、第19条、第29条第3項
・個人情報保護法　第23条

1　提供の求めの制限（番号法第15条）

　何人も、番号法第19条各号のいずれかに該当し特定個人情報の提供を受けることができる場合を除き、他人の個人番号の提供を求めてはならない。

　金融機関が、金融業務に関連して個人番号の提供を求めることとなるのは、顧客に対し、支払調書作成事務等のために個人番号の提供を求める場合に限られる。

*　金融機関は、支払調書作成事務等を処理する目的で、顧客に対し、個人番号の提供を求めることとなる（番号法第19条第3号に該当）。一方、法令で定められた支払調書作成事務等を処理する場合を除き、個人番号の提供を求めてはならない。

2　特定個人情報の提供制限（番号法第19条）

　何人も、番号法で限定的に明記された場合を除き、特定個人情報を「提供」してはならない。

　金融機関が特定個人情報を提供できるのは、支払調書等に顧客の個人番号を記載して税務署長に提出する場合等に限られる。

A　「提供」の意義について

　「提供」とは、法的な人格を超える特定個人情報の移動を意味するものであり、同一法人の内部等の法的な人格を超えない特定個人情報の移動は「提供」ではなく「利用」に当たり、利用制限（番号法第9条、第28条、第29条第3項、第32条）に従うこととなる。

　なお、個人情報保護法においては、個人データを特定の者との間で

共同して利用する場合には、第三者提供に当たらないとしている（個人情報保護法第23条第4項第3号）が、番号法においては、個人情報保護法第23条第4項第3号の適用を除外している（番号法第29条第3項）ことから、この場合も通常の「提供」に当たり、提供制限（同法第14条から第16条まで、第19条、第20条、第29条第3項）に従うこととなる。

＊ 「提供」に当たらない場合

　金融機関甲の中のＸ部からＹ部へ特定個人情報が移動する場合、Ｘ部、Ｙ部はそれぞれ甲の内部の部署であり、独立した法的人格を持たないから、「提供」には当たらない。例えば、顧客の個人番号が、営業所の担当者を通じ、支払調書を作成する目的で経理部に提出された場合には、「提供」には当たらず、法令で認められた「利用」となる。

＊ 「提供」に当たる場合

　金融機関甲から他の事業者乙へ特定個人情報が移動する場合は「提供」に当たる。同じ系列の会社間等での特定個人情報の移動であっても、別の法人である以上、「提供」に当たり、提供制限に従うこととなるため留意が必要である。例えば、甲銀行と子会社である乙証券会社が同一の顧客と取引しており、その顧客から非公開情報の授受について書面による同意を得ている場合であっても、甲乙間で顧客の個人番号を提供又は共同利用してはならない。

B　**特定個人情報を提供できる場合**（番号法第19条第1号から第14号まで）

　特定個人情報を提供できる場合として、番号法第19条各号が定めているもののうち金融業務に関わるものは、次のとおりである。

a　**個人番号関係事務実施者からの提供**（第2号）

　個人番号関係事務実施者である金融機関は、個人番号関係事務を

処理するために、法令に基づき、税務署長等に特定個人情報を提供することとなる。

* 金融機関（個人番号関係事務実施者）は、所得税法第225条第1項の規定に従って、支払調書の提出という個人番号関係事務を処理するために、税務署長に対し、顧客の個人番号が記載された支払調書を提出することとなる。

* 金融機関（個人番号関係事務実施者）は、租税特別措置法第37条の11の3第7項の規定に従って、特定口座年間取引報告書の提出という個人番号関係事務を処理するために、顧客の個人番号が記載された特定口座年間取引報告書を作成し、税務署長に提出することとなる。

b **本人又は代理人からの提供**（第3号）
本人又はその代理人は、個人番号関係事務実施者である金融機関に対し、本人の個人番号を含む特定個人情報を提供することとなる。

* 顧客は、支払調書作成事務等のために、個人番号関係事務実施者である金融機関に対し、自己の個人番号を提供することとなる。

c **委託、合併に伴う提供**（第5号）
特定個人情報の取扱いの全部若しくは一部の委託又は合併その他の事由による事業の承継が行われたときは、特定個人情報を提供することが認められている。

* 金融機関甲が金融機関乙を吸収合併した場合、吸収される乙は、支払調書作成事務等に必要な顧客の個人番号を存続する甲に提供することができる。

d　株式等振替制度を活用した提供（第10号、番号法施行令第24条、第25条）

　振替機関又は口座管理機関は、社債等の発行会社、他の振替機関又は口座管理機関に対し、各者をつなぐオンラインシステムを利用して、「社債、株式等の振替に関する法律」（平成13年法律第75号）の規定等に基づき、支払調書に記載されるべき個人番号として株主が振替機関又は口座管理機関に告知した特定個人情報を、その特定個人情報の安全を確保するための必要な措置(注)を講じた上で、提供することができる。

＊　株主→口座管理機関（証券会社X）→口座管理機関（証券会社Y）→振替機関→株式発行者→税務署長という順番で、株主の特定個人情報が提供される例でみると、証券会社X→証券会社Y、証券会社Y→振替機関、振替機関→株式発行者間の特定個人情報の提供がこれに該当する。証券会社X、証券会社Y及び振替機関は、社債、株式等の振替に関する命令第62条の規定により特定個人情報の提供が義務付けられている。

　なお、株主→証券会社X間の特定個人情報の提供は番号法第19条第3号（b）を、株式発行者→税務署長間の特定個人情報の提供は同条第2号（a）を根拠として行われることとなる。

（注）特定個人情報の安全を確保するための必要な措置については、番号法施行令第25条に次のとおり定められている。
　　①　特定個人情報を提供する者の使用に係る電子計算機に、特定個人情報の提供を受ける者の名称、提供の日時及び主務省令で定める事項を記録し、その記録を7年間保存すること
　　②　提供する特定個人情報が漏えいした場合において、その旨及びその理由を遅滞なく委員会に報告するために必要な体制を整備するとともに、提供を受ける者が同様の体制を整備していることを確認すること

③ 主務省令によって定められた特定個人情報の安全を確保するための措置の実施を行うこと

e 委員会からの提供の求め（第11号）

委員会が、特定個人情報の取扱いに関し、番号法第38条第1項の規定により、特定個人情報の提出を求めた場合には、この求めに応じ、委員会に対し、特定個人情報を提供しなければならない。

f 各議院審査等その他公益上の必要があるときの提供（第12号、番号法施行令第26条、同施行令別表）

①各議院の審査、調査の手続、②訴訟手続その他の裁判所における手続、③裁判の執行、④刑事事件の捜査、⑤租税に関する法律の規定に基づく犯則事件の調査、⑥会計検査院の検査が行われるとき、⑦公益上の必要があるときには、特定個人情報を提供することができる。⑦の公益上の必要があるときは、番号法施行令第26条で定められており、「私的独占の禁止及び公正取引の確保に関する法律」（昭和22年法律第54号）の規定による犯則事件の調査（番号法施行令別表第2号）、「金融商品取引法」（昭和23年法律第25号）の規定による犯則事件の調査（同表第4号）、租税調査（同表第8号）、個人情報保護法の規定による報告徴収（同表第19号）、「犯罪による収益の移転防止に関する法律」（平成19年法律第22号）の規定による届出（同表第23号）等がある。

g 人の生命、身体又は財産の保護のための提供（第13号）

人の生命、身体又は財産の保護のために必要がある場合において、本人の同意があり、又は本人の同意を得ることが困難であるときは、特定個人情報を提供することができる。

C 個人情報保護法上の第三者提供との違い

個人情報保護法は、個人情報取扱事業者に対し、個人データについ

て、本人の同意がある場合、法令の規定に基づく場合等には、第三者に提供することができることとしている。

　番号法においては、全ての事業者を対象に、同法第19条で特定個人情報を提供できる場合を限定的に定めており、特定個人情報の提供については、個人情報保護法第23条は適用されない。

　特定個人情報の提供を求められた場合には、その提供を求める根拠が、番号法第19条各号に該当するものかどうかをよく確認し、同条各号に該当しない場合には、特定個人情報を提供してはならない。

＊　個人情報保護法第25条に基づく開示の求め、同法第26条に基づく訂正等の求め又は同法第27条に基づく利用停止等の求めにおいて、本人から個人番号を付して求めが行われた場合や本人に対しその個人番号又は特定個人情報を提供する場合は、番号法第19条各号に定めはないものの、法の解釈上当然に特定個人情報の提供が認められるべき場合であり、特定個人情報を提供することができる。

3-(3) 収集・保管制限

要点
○　番号法第19条各号のいずれかに該当する場合を除き、特定個人情報を収集又は保管してはならない。

（関係条文）
・番号法　第20条

● **収集・保管の制限**（番号法第20条）
　何人も、番号法第19条各号のいずれかに該当する場合を除き、他人の個人番号を含む特定個人情報を収集又は保管してはならない。

A 収集制限

「収集」とは、集める意思を持って自己の占有に置くことを意味し、例えば、人から個人番号を記載したメモを受け取ること、人から聞き取った個人番号をメモすること等、直接取得する場合のほか、電子計算機等を操作して個人番号を画面上に表示させ、その個人番号を書き取ること、プリントアウトすること等を含む。一方、特定個人情報の提示を受けただけでは、「収集」に当たらない。

* 金融機関の支払調書作成事務担当者として個人番号関係事務に従事する者が、個人番号関係事務以外の目的で顧客の特定個人情報をノートに書き写してはならない。

* 金融機関が、個人番号関係事務に関係のない預金払戻し業務において、預金者から本人確認書類として個人番号カードが提示された場合、窓口担当者は個人番号カードに記載された個人番号を書き写し、又は個人番号カードの個人番号が記載された部分をコピーして、特定個人情報を収集してはならない。

* 金融機関の中で、単に個人番号が記載された書類等を受け取り、支払調書作成事務に従事する者に受け渡す立場の者は、独自に個人番号を保管する必要がないため、個人番号の確認等の必要な事務を行った後はできるだけ速やかにその書類を受け渡すこととし、自分の手元に個人番号を残してはならない。

例えば、顧客から個人番号が記載された書類等を受け取る営業担当者と個人番号を管理する担当者が異なるときは、書類等を受け取る営業担当者は、個人番号を管理する担当者にできるだけ速やかにその書類を受け渡すこととし、自分の手元に個人番号を残してはならない。

なお、個人番号が記載された書類等を受け取る担当者も、個人番号関係事務に従事する金融機関の一部として当該事務に従事するの

であるから、当該個人番号により特定される本人から当該書類等を受け取る際に、当該書類等の不備がないかどうか個人番号を含めて確認することができる。

*　保険会社から個人番号関係事務の全部又は一部の委託を受け、個人番号を取り扱う代理店は、委託契約に基づいて個人番号を保管する必要がない限り、できるだけ速やかに顧客の個人番号が記載された書類等を保険会社に受け渡すこととし、代理店の中に個人番号を残してはならない。

B　保管制限と廃棄

個人番号は、番号法で限定的に明記された事務を処理するために収集又は保管されるものであるから、それらの事務を行う必要がある場合に限り特定個人情報を保管し続けることができる。また、個人番号が記載された書類等については、所管法令によって一定期間保存が義務付けられているものがあるが、これらの書類等に記載された個人番号については、その期間保管することとなる。

一方、それらの事務を処理する必要がなくなった場合で、所管法令において定められている保存期間を経過した場合には、個人番号をできるだけ速やかに廃棄又は削除しなければならない。なお、その個人番号部分を復元できない程度にマスキング又は削除した上で保管を継続することは可能である。

*　金融機関は、支払調書作成事務等を処理する目的で、顧客の個人番号を保管することができる（番号法第19条第３号に該当）。一方、法令で定められた支払調書作成事務等を処理する場合を除き、顧客の個人番号を保管することはできない。

*　特定口座、非課税口座等、毎年取引報告書の提出が義務付けられている場合には、顧客から提供を受けた個人番号を取引報告書作成

事務のために翌年度以降も継続的に利用する必要があることから、特定個人情報を継続的に保管できると解される。

*　特定口座開設届出書は、租税特別措置法施行規則第18条の13の４第１項第３号により、当該届出書に係る特定口座につき特定口座廃止届出書等の提出があった日の属する年の翌年から５年間保存することとなっていることから、当該期間を経過した場合には、当該特定口座開設届出書に記載された個人番号を保管しておく必要はなく、原則として、個人番号が記載された特定口座開設届出書をできるだけ速やかに廃棄しなければならない。

　そのため、個人番号が記載された特定口座開設届出書等の書類については、保存期間経過後における廃棄を前提とした保管体制をとることが望ましい。

*　支払調書作成事務のために提供を受けた特定個人情報を電磁的記録として保存している場合においても、その事務に用いる必要がなく、所管法令で定められている保存期間を経過した場合には、原則として、個人番号をできるだけ速やかに廃棄又は削除しなければならない。

　そのため、特定個人情報を保存するシステムにおいては、保存期間経過後における廃棄又は削除を前提としたシステムを構築することが望ましい。

※　廃棄方法等の具体的な内容については、事業者ガイドラインの「（別添）特定個人情報に関する安全管理措置（事業者編）」を参照のこと。

3-(4) 本人確認

● **本人確認**（番号法第16条）

　本人確認については、番号法、番号法施行令、番号法施行規則^(注)及び個人番号利用事務実施者が認める方法に従うこととなるため、適切に対応する必要がある。

　（注）番号法施行規則とは、「行政手続における特定の個人を識別するための番号の利用等に関する法律施行規則」（平成26年内閣府・総務省令第3号）をいう（以下同じ。）。

〈参考〉

　番号法、番号法施行令及び番号法施行規則における本人確認の概要は、次のとおりである。この項目において、「法」は番号法、「令」は番号法施行令、「規」は番号法施行規則をいう（番号法施行規則第1条第1項第1号の場合は、「規1①一」と表記する。）。

① **本人から個人番号の提供を受ける場合**

　ⅰ **個人番号カードの提示を受ける場合**

　　「個人番号カード」（法16）

　ⅱ **通知カードの提示を受ける場合**

　　「通知カード」＋「本人の身元確認書類」

　　（法16）　　　（規1①）

　　　　　　　　　└→運転免許証等（規1①一、二）

　　　　　　　　　　　└→困難な場合（規1①三）

　　　　　　　　　　　　　└→財務大臣等の特則

　　　　　　　　　　　　　　（規1③一から四まで）

　　　　　　　　　　　　　　　└→困難な場合（規1③五）

　　　　　　　　　└→特定の個人と同一の者であることが明らかな場合（規3⑤）

iii i、ii以外の場合

(ⅰ) 書類の提示を受ける場合等

「番号確認書類」＋「本人の身元確認書類」

（令12①一）　　　　　（令12①二）
　↳住民票の　　　　　　↳運転免許証等（規2）
　　写し等　　　　　　　　↳困難な場合（規3②）
　　　↳困難な場合　　　　　　↳財務大臣等の特則（規3③）
　　　　（規3①）　　　　↳電話による場合（規3④）
　　　　　　　　　　　　↳特定の個人と同一の者であることが
　　　　　　　　　　　　　明らかな場合（規3⑤）

(ⅱ) 電子情報処理組織を使用して個人番号の提供を受ける場合

個人番号カードのICチップの読み取り、電子署名等の送信、個人番号利用事務実施者による地方公共団体情報システム機構への確認等（規4）

② 本人の代理人から個人番号の提供を受ける場合

i 書類の提示を受ける場合等

「代理権確認書類」＋「代理人の身元確認書類」＋「本人の番号確認書類」

（令12②一）　　　　　　（令12②二）　　　　　　　（令12②三）
　↳戸籍謄本、　　　　　　↳個人番号カード、　　　　↳本人に係る
　　委任状等　　　　　　　　運転免許証等　　　　　　　個人番号カード
　　（規6①一、二）　　　　（規7①）　　　　　　　　（規8）
　　↳困難な場合　　　　　↳代理人が法人の場合　　　↳困難な場合
　　　（規6①三）　　　　　（規7②）　　　　　　　　（規9⑤）
　　↳代理人が法人の　　　↳困難な場合
　　　場合（規6②）　　　　（規9①）
　　　　　　　　　　　　　　↳財務大臣等の特則
　　　　　　　　　　　　　　　（規9②）
　　↳電話による場合　　　↳電話による場合
　　　（規9③）　　　　　　（規9③）
　　　　　　　　　　　　↳特定の個人と同一の者であることが明
　　　　　　　　　　　　　らかな場合（規9④）

ii 電子情報処理組織を使用して個人番号の提供を受ける場合

代理権証明情報及び代理人の電子署名等の送信、個人番号利用事務実施者による地方公共団体情報システム機構への確認等（規10）

※ 書面の送付により個人番号の提供を受ける場合は、上記で提示を受けることとされている書類又はその写しの提出を受けなければならない（規11）。

4　第三者提供の停止に関する取扱い

要点
○　特定個人情報を提供することができるのは、番号法第19条各号に当てはまる場合に限定されている。したがって、特定個人情報が違法に第三者に提供されていることを知った本人から、その提供の停止が求められた場合であって、その求めに理由があることが判明したときには、第三者への提供を停止しなければならない。
○　なお、特定個人情報を適正に取り扱っていれば、第三者への提供の停止を求められる事態は生じない。

（関係条文）
・番号法　第29条第3項
・個人情報保護法　第27条

● **第三者提供の停止**（番号法第29条第3項により読み替えて適用される個人情報保護法第27条第2項）

特定個人情報を提供することができるのは、番号法第19条各号に当てはまる場合に限定されており、それ以外の場合で特定個人情報を提供してはならない。保有個人データである特定個人情報が、同条各号に違反して違法に第三者に提供されているという理由により、本人から第三者への当該特定個人情報の提供の停止を求められた場合であって、その求

めに理由があることが判明したときには、遅滞なく、<u>当該特定個人情報の第三者への提供を停止しなければならない</u>。

ただし、第三者への提供を停止することが困難であり、本人の権利利益を保護するために代わりの措置をとるときは、第三者への提供を停止しないことが認められており、この点は従来の個人情報保護法の取扱いと同様である。

5 特定個人情報保護評価

● **特定個人情報保護評価**（番号法第26条、第27条）

特定個人情報保護評価とは、情報提供ネットワークシステムを使用して情報連携を行う事業者が、特定個人情報の漏えいその他の事態を発生させるリスクを分析し、そのようなリスクを軽減するための適切な措置を講ずることを宣言するものである。

金融機関は、特定個人情報保護評価の実施が義務付けられていないが、任意に特定個人情報保護評価の手法を活用することは、特定個人情報の保護の観点から有益である。

※ 特定個人情報保護評価の詳細については、「特定個人情報保護評価に関する規則」（平成26年特定個人情報保護委員会規則第1号）及び「特定個人情報保護評価指針」（平成26年特定個人情報保護委員会告示第4号）を参照のこと。

6 個人情報保護法の主な規定

個人情報取扱事業者は、特定個人情報の取扱いについて、次のとおり個人情報保護法の適用を受けるので留意する必要がある。

A 利用目的の特定（個人情報保護法第15条）

a 利用目的の特定（第1項）

個人情報取扱事業者は、個人情報を取り扱うに当たっては、その利用目的をできる限り特定しなければならない。

b **利用目的の変更**(第2項)

個人情報取扱事業者は、利用目的を変更する場合には、変更前の利用目的と相当の関連性を有すると合理的に認められる範囲を超えて行ってはならない。

B **利用目的の通知等**(個人情報保護法第18条)
  a **利用目的の通知等**(第1項)

個人情報取扱事業者は、個人情報を取得した場合は、あらかじめその利用目的を公表している場合を除き、速やかに、その利用目的を、本人に通知し、又は公表しなければならない。

  b **利用目的の明示**(第2項)

個人情報取扱事業者は、aの規定にかかわらず、本人との間で契約を締結することに伴って契約書その他の書面(電子的方式等で作られる記録を含む。以下bにおいて同じ。)に記載された当該本人の個人情報を取得する場合その他本人から直接書面に記載された当該本人の個人情報を取得する場合は、あらかじめ、本人に対し、その利用目的を明示しなければならない。ただし、人の生命、身体又は財産の保護のために緊急に必要がある場合は、この限りでない。

  c **変更された利用目的の通知等**(第3項)

個人情報取扱事業者は、利用目的を変更した場合は、変更された利用目的について、本人に通知し、又は公表しなければならない。

  d **適用除外**(第4項)

aからcまでの規定は、i本人等の権利利益を害するおそれがある場合、ii当該個人情報取扱事業者の権利又は正当な利益を害するおそれがある場合、iii国の行政機関又は地方公共団体が法令の定める事務を遂行することに対して協力する必要がある場合であって、当該事務の遂行に支障を及ぼすおそれがあるとき、iv取得の状況からみて利用

目的が明らかであると認められる場合には、適用しない。

C　データ内容の正確性の確保（個人情報保護法第19条）
　　個人情報取扱事業者は、利用目的の達成に必要な範囲内において、個人データを正確かつ最新の内容に保つよう努めなければならない。

D　適正取得（個人情報保護法第17条）
　　個人情報取扱事業者は、偽りその他不正の手段により個人情報を取得してはならない。

E　保有個人データに関する事項の公表等（個人情報保護法第24条、個人情報保護法施行令第5条）
　　a　保有個人データに関する事項の公表（第1項）
　　　個人情報取扱事業者は、保有個人データに関し、ⅰ当該個人情報取扱事業者の氏名又は名称、ⅱ全ての保有個人データの利用目的（Ｂｄⅰからⅲまでに該当する場合を除く。）、ⅲ利用目的の通知、開示、訂正等、利用停止等の求めに応じる手続等、ⅳⅰからⅲまでに掲げるもののほか、保有個人データの適正な取扱いの確保に関し必要な事項として個人情報保護法施行令第5条で定めるものについて、本人の知り得る状態（本人の求めに応じて遅滞なく回答する場合を含む。）に置かなければならない。

　　b　利用目的の通知の求め（第2項）
　　　個人情報取扱事業者は、本人から、当該本人が識別される保有個人データの利用目的の通知を求められたときは、本人に対し、遅滞なく、これを通知しなければならない。ただし、ⅰａの規定により当該本人が識別される保有個人データの利用目的が明らかな場合、ⅱＢｄⅰからⅲまでに該当する場合のいずれかに該当する場合は、この限りでない。

c　**本人に対する通知**（第3項）

　　　個人情報取扱事業者は、bの規定に基づき求められた保有個人データの利用目的を通知しない旨の決定をしたときは、本人に対し、遅滞なく、その旨を通知しなければならない。

F　**開示**（個人情報保護法第25条、個人情報保護法施行令第6条）

　　a　**開示**（第1項）

　　　個人情報取扱事業者は、本人から、当該本人が識別される保有個人データの開示（当該本人が識別される保有個人データが存在しないときにその旨を知らせることを含む。以下同じ。）を求められたときは、本人に対し、個人情報保護法施行令第6条で定める方法により、遅滞なく、当該保有個人データを開示しなければならない。ただし、開示することにより、ⅰ本人等の権利利益を害するおそれがある場合、ⅱ当該個人情報取扱事業者の業務の適正な実施に著しい支障を及ぼすおそれがある場合、ⅲ他の法令に違反することとなる場合のいずれかに該当する場合は、その全部又は一部を開示しないことができる。

　　b　**本人に対する通知**（第2項）

　　　個人情報取扱事業者は、aの規定に基づき求められた保有個人データの全部又は一部について開示しない旨の決定をしたときは、本人に対し、遅滞なく、その旨を通知しなければならない。

　　c　**他の法令による開示**（第3項）

　　　他の法令の規定により、本人に対しaの本文に規定する方法に相当する方法により当該本人が識別される保有個人データの全部又は一部を開示することとされている場合には、当該全部又は一部の保有個人データについては、aの規定は、適用しない。

G　訂正等（個人情報保護法第26条）

a　訂正等（第1項）

　　個人情報取扱事業者は、本人から、当該本人が識別される保有個人データの内容が事実でないという理由によって当該保有個人データの内容の訂正、追加又は削除（以下ａ及びｂにおいて「訂正等」という。）を求められた場合には、その内容の訂正等に関して他の法令の規定により特別の手続が定められている場合を除き、利用目的の達成に必要な範囲内において、遅滞なく必要な調査を行い、その結果に基づき、当該保有個人データの内容の訂正等を行わなければならない。

b　本人に対する通知（第2項）

　　個人情報取扱事業者は、ａの規定に基づき求められた保有個人データの内容の全部若しくは一部について訂正等を行ったとき、又は訂正等を行わない旨の決定をしたときは、本人に対し、遅滞なく、その旨（訂正等を行ったときは、その内容を含む。）を通知しなければならない。

H　利用停止等（個人情報保護法第27条）

a　利用停止等（第1項）

　　個人情報取扱事業者は、本人から、当該本人が識別される保有個人データが１－（１）①Ｂ（利用目的を超えた個人番号の利用禁止）の規定に違反して取り扱われているという理由又はＤの規定に違反して取得されたものであるという理由によって、当該保有個人データの利用の停止又は消去（以下ａ及びｂにおいて「利用停止等」という。）を求められた場合であって、その求めに理由があることが判明したときは、違反を是正するために必要な限度で、遅滞なく、当該保有個人データの利用停止等を行わなければならない。ただし、当該保有個人データの利用停止等に多額の費用を要する場合その他の利用停止等を行うことが困難な場合であって、本人の権利利益を保護するため必要なこれに代わるべき措置をとるときは、この限りでない。

b　本人に対する通知（第3項）

個人情報取扱事業者は、aの規定に基づき求められた保有個人データの全部若しくは一部について利用停止等を行ったとき若しくは利用停止等を行わない旨の決定をしたとき、又は個人情報保護法第27条第2項の規定に基づき求められた保有個人データの全部若しくは一部について第三者への提供を停止したとき若しくは第三者への提供を停止しない旨の決定をしたときは、本人に対し、遅滞なく、その旨を通知しなければならない。

I　理由の説明（個人情報保護法第28条）

個人情報取扱事業者は、Ec、Fb、Gb又はHbの規定により、本人から求められた措置の全部又は一部について、その措置をとらない旨を通知する場合又はその措置と異なる措置をとる旨を通知する場合は、本人に対し、その理由を説明するよう努めなければならない。

J　開示等の求めに応じる手続（個人情報保護法第29条、個人情報保護法施行令第7条、第8条）

a　開示等の求めの受付方法（第1項）

個人情報取扱事業者は、Eb、Fa、Ga又はHa若しくは4（第三者提供の停止に関する取扱い）の規定による求め（以下aからdまでにおいて「開示等の求め」という。）に関し、個人情報保護法施行令第7条で定めるところにより、その求めを受け付ける方法を定めることができる。この場合において、本人は、当該方法に従って、開示等の求めを行わなければならない。

b　特定するに足りる事項の提示（第2項）

個人情報取扱事業者は、本人に対し、開示等の求めに関し、その対象となる保有個人データを特定するに足りる事項の提示を求めることができる。この場合において、個人情報取扱事業者は、本人が容易かつ的確に開示等の求めをすることができるよう、当該保有個人データ

の特定に資する情報の提供その他本人の利便を考慮した適切な措置をとらなければならない。

　c　**代理人**（第3項）
　　開示等の求めは、個人情報保護法施行令第8条で定めるところにより、代理人によってすることができる。

　d　**本人に対する配慮**（第4項）
　　個人情報取扱事業者は、aからcまでの規定に基づき開示等の求めに応じる手続を定めるに当たっては、本人に過重な負担を課するものとならないよう配慮しなければならない。

K　**手数料**（個人情報保護法第30条）
　a　**手数料の徴収**（第1項）
　　個人情報取扱事業者は、Ebの規定による利用目的の通知又はFaの規定による開示を求められたときは、当該措置の実施に関し、手数料を徴収することができる。

　b　**手数料の額の定め**（第2項）
　　個人情報取扱事業者は、aの規定により手数料を徴収する場合は、実費を勘案して合理的であると認められる範囲内において、その手数料の額を定めなければならない。

L　**苦情の処理**（個人情報保護法第31条）
　a　**苦情の処理**（第1項）
　　個人情報取扱事業者は、個人情報の取扱いに関する苦情の適切かつ迅速な処理に努めなければならない。

　b　**体制の整備**（第2項）
　　個人情報取扱事業者は、aの目的を達成するために必要な体制の整

備に努めなければならない。

出典：個人情報保護委員会
　　　（別冊）金融業務における特定個人情報の適正な取扱いに関するガイドライン（PDF:581KB）
　　　http://www.ppc.go.jp/legal/policy/

特定個人情報保護評価に関する規則

特定個人情報保護委員会規則第1号
（平成26年4月18日）
特定個人情報保護委員会規則第4号
（最終改正：平成27年12月22日）
個人情報保護委員会

○特定個人情報保護委員会規則第一号

行政手続における特定の個人を識別するための番号の利用等に関する法律（平成二十五年法律第二十七号）第二十七条第一項及び第二項の規定に基づき、並びに同法を実施するため、特定個人情報保護評価に関する規則を次のように定める。

平成二十六年四月十八日

特定個人情報保護委員会委員長　堀部　政男

特定個人情報保護評価に関する規則

（特定個人情報保護評価の実施）

第一条　行政手続における特定の個人を識別するための番号の利用等に関する法律（以下「法」という。）第二十六条第一項に規定する特定個人情報保護評価（以下単に「特定個人情報保護評価」という。）は、法第二十七条の規定、行政手続における特定の個人を識別するための番号の利用等に関する法律施行令（平成二十六年政令第百五十五号）第三十条の規定及びこの規則の規定並びに法第二十六条第一項の規定に基づき個人情報保護委員会が定める指針（以下単に「指針」という。）に基づいて実施するものとする。

（定義）

第二条　この規則において使用する用語は、法において使用する用語の例によるほか、次の各号に掲げる用語の意義は、それぞれ当該各号に定めるところによる。

　一　基礎項目評価書　法第二条第十四項に規定する行政機関の長等（以下単に「行政機関の長等」という。）が、指針で定めるところにより、法第二十七条第一項第一号から第四号までに掲げる事項を評価した結果を記載し、又は記録した書面又は電磁的記録をいう。

　二　重点項目評価書　行政機関の長等が、指針で定めるところにより、

法第二十七条第一項第一号から第六号までに掲げる事項及び特定個人情報ファイルの取扱いにより個人の権利利益を害する可能性のある要因の概要を評価した結果を記載し、又は記録した書面又は電磁的記録をいう。

三　地方公共団体等　行政機関の長等のうち、地方公共団体の機関及び地方独立行政法人をいう。

（特定個人情報保護評価の計画等を記載した書面等の提出）

第三条　行政機関の長等は、法及びこの規則の規定に基づき、基礎項目評価書、重点項目評価書又は法第二十七条第一項に規定する評価書を個人情報保護委員会に提出するときは、当該行政機関の長等が実施する特定個人情報保護評価の計画その他指針で定める事項を記載し、又は記録した書面又は電磁的記録を併せて提出するものとする。

（法第二十七条第一項の特定個人情報ファイル）

第四条　法第二十七条第一項の個人情報保護委員会規則で定める特定個人情報ファイルは、次に掲げるものとする。

一　行政機関の保有する個人情報の保護に関する法律（平成十五年法律第五十八号。次号において「行政機関個人情報保護法」という。）第十条第二項第三号若しくは行政機関の保有する個人情報の保護に関する法律施行令（平成十五年政令第五百四十八号）第六条に規定する個人情報ファイルであって行政機関が保有するもの、独立行政法人等の保有する個人情報の保護に関する法律（平成十五年法律第五十九号。次号において「独立行政法人等個人情報保護法」という。）第十一条第二項第一号若しくは独立行政法人等の保有する個人情報の保護に関する法律施行令（平成十五年政令第五百四十九号）第四条第一号若しくは第二号に規定する個人情報ファイルであって独立行政法人等が保有するもの又は行政機関の長等（行政機関の長及び独立行政法人等を除く。）の役員若しくは職員若しくはこれらの職にあった者若しくはこれらの者の被扶養者若しくは遺族に係る個人情報の保護に関す

る法律（平成十五年法律第五十七号。次号において「個人情報保護法」という。）第二条第二項に規定する個人情報データベース等であって、専らその人事、給与若しくは福利厚生に関する事項若しくはこれらに準ずる事項を記録するもののうち、行政機関及び独立行政法人等以外の者が保有するものに該当する特定個人情報ファイル

二　行政機関個人情報保護法第二条第四項第二号に規定する個人情報ファイルであって行政機関が保有するもの、独立行政法人等個人情報保護法第二条第四項第二号に規定する個人情報ファイルであって独立行政法人等が保有するもの又は個人情報保護法第二条第二項第二号に規定する個人情報データベース等であって行政機関及び独立行政法人等以外の者が保有するものに該当する特定個人情報ファイル

三　行政機関の長等が特定個人情報ファイル（第一号、前号又は次号から第七号までのいずれかに該当するものを除く。以下本号において同じ。）を取り扱う事務において保有する全ての特定個人情報ファイルに記録される本人の数の総数が千人未満である場合における、当該特定個人情報ファイル

四　健康保険法（大正十一年法律第七十号）第十一条第一項の規定により設立された健康保険組合の保有する被保険者若しくは被保険者であった者又はその被扶養者の医療保険に関する事項を記録する特定個人情報ファイル

五　国家公務員共済組合、国家公務員共済組合連合会、地方公務員共済組合、全国市町村職員共済組合連合会、地方公務員共済組合連合会、厚生年金保険法等の一部を改正する法律（平成八年法律第八十二号）附則第三十二条第二項に規定する存続組合、同法附則第四十八条第一項の規定により指定された指定基金、地方公務員等共済組合法の一部を改正する法律（平成二十三年法律第五十六号）附則第二十三条第一項第三号に規定する存続共済会又は地方公務員災害補償基金の保有する組合員若しくは組合員であった者又はその被扶養者の共済に関する事項を記録する特定個人情報ファイル

六　法第十九条第七号に規定する情報照会者（行政機関の長、地方公共

団体の機関、独立行政法人等及び地方独立行政法人を除く。）の保有する特定個人情報ファイルであって、法別表第二の第二欄に掲げる事務において保有するもの以外のもの及び法第十九条第七号に規定する情報提供者（行政機関の長、地方公共団体の機関、独立行政法人等及び地方独立行政法人を除く。）の保有する特定個人情報ファイルであって、当該情報提供者が個人番号を用いる事務において保有するもの（法別表第二の第四欄に掲げる特定個人情報を記録するものに限る。）以外のもの

七　会計検査院が検査上の必要により保有する特定個人情報ファイル

八　行政機関の長等が、次条第二項の規定による基礎項目評価書の公表を行った場合であって、当該基礎項目評価書に係る特定個人情報ファイルを取り扱う事務が次のいずれかに該当するときにおける、当該基礎項目評価書に係る特定個人情報ファイル

　イ　行政機関の長等が特定個人情報ファイル（第一号から前号までのいずれかに該当するものを除く。以下本号、次条及び第六条において同じ。）を取り扱う事務において保有する全ての特定個人情報ファイルに記録される本人の数の総数が千人以上一万人未満であるとき。

　ロ　行政機関の長等が特定個人情報ファイルを取り扱う事務において保有する全ての特定個人情報ファイルに記録される本人の数の総数が一万人以上十万人未満である場合であって、当該事務に従事する者の数が五百人未満であるとき（当該行政機関の長等において過去一年以内に特定個人情報の漏えいその他の事故（重大なものとして指針で定めるものに限る。以下「特定個人情報に関する重大事故」という。）が発生したとき又は当該行政機関の長等が過去一年以内に当該行政機関の長等における特定個人情報に関する重大事故の発生を知ったときを除く。）。

九　行政機関の長等が、第六条第三項の規定による重点項目評価書の公表及び当該重点項目評価書に係る特定個人情報ファイルを取り扱う事務について次条第二項の規定による基礎項目評価書の公表を行った場合における、当該重点項目評価書及び基礎項目評価書に係る特定個人

情報ファイル
十　地方公共団体等が、第七条第六項の規定による評価書の公表及び当該評価書に係る特定個人情報ファイルを取り扱う事務について次条第二項の規定による基礎項目評価書の公表を行った場合における、当該評価書及び基礎項目評価書に係る特定個人情報ファイル

（基礎項目評価）
第五条　行政機関の長等は、特定個人情報ファイルを保有しようとするときは、当該特定個人情報ファイルを保有する前に、基礎項目評価書を個人情報保護委員会に提出するものとする。当該特定個人情報ファイルについて、次条第一項、第七条第一項及び法第二十七条第一項の規定により重要な変更を加えようとするときも、同様とする。

2　行政機関の長等は、前項の規定により基礎項目評価書を提出したときは、速やかに当該基礎項目評価書を公表するものとする。この場合においては、第十条第一項の規定を準用する。

（重点項目評価）
第六条　行政機関の長等は、特定個人情報ファイルを保有しようとする場合であって、当該特定個人情報ファイルを取り扱う事務が次の各号のいずれかに該当するときは、当該特定個人情報ファイルを保有する前に、重点項目評価書を個人情報保護委員会に提出するものとする。当該特定個人情報ファイルについて、第十一条に規定する重要な変更を加えようとするときも、同様とする。
一　行政機関の長等が特定個人情報ファイルを取り扱う事務において保有する全ての特定個人情報ファイルに記録される本人の数の総数が一万人以上十万人未満である場合であって、当該事務に従事する者の数が五百人以上であるとき又は当該行政機関の長等において過去一年以内に特定個人情報に関する重大事故が発生したとき若しくは当該行政機関の長等が過去一年以内に当該行政機関の長等における特定個人情報に関する重大事故の発生を知ったとき。

二　行政機関の長等が特定個人情報ファイルを取り扱う事務において保有する全ての特定個人情報ファイルに記録される本人の数の総数が十万人以上三十万人未満である場合であって、当該事務に従事する者の数が五百人未満であるとき（当該行政機関の長等において過去一年以内に特定個人情報に関する重大事故が発生したとき又は当該行政機関の長等が過去一年以内に当該行政機関の長等における特定個人情報に関する重大事故の発生を知ったときを除く。）。

2　第十四条第三項の規定により準用する同条第二項の規定による公表をした基礎項目評価書に係る特定個人情報ファイルが、前項第一号又は第二号に該当するとき（当該特定個人情報ファイルが、第十四条第三項の規定により準用する同条第一項の規定による修正前においては、第四条第八号イ又はロに該当していた場合に限る。）は、行政機関の長等は、重点項目評価書を個人情報保護委員会に提出するものとする。

3　行政機関の長等は、前二項の規定により重点項目評価書を提出したときは、速やかに当該重点項目評価書を公表するものとする。この場合においては、第十条第一項及び第二項の規定を準用する。

（地方公共団体等による評価）

第七条　地方公共団体等は、特定個人情報ファイル（第四条第一号から第九号までのいずれかに該当するものを除く。）を保有しようとするときは、当該特定個人情報ファイルを保有する前に、法第二十七条第一項に規定する評価書を公示し、広く住民その他の者の意見を求めるものとする。当該特定個人情報ファイルについて、第十一条に規定する重要な変更を加えようとするときも、同様とする。

2　第十四条第三項の規定により準用する同条第二項の規定により地方公共団体等が公表した基礎項目評価書に係る特定個人情報ファイルが、第四条第八号イ若しくはロ又は前条第一項第一号若しくは第二号のいずれにも該当しないとき（当該特定個人情報ファイルが、第十四条第三項の規定により準用する同条第一項の規定による修正前においては、第四条第八号イ若しくはロ又は前条第一項第一号若しくは第二号に該当してい

た場合に限る。）は、地方公共団体等は、法第二十七条第一項に規定する評価書を公示し、広く住民その他の者の意見を求めるものとする。
3 　前二項の規定による評価書の公示については、第十条第一項及び第二項の規定を準用する。
4 　第一項前段及び第二項の場合において、地方公共団体等は、これらの規定により得られた意見を十分考慮した上で当該評価書に必要な見直しを行った後に、当該評価書に記載された特定個人情報ファイルの取扱いについて、個人情報の保護に関する学識経験のある者を含む者で構成される合議制の機関、当該地方公共団体等の職員以外の者で個人情報の保護に関する学識経験のある者その他指針に照らして適当と認められる者の意見を聴くものとする。当該特定個人情報ファイルについて、第十一条に規定する重要な変更を加えようとするときも、同様とする。
5 　地方公共団体等は、前項の規定により意見を聴いた後に、当該評価書を個人情報保護委員会に提出するものとする。
6 　地方公共団体等は、前項の規定により法第二十七条第一項に規定する評価書を提出したときは、速やかに当該評価書を公表するものとする。この場合においては、第十条第一項及び第二項の規定を準用する。

（行政機関等による評価）

第八条　第十四条第三項の規定により準用する同条第二項の規定により行政機関の長等（地方公共団体等を除く。以下この条において同じ。）が公表した基礎項目評価書に係る特定個人情報ファイル（当該特定個人情報ファイルが、第十四条第三項の規定により準用する同条第一項の規定による修正前においては、第四条第八号イ若しくはロ又は第六条第一項第一号若しくは第二号に該当していた場合に限る。）が、第四条第八号イ若しくはロ又は第六条第一項第一号若しくは第二号のいずれにも該当しないときは、行政機関の長等は、法第二十七条第一項前段、第二項前段及び第三項に規定する手続を経て、同条第四項に規定する公表を行うものとする。この場合においては、第十条第一項及び第二項の規定を準用する。

（公示の時期）

第九条　行政機関の長等は、法第二十七条第一項の規定による評価書の公示を行うに当たっては、指針で定めるところにより、当該評価書に係る特定個人情報ファイルが電子情報処理組織により取り扱われるものであるときは、当該特定個人情報ファイルを取り扱うために使用する電子情報処理組織を構築する前に、当該評価書に係る特定個人情報ファイルが電子情報処理組織により取り扱われるものでないときは、当該特定個人情報ファイルを取り扱う事務を実施する体制その他当該事務の実施に当たり必要な事項の検討と併せて行うものとする。第五条第一項の規定による基礎項目評価書の提出、第六条第一項の規定による重点項目評価書の提出及び第七条第一項の規定による評価書の公示を行う場合も、同様とする。

2　前項の規定にかかわらず、災害その他やむを得ない事由により緊急に特定個人情報ファイルを保有する又は特定個人情報ファイルに重要な変更を加える必要がある場合は、行政機関の長等は、当該特定個人情報ファイルを保有した後又は当該特定個人情報ファイルに重要な変更を加えた後速やかに法第二十七条第一項の規定による評価書の公示を行うものとする。第五条第一項の規定による基礎項目評価書の提出、第六条第一項の規定による重点項目評価書の提出及び第七条第一項の規定による評価書の公示を行う場合も、同様とする。

（公示の特例）

第十条　行政機関の長等は、法第二十七条第一項に規定する公示を行うに当たり、当該公示に係る評価書が犯罪の捜査、租税に関する法律の規定に基づく犯則事件の調査又は公訴の提起若しくは維持のために保有する特定個人情報ファイルを取り扱う事務に係るものであるときは、その全部又は一部を公示しないことができる。

2　前項の場合を除くほか、行政機関の長等は、法第二十七条第一項に規定する評価書に記載した事項を公示することにより、特定個人情報の適切な管理に著しい支障を及ぼすおそれがあると認めるときは、評価書に

記載する事項の一部を公示しないことができる。

（重要な変更）
第十一条　法第二十七条第一項及び第二項の個人情報保護委員会規則で定める重要な変更は、本人として特定個人情報ファイルに記録される個人の範囲の変更その他特定個人情報の漏えいその他の事態の発生の危険性及び影響が大きい変更として指針で定めるものとする。

（記載事項）
第十二条　法第二十七条第一項第七号の個人情報保護委員会規則で定める事項は、特定個人情報ファイルの取扱いにより個人の権利利益を害する可能性のある要因とする。

（評価書の公表）
第十三条　法第二十七条第四項の規定による評価書の公表については、第十条第一項及び第二項の規定を準用する。

（評価書の修正）
第十四条　行政機関の長等は、少なくとも一年ごとに、法第二十七条第四項の規定による公表をした評価書（第八条の規定による公表をした場合は、同条の規定による公表をした評価書）に記載した事項の見直しを行うよう努めるものとし、行政機関の長等が重大事故を発生させた場合その他当該評価書に記載した事項に変更があった場合（法第二十七条第一項に規定する重要な変更に該当する場合を除く。）は、速やかに当該評価書を修正し、個人情報保護委員会に提出するものとする。
2　行政機関の長等は、前項の規定による提出をしたときは、速やかに当該評価書を公表するものとする。この場合においては、第十条第一項及び第二項の規定を準用する。
3　前二項の規定は、第五条第二項の規定による公表をした基礎項目評価書、第六条第三項の規定による公表をした重点項目評価書及び第七条第六項の規定による公表をした評価書に準用する。

（一定期間経過後の特定個人情報保護評価）

第十五条 行政機関の長等は、指針で定めるところにより、第五条第二項の規定による公表をした日、第六条第三項の規定による公表をした日、第七条第六項の規定による公表をした日又は法第二十七条第四項の規定による公表をした日（第八条の規定による公表をした場合は、同条の規定による公表をした日）から一定期間を経過するごとに、それぞれの規定による公表をした基礎項目評価書、重点項目評価書又は法第二十七条第一項に規定する評価書に係る特定個人情報ファイルを取り扱う事務について、再び特定個人情報保護評価を実施するよう努めるものとする。

（事務の実施をやめた旨の通知）

第十六条 行政機関の長等は、第五条第二項の規定による公表をした基礎項目評価書、第六条第三項の規定による公表をした重点項目評価書、第七条第六項の規定による公表をした評価書及び法第二十七条第四項の規定による公表をした評価書（第八条の規定による公表をした場合は、同条の規定による公表をした評価書）に係る特定個人情報ファイルを取り扱う事務の実施をやめたときは、遅滞なく、個人情報保護委員会に対しその旨を通知するものとする。

附則

この規則は、法附則第一条第三号に掲げる規定の施行の日から施行する。

附則

(平成二七年一二月二二日特定個人情報保護委員会規則第四号)

この規則は、個人情報の保護に関する法律及び行政手続における特定の個人を識別するための番号の利用等に関する法律の一部を改正する法律附則第一条第二号に掲げる規定の施行の日(平成二十八年一月一日)から施行する。

出典：個人情報保護委員会
　　　特定個人情報保護評価に関する規則（PDF:116KB）
　　　http://www.ppc.go.jp/enforcement/assessment/

特定個人情報保護評価指針

平成28年1月1日
個人情報保護委員会

この指針は、行政手続における特定の個人を識別するための番号の利用等に関する法律（平成25年法律第27号。以下「番号法」という。）第26条第１項の規定に基づく指針であって、行政機関の長等が、番号法第27条の規定に基づき特定個人情報の漏えいその他の事態の発生の危険性及び影響に関する評価（以下「特定個人情報保護評価」という。）を自ら実施し、これらの事態の発生を抑止することその他特定個人情報を適切に管理するために講ずべき措置を定めるものである。

第１　特定個人情報保護評価の意義
１　特定個人情報保護評価の基本理念

番号法によって導入される社会保障・税番号制度（以下「番号制度」という。）は、社会保障制度、税制、災害対策その他の分野における行政運営の効率化を図り、国民にとって利便性の高い、公平・公正な社会を実現するための社会基盤として導入されるものである。一方で、番号制度の導入に伴い、個人のプライバシー等の権利利益の保護の観点からは、国家による個人情報の一元管理、特定個人情報の不正追跡・突合、財産その他の被害等への懸念が示されてきた。個人情報の適正な取扱いという観点からは、行政機関の保有する個人情報の保護に関する法律（平成15年法律第58号。以下「行政機関個人情報保護法」という。）等の個人情報保護法令が整備されているが、これに加え、番号制度においては、このような懸念に対して、個人情報保護委員会（以下「委員会」という。）による監視・監督その他の制度上の保護措置を定めるとともに、特定個人情報の提供には原則として情報提供ネットワークシステムを使用するなどシステム上の安全措置を講ずることとしている。

特定個人情報保護評価は、このような番号制度の枠組みの下での制度上の保護措置の１つであり、特定個人情報ファイルの適正な取扱いを確保することにより特定個人情報の漏えいその他の事態の発生を未然に防ぎ、個人のプライバシー等の権利利益を保護することを基本理念とするものである。特定個人情報保護評価の実施により、評価実施

機関が個人情報保護法令の趣旨を踏まえ、より主体的な措置を講ずることで、個人のプライバシー等の権利利益の保護につながることが期待される。

2　特定個人情報保護評価の目的

特定個人情報保護評価は、次に掲げることを目的として実施するものである。

（1）事前対応による個人のプライバシー等の権利利益の侵害の未然防止

情報の漏えい、滅失、毀損や不正利用等により個人のプライバシー等の権利利益が一度侵害されると、拡散した情報を全て消去・修正することが困難であるなど、その回復は容易でない。したがって、個人のプライバシー等の権利利益の保護のためには、事後的な対応ではなく、事前に特定個人情報ファイルの取扱いに伴う特定個人情報の漏えいその他の事態を発生させるリスクを分析し、このようなリスクを軽減するための措置を講ずることが必要である。特定個人情報保護評価は、このような事前対応の要請に応える手段であり、これにより個人のプライバシー等の権利利益の侵害を未然に防止することを目的とするものである。

事前対応を行うことで、事後の大規模なシステムの仕様変更を防ぎ、不必要な支出を防ぐことも期待される。

（2）国民・住民の信頼の確保

番号制度の導入に対して示されてきた個人のプライバシー等の権利利益が侵害されることへの懸念を払拭する観点からは、特定個人情報ファイルを取り扱う者が、入手する特定個人情報の種類、使用目的・方法、安全管理措置等について国民・住民に分かりやすい説明を行い、その透明性を高めることが求められる。特定個人情報保護評価は、評価実施機関が、特定個人情報ファイルの取扱いにおいて個人のプライバシー等の権利利益の保護に取り組んでいることを自ら宣言し、どのような措置を講じているかを具体的に説明することにより、国民・住民の信頼を確保することを目的とするものである。

3　特定個人情報保護評価の内容

　特定個人情報保護評価は、評価実施機関が、特定個人情報ファイルを取り扱う事務における当該特定個人情報ファイルの取扱いについて自ら評価するものである。評価実施機関は、特定個人情報ファイルを保有しようとする又は保有する場合は、当該特定個人情報ファイルの取扱いが個人のプライバシー等の権利利益に与え得る影響を予測した上で特定個人情報の漏えいその他の事態を発生させるリスクを分析し、このようなリスクを軽減するための適切な措置を講じていることを確認の上、基礎項目評価書、重点項目評価書又は全項目評価書（以下「特定個人情報保護評価書」と総称する。）において自ら宣言するものである。

　特定個人情報保護評価は、諸外国で採用されているプライバシー影響評価（Privacy Impact Assessment: PIA）に相当するものであり、個人のプライバシー等の権利利益の保護のために必要最小限の措置を講じているか否かについてのチェックにとどまらず、評価実施機関が自らの取組について積極的、体系的に検討し、評価することが期待される。

　また、評価実施機関には、個人情報又はプライバシーの保護に関する技術の進歩、社会情勢の変化等に対応し、特定個人情報の漏えいその他の事態を発生させるリスクを軽減するための取組を継続的に実施することが期待される。

第2　定義

　この指針において使用する用語は、番号法及び特定個人情報保護評価に関する規則（平成26年特定個人情報保護委員会規則第1号。以下「規則」という。）において使用する用語の例によるほか、次の定義に従うものとする。

1　評価実施機関　番号法第27条及び規則の規定に基づき特定個人情報保護評価を実施する番号法第2条第14項に規定する行政機関の長等（行政機関の長、地方公共団体の機関、独立行政法人等、地方独立行

政法人及び地方公共団体情報システム機構並びに番号法第19条第7号に規定する情報照会者及び情報提供者）をいう。

2　行政機関等　評価実施機関のうち、行政機関の長、独立行政法人等、地方公共団体情報システム機構並びに番号法第19条第7号に規定する情報照会者及び情報提供者（規則第2条第3号に規定する地方公共団体等（以下単に「地方公共団体等」という。）を除く。）をいう。

3　特定個人情報保護評価計画管理書　規則第3条に規定する、評価実施機関が保有する特定個人情報ファイルについての特定個人情報保護評価の計画、実施状況等を記載し、又は記録した書面又は電磁的記録をいう。

4　全項目評価書　番号法第27条第1項各号に掲げる事項を評価した結果を記載し、又は記録した書面又は電磁的記録（行政機関等においては番号法第27条第4項及び規則第8条の規定、地方公共団体等においては規則第7条第6項の規定に基づく公表の対象となるもの）をいう。

5　情報連携　行政機関の長等の間の情報提供ネットワークシステムを使用する特定個人情報の提供の求め又は提供をいう。

6　重大事故　評価実施機関が法令に基づく安全管理措置義務を負う個人情報を漏えい、滅失又は毀損した場合であって、故意による又は当該個人情報の本人（個人情報によって識別される特定の個人であって、当該評価実施機関の従業者を除く。）の数が101人以上のもの（配送事故等のうち当該評価実施機関の責めに帰さない事由によるものを除く。）をいう。

7　特定個人情報の入手　特定個人情報ファイルに記録されることとなる特定個人情報を、特定個人情報保護評価の対象となる事務において

用いるために取得することをいう。

8 特定個人情報の使用 特定個人情報ファイルに記録された特定個人情報を特定個人情報保護評価の対象となる事務において用いることをいう。

9 特定個人情報の移転 評価実施機関内において、特定個人情報ファイルに記録された特定個人情報を特定個人情報保護評価の対象となる事務以外の事務を処理する者の使用に供することをいう。

10 システム用ファイル 電子計算機で取り扱われる特定個人情報ファイルであって、要件定義、基本設計、詳細設計、プログラミング及びテストの段階を経て運用に供される電子情報処理組織で保有される特定個人情報ファイルをいう。

11 その他の電子ファイル 電子計算機で取り扱われる特定個人情報ファイルであって、システム用ファイル以外のものをいう。

第3 特定個人情報保護評価の実施主体

1 特定個人情報保護評価の実施が義務付けられる者

次に掲げる者のうち、特定個人情報ファイルを保有しようとする者又は保有する者は、この指針に基づき、特定個人情報保護評価の実施が義務付けられる。

（1）行政機関の長
（2）地方公共団体の長その他の機関
（3）独立行政法人等
（4）地方独立行政法人
（5）地方公共団体情報システム機構
（6）情報連携を行う事業者（番号法第19条第7号に規定する情報照会者及び情報提供者のうち、上記（1）から（5）までに掲げる者

以外のものをいう。下記第4の4（1）カにおいて同じ。）

2 実施が義務付けられる者が複数いる場合等の特定個人情報保護評価

　　上記1に掲げる者が特定個人情報保護評価を実施する際に、特定個人情報ファイルを保有しようとする者又は保有する者が複数存在する場合は、特定個人情報ファイルの取扱いの実態やリスク対策を把握し、記載事項に責任を負う立場にある者が特定個人情報保護評価の実施を取りまとめる。

　　また、特定個人情報ファイルを保有しようとする者又は保有する者以外に特定個人情報ファイルに関わる者が存在する場合は、その者は、特定個人情報保護評価が適切に実施されるよう協力するものとする。

第4 特定個人情報保護評価の対象

1 基本的な考え方

　　特定個人情報保護評価の対象は、番号法、番号法以外の国の法令又は番号法第9条第2項の規定に基づき地方公共団体が定める条例の規定に基づき特定個人情報ファイルを取り扱う事務とする。

2 特定個人情報保護評価の単位

　　特定個人情報保護評価は、原則として、法令上の事務ごとに実施するものとする。番号法の別表第一に掲げる事務については、原則として、別表第一の各項の事務ごとに実施するものとするが、各項の事務ごとに実施することが困難な場合は、1つの項に掲げる事務を複数の事務に分割して又は複数の項に掲げる事務を1つの事務として、特定個人情報保護評価の対象とすることができる。別表第一以外の番号法の規定、番号法以外の国の法令又は地方公共団体が定める条例に掲げる事務についても、評価実施機関の判断で、特定個人情報保護評価の対象となる事務の単位を定めることができる。

3　特定個人情報ファイル

特定個人情報保護評価の対象となる事務において取り扱う特定個人情報ファイルとは、個人番号をその内容に含む個人情報ファイルをいい（番号法第2条第9項）、個人情報を含む情報の集合物であって、特定個人情報を検索することができるように体系的に構成したものである。

特定個人情報ファイルの単位は、特定個人情報ファイルの使用目的に基づき、評価実施機関が定めることができる。特定個人情報保護評価の対象となる1つの事務において複数の特定個人情報ファイルを保有することもできる。

4　特定個人情報保護評価の実施が義務付けられない事務

（1）実施が義務付けられない事務

特定個人情報ファイルを取り扱う事務のうち、次に掲げる事務（規則第4条第1号から第7号までに掲げる特定個人情報ファイルのみを取り扱う事務）は特定個人情報保護評価の実施が義務付けられない。次に掲げる事務であっても、特定個人情報保護評価の枠組みを用い、任意で評価を実施することを妨げるものではない。

　ア　職員又は職員であった者等の人事、給与、福利厚生に関する事項又はこれらに準ずる事項を記録した特定個人情報ファイルのみを取り扱う事務（規則第4条第1号）

　イ　手作業処理用ファイルのみを取り扱う事務（規則第4条第2号）

　ウ　特定個人情報ファイルを取り扱う事務において保有する全ての特定個人情報ファイルに記録される本人の数の総数（以下「対象人数」という。）が1,000人未満の事務（規則第4条第3号）

　エ　1つの事業所の事業主が単独で設立した健康保険組合又は密接な関係を有する2以上の事業所の事業主が共同若しくは連合して設立した健康保険組合が保有する被保険者若しくは被保険者であった者又はその被扶養者の医療保険に関する事項を記録した特定個人情報ファイルのみを取り扱う事務（規則第4条第4号及び

第5号)
　　オ　公務員若しくは公務員であった者又はその被扶養者の共済に関する事項を記録した特定個人情報ファイルのみを取り扱う事務（規則第4条第5号）
　　カ　情報連携を行う事業者が情報連携の対象とならない特定個人情報を記録した特定個人情報ファイルのみを取り扱う事務（規則第4条第6号）
　　キ　会計検査院が検査上の必要により保有する特定個人情報ファイルのみを取り扱う事務（規則第4条第7号）
　　　また、特定個人情報保護評価の対象となる事務において複数の特定個人情報ファイルを取り扱う場合で、その一部が上記（ウを除く。）に定める特定個人情報ファイルである場合は、その特定個人情報ファイルに関する事項を特定個人情報保護評価書に記載しないことができる。
（2）特定個人情報保護評価以外の番号法の規定の適用
　　上記（1）に定める特定個人情報保護評価の実施が義務付けられない事務であっても、特定個人情報保護評価以外の番号法の規定が適用され、当該事務を実施する者は、番号法に基づき必要な措置を講ずることが求められる。

第5　特定個人情報保護評価の実施手続
1　特定個人情報保護評価計画管理書
（1）特定個人情報保護評価計画管理書の作成
　　評価実施機関は、最初の特定個人情報保護評価を実施する前に、特定個人情報保護評価計画管理書（様式1参照）を作成するものとする。
　　特定個人情報保護評価計画管理書は、特定個人情報保護評価を計画的に実施し、また、特定個人情報保護評価の実施状況を適切に管理するために作成するものである。評価実施機関で実施する特定個人情報保護評価に関する全ての事務及びシステムについて記載する

ものとし、評価実施機関単位で作成するものとする。

特定個人情報保護評価計画管理書の記載事項に変更が生じたときは、特定個人情報保護評価計画管理書を速やかに更新するものとする。

(2) 特定個人情報保護評価計画管理書の提出

評価実施機関は、規則第3条の規定に基づき、最初の特定個人情報保護評価書の委員会への提出の際に、特定個人情報保護評価計画管理書を併せて提出するものとする。その後、評価実施機関が特定個人情報保護評価書を委員会へ提出する際は、その都度、特定個人情報保護評価計画管理書を更新し、併せて提出するものとする。

特定個人情報保護評価計画管理書の公表は、不要とする。

2 しきい値判断

特定個人情報ファイルを取り扱う事務について特定個人情報保護評価を実施するに際しては、①対象人数、②評価実施機関の従業者及び評価実施機関が特定個人情報ファイルの取扱いを委託している場合の委託先の従業者のうち、当該特定個人情報ファイルを取り扱う者の数（以下「取扱者数」という。）、③評価実施機関における規則第4条第8号ロに規定する特定個人情報に関する重大事故の発生（評価実施機関が重大事故の発生を知ることを含む。以下同じ。）の有無に基づき、次のとおり、実施が義務付けられる特定個人情報保護評価の種類を判断する（以下「しきい値判断」という。）。

しきい値判断の結果、基礎項目評価のみで足りると認められたものについても任意で重点項目評価又は全項目評価を実施することができ、重点項目評価の実施が義務付けられると判断されたものについても任意で全項目評価を実施することができる。

(1) 対象人数が1,000人以上1万人未満の場合は、基礎項目評価（番号法 第27条第1項並びに規則第4条第8号イ及び第5条）

(2) 対象人数が1万人以上10万人未満であり、かつ、取扱者数が500人未満であって、過去1年以内に評価実施機関における特定個人情報に関する重大事故の発生がない場合は、基礎項目評価（番号法第

27条第1項並びに規則第4条第8号ロ及び第5条)
(3) 対象人数が1万人以上10万人未満であり、過去1年以内に評価実施機関における特定個人情報に関する重大事故の発生があった場合は、基礎項目評価及び重点項目評価(番号法第27条第1項並びに規則第4条第9号、第5条並びに第6条第1項第1号及び第3項)
(4) 対象人数が1万人以上10万人未満であり、かつ、取扱者数が500人以上の場合は、基礎項目評価及び重点項目評価(番号法第27条第1項並びに規則第4条第9号、第5条並びに第6条第1項第1号及び第3項)
(5) 対象人数が10万人以上30万人未満であり、かつ、取扱者数が500人未満であって、過去1年以内に評価実施機関における特定個人情報に関する重大事故の発生がない場合は、基礎項目評価及び重点項目評価(番号法第27条第1項並びに規則第4条第9号、第5条並びに第6条第1項第2号及び第3項)
(6) 対象人数が10万人以上30万人未満であり、過去1年以内に評価実施機関における特定個人情報に関する重大事故の発生があった場合は、基礎項目評価及び全項目評価(行政機関等については番号法第27条及び規則第5条、地方公共団体等については番号法第27条第1項並びに規則第4条第10号並びに第7条第1項及び第3項から第6項まで)
(7) 対象人数が10万人以上30万人未満であり、かつ、取扱者数が500人以上の場合は、基礎項目評価及び全項目評価(行政機関等については番号法第27条及び規則第5条、地方公共団体等については番号法第27条第1項並びに規則第4条第10号並びに第7条第1項及び第3項から第6項まで)
(8) 対象人数が30万人以上の場合は、基礎項目評価及び全項目評価(行政機関等については番号法第27条及び規則第5条、地方公共団体等については番号法第27条第1項並びに規則第4条第10号並びに第7条第1項及び第3項から第6項まで)

3　特定個人情報保護評価書

しきい値判断の結果に従い、評価実施機関は特定個人情報保護評価を実施し、次のとおり、特定個人情報保護評価書を作成し、委員会に提出するものとする。その際、特定個人情報保護評価書の記載事項を補足的に説明する資料を作成している場合は、必要に応じて、当該特定個人情報保護評価書に添付する。

（1）基礎項目評価書

　　評価実施機関は、規則第5条第1項の規定に基づき、特定個人情報保護評価の実施が義務付けられる全ての事務について基礎項目評価書（様式2参照）を作成し、委員会へ提出するものとする。上記2に定めるしきい値判断の結果は、基礎項目評価書に記載するものとする。

（2）重点項目評価書

　　評価実施機関は、規則第6条第1項の規定に基づき、上記2（3）、（4）又は（5）の場合は、重点項目評価書（様式3参照）を作成し、委員会へ提出するものとする。

（3）全項目評価書

　ア　行政機関等の場合

　　　行政機関等は、上記2（6）、（7）又は（8）の場合は、全項目評価書（様式4参照）を作成するものとする。

　　　また、行政機関等は、全項目評価書を作成後、番号法第27条第1項の規定に基づき、全項目評価書を公示して広く国民の意見を求め、これにより得られた意見を十分考慮した上で全項目評価書に必要な見直しを行うものとする。ただし、公表しないことができる全項目評価書又は項目（下記（4）参照）については、この限りではない（規則第10条）。

　　　全項目評価書を公示し国民からの意見を聴取する期間は原則として30日以上とする。ただし、特段の理由がある場合には、全項目評価書においてその理由を明らかにした上でこれを短縮することができる。

行政機関等は、番号法第27条第2項の規定に基づき、公示し国民の意見を求め、必要な見直しを行った全項目評価書を委員会へ提出し、委員会による承認を受けるものとする。
　イ　地方公共団体等の場合
　地方公共団体等は、上記2（6）、（7）又は（8）の場合は、全項目評価書を作成するものとする。
　また、地方公共団体等は、全項目評価書を作成した後、規則第7条第1項の規定に基づき、全項目評価書を公示して広く住民等の意見を求め、これにより得られた意見を十分考慮した上で全項目評価書に必要な見直しを行うものとする。ただし、公表しないことができる全項目評価書又は項目（下記（4）参照）については、この限りではない（規則第7条第3項）。
　全項目評価書を公示し住民等からの意見を聴取する期間は原則として30日以上とする。ただし、特段の理由がある場合には、全項目評価書においてその理由を明らかにした上でこれを短縮することができる。また、地方公共団体等が条例等に基づき住民等からの意見聴取等の仕組みを定めている場合は、これによることができる。
　地方公共団体等は、公示し住民等の意見を求め、必要な見直しを行った全項目評価書について、規則第7条第4項の規定に基づき、第三者点検を受けるものとする。第三者点検の方法は、原則として、条例等に基づき地方公共団体が設置する個人情報保護審議会又は個人情報保護審査会による点検を受けるものとするが、これらの組織に個人情報保護や情報システムに知見を有する専門家がいないなど、個人情報保護審議会又は個人情報保護審査会による点検が困難な場合には、その他の方法によることができる。ただし、その他の方法による場合であっても、専門性を有する外部の第三者によるものとする。第三者点検の際は、点検者に守秘義務を課すなどした上で、公表しない部分（下記（4）参照）を含む全項目評価書を提示し、点検を受けるものとする。第三者点

検においては、下記第10の1（2）に定める審査の観点を参考にすることができる。

地方公共団体等は、規則第7条第5項の規定に基づき、第三者点検を受けた全項目評価書を委員会へ提出するものとする。

（4）特定個人情報保護評価書の公表

行政機関等は、基礎項目評価書及び重点項目評価書については委員会に提出した後速やかに、全項目評価書については委員会の承認を受けた後速やかに、公表するものとする（番号法第27条第4項並びに規則第5条第2項、第6条第3項及び第8条）。

地方公共団体等は、特定個人情報保護評価書を委員会に提出した後速やかに、公表するものとする（規則第5条第2項、第6条第3項及び第7条第6項）。

特定個人情報保護評価書及びその添付資料は、原則として、全て公表するものとする。ただし、規則第13条の規定に基づき、公表することにセキュリティ上のリスクがあると認められる場合は、評価実施機関は、公表しない予定の部分を含む特定個人情報保護評価書及びその添付資料の全てを委員会に提出した上で、セキュリティ上のリスクがあると認められる部分を公表しないことができる。この場合であっても、期間、回数等の具体的な数値や技術的細目に及ぶ具体的な方法など真にセキュリティ上のリスクのある部分に、公表しない部分を限定するものとする。

犯罪の捜査、租税に関する法律の規定に基づく犯則事件の調査及び公訴の提起又は維持のために保有する特定個人情報ファイルを取り扱う事務に関する特定個人情報保護評価については、評価実施機関は、規則第13条の規定に基づき、公表しない予定の部分を含む特定個人情報保護評価書及びその添付資料の全てを委員会に提出した上で、その全部又は一部を公表しないことができる。

4　特定個人情報保護評価書の見直し

評価実施機関は、少なくとも1年に1回、公表した特定個人情報保

護評価書の記載事項を実態に照らして見直し、変更が必要か否かを検討するよう努めるものとする（規則第14条）。

5　特定個人情報保護評価を実施した事務の実施をやめたとき等の通知
　　評価実施機関は、特定個人情報保護評価を実施した事務の実施をやめたとき等は、規則第16条の規定に基づき、遅滞なく委員会に通知するものとする。評価実施機関は、事務の実施をやめるなどした日から少なくとも３年間、その事務の実施をやめたこと等を記載するなど所要の修正を行った上で、特定個人情報保護評価書を公表しておくものとする。

第6　特定個人情報保護評価の実施時期
1　新規保有時
　　行政機関の長等は、特定個人情報ファイルを新規に保有しようとする場合、原則として、当該特定個人情報ファイルを保有する前に特定個人情報保護評価を実施するものとする。ただし、規則第９条第２項の規定に基づき、災害が発生したときの対応等、特定個人情報保護評価を実施せずに特定個人情報ファイルを保有せざるを得ない場合は、特定個人情報ファイルの保有後可及的速やかに特定個人情報保護評価を実施するものとする。
（１）システム用ファイルを保有しようとする場合の実施時期
　ア　通常の場合
　　　規則第９条第１項の規定に基づき、システムの要件定義の終了までに実施することを原則とするが、評価実施機関の判断で、プログラミング開始前の適切な時期に特定個人情報保護評価を実施することができる。
　イ　委員会による承認が必要な特定個人情報保護評価の場合
　　　規則第９条第１項の規定に基づき、システムの要件定義の終了までに実施することを原則とするが、要件定義の終了までに実施することが困難な場合は、委員会とあらかじめ協議の上、実施時

期を決定することができる。

　ウ　経過措置

　　この指針の適用の日から6月を超えない範囲でシステムの開発におけるプログラミングを開始する場合は、プログラミング開始後、特定個人情報ファイルを保有する前に特定個人情報保護評価を実施することができる。

（2）その他の電子ファイルを保有しようとする場合の実施時期

　事務処理の検討段階で特定個人情報保護評価を実施するものとする。

2　新規保有時以外

（1）基本的な考え方

　評価実施機関は、過去に特定個人情報保護評価を実施した特定個人情報ファイルを取り扱う事務について、下記（2）又は（3）の場合には、特定個人情報保護評価を再実施するものとし、下記（4）の場合には、再実施するよう努めるものとする。

　再実施に当たっては、委員会が定める特定個人情報保護評価書様式中の変更箇所欄に変更項目等を記載するものとする。下記（2）から（4）まで以外の場合に特定個人情報保護評価を任意に再実施することを妨げるものではない。

（2）重要な変更

　特定個人情報ファイルに対する重要な変更（規則第11条に規定する特定個人情報の漏えいその他の事態の発生の危険性及び影響が大きい変更として指針で定めるもの）とは、重点項目評価書又は全項目評価書の記載項目のうちこの指針の別表に定めるものについての変更とする。ただし、誤字脱字の修正、組織の名称、所在地、法令の題名等の形式的な変更又は個人のプライバシー等の権利利益に影響を与え得る特定個人情報の漏えいその他の事態を発生させるリスクを明らかに軽減させる変更は、重要な変更には当たらないものとする。

　この指針の別表に定めるとおり、重大事故の発生それ自体が直ち

に重要な変更に当たるものではないが、特定個人情報に関する重大事故の発生に伴い評価実施機関がリスク対策等を見直すことが想定され、この場合は、重要な変更に該当する。

　評価実施機関は、保有する特定個人情報ファイルに重要な変更を加えようとするときは、当該変更を加える前に、特定個人情報保護評価を再実施するものとする。ただし、災害が発生したときの対応等、特定個人情報保護評価を実施せずに特定個人情報ファイルの取扱いを変更せざるを得ない場合は、特定個人情報ファイルの取扱いの変更後可及的速やかに特定個人情報保護評価を再実施するものとする。

　ア　システムの開発を伴う場合の実施時期
　　上記1（1）に準ずるものとする。
　イ　システムの開発を伴わない又はその他の電子ファイルを保有する場合の実施時期
　　事務処理の変更の検討段階で特定個人情報保護評価を実施するものとする。

（3）しきい値判断の結果の変更

　上記第5の4に定める特定個人情報保護評価書の見直しにおいて、対象人数又は取扱者数が増加したことによりしきい値判断の結果が変わり、新たに重点項目評価又は全項目評価を実施するものと判断される場合、評価実施機関は、速やかに特定個人情報保護評価を再実施するものとする（規則第6条第2項及び第3項、第7条第2項から第6項まで、第8条及び第14条）。

　また、評価実施機関における特定個人情報に関する重大事故の発生によりしきい値判断の結果が変わり、新たに重点項目評価又は全項目評価を実施するものと判断される場合、評価実施機関は、当該特定個人情報に関する重大事故の発生後速やかに特定個人情報保護評価を再実施するものとする（規則第6条第2項及び第3項、第7条第2項から第6項まで、第8条及び第14条）。

(4) 一定期間経過

　　評価実施機関は、規則第15条の規定に基づき、直近の特定個人情報保護評価書を公表してから5年を経過する前に、特定個人情報保護評価を再実施するよう努めるものとする。

第7　特定個人情報保護評価書の修正
1　基礎項目評価書

　　基礎項目評価書の記載事項に、上記第6の2（3）のしきい値判断の結果の変更に該当しない変更が生じた場合、評価実施機関は、規則第14条の規定に基づき、基礎項目評価書を速やかに修正し、委員会に提出した上で公表するものとする。修正に当たっては、委員会が定める特定個人情報保護評価書様式中の変更箇所欄に変更項目等を記載するものとする。

2　重点項目評価書・全項目評価書

　　重点項目評価書又は全項目評価書の記載事項に、上記第6の2（2）の重要な変更に当たらない変更が生じた場合、評価実施機関は、規則第14条の規定に基づき、重点項目評価書又は全項目評価書を速やかに修正し、委員会に提出した上で公表するものとする。修正に当たっては、委員会が定める特定個人情報保護評価書様式中の変更箇所欄に変更項目等を記載するものとする。

　　この場合は、特定個人情報保護評価の実施に該当せず、全項目評価の場合であっても、国民（地方公共団体等にあっては住民等）からの意見の聴取及び委員会による承認又は第三者点検は必要ない。評価実施機関の任意の判断で、国民（地方公共団体等にあっては住民等）からの意見の聴取又は第三者点検を行うことを妨げるものではない。

第8　番号法及び行政機関個人情報保護法に基づく事前通知

　　番号法第29条第1項並びに第30条第1項及び第2項の規定により読み替えられて適用される行政機関個人情報保護法第10条第1項の規定

に基づき、行政機関が特定個人情報ファイルを保有しようとするときは、当該行政機関の長は、同項各号に規定する事項(以下「事前通知事項」という。)をあらかじめ委員会に通知しなければならず、また、事前通知事項を変更しようとするときも同様に通知しなければならない。行政機関が、特定個人情報保護評価を実施し、全項目評価書を公表した場合、又は保有する特定個人情報ファイルに重要な変更を加えようとするときに特定個人情報保護評価を再実施し、事前通知事項を変更した全項目評価書を公表した場合は、番号法第27条第5項の規定により、それぞれ通知を行ったものとみなす。

　行政機関が、重点項目評価書を提出・公表した場合等は、事前通知等を併せて行ったものとして取り扱う。

第9　特定個人情報保護評価の評価項目
1　基本的な考え方

　特定個人情報保護評価を実施するに当たって、評価実施機関は、特定個人情報ファイルを取り扱う事務の特性を明らかにした上で、特定個人情報ファイルの取扱いが個人のプライバシー等の権利利益に影響を与え得る特定個人情報の漏えいその他の事態を発生させるリスクについて認識又は分析し、このようなリスクを軽減するための適切な措置を講じていることを確認の上、特定個人情報保護評価書において宣言するものとする。

2　評価項目
（1）基礎項目評価書

　　規則第2条第1号に規定する基礎項目評価書では、特定個人情報保護評価の対象となる事務の概要、当該事務において使用するシステムの名称、特定個人情報ファイルの名称、当該事務を対象とする特定個人情報保護評価の実施を担当する部署、当該事務において個人番号を利用することができる法令上の根拠等を記載するものとする。また、当該事務において情報連携を行う場合にはその法令上の

根拠を記載するものとする。

　また、評価実施機関は、特定個人情報保護評価の対象となる事務について特定個人情報ファイルを取り扱う際に生じる個人のプライバシー等の権利利益に影響を与え得る特定個人情報の漏えいその他の事態を発生させるリスクを認識し、このようなリスクを軽減するための適切な措置を講じていることを確認の上、宣言するものとする。

（２）重点項目評価書

　規則第２条第２号に規定する重点項目評価書の記載事項は、次のとおりとする。

　ア　基本情報

　　特定個人情報保護評価の対象となる事務の内容、当該事務において使用するシステムの機能、当該事務において取り扱う特定個人情報ファイルの名称、当該事務を対象とする特定個人情報保護評価の実施を担当する部署、当該事務において個人番号を利用することができる法令上の根拠等を記載するものとする。また、当該事務において情報連携を行う場合にはその法令上の根拠を記載するものとする。

　イ　特定個人情報ファイルの概要

　　特定個人情報ファイルの種類、対象となる本人の数・範囲、記録される項目その他の特定個人情報保護評価の対象となる事務において取り扱う特定個人情報ファイルの概要を記載するものとする。また、特定個人情報の入手及び使用の方法、特定個人情報ファイルの取扱いの委託の有無及び委託する場合にはその方法、特定個人情報の提供又は移転の有無及び提供又は移転する場合にはその方法、特定個人情報の保管場所その他の特定個人情報ファイルを取り扱うプロセスの概要を記載するものとする。

　ウ　リスク対策

　　特定個人情報ファイルを取り扱うプロセスにおいて個人のプライバシー等の権利利益に影響を与え得る特定個人情報の漏えいその他の事態を発生させる主なリスクについて分析し、このような

リスクを軽減するための措置について記載するものとする。重点項目評価書様式は主なリスクのみを示しているが、その他のリスクについても分析し、そのようなリスクを軽減するための措置についても記載することが推奨される。

また、自己点検・監査、従業者に対する教育・啓発等のリスク対策についても記載するものとする。

これらのリスク対策を踏まえ、評価実施機関は、リスクを軽減するための適切な措置を講じていることを確認の上、宣言するものとする。

エ　その他

特定個人情報の開示・訂正・利用停止請求、特定個人情報ファイルの取扱いに関する問合せ等について記載するものとする。

(3) 全項目評価書

法第27条第1項各号及び規則第12条に規定する全項目評価書の記載事項は、次のとおりとする。

ア　基本情報

特定個人情報保護評価の対象となる事務の詳細な内容、当該事務において使用するシステムの機能、当該事務において取り扱う特定個人情報ファイルの名称、当該事務を対象とする特定個人情報保護評価の実施を担当する部署、当該事務において個人番号を利用することができる法令上の根拠等を記載するものとする。また、当該事務において情報連携を行う場合にはその法令上の根拠を記載するものとする。

イ　特定個人情報ファイルの概要

特定個人情報ファイルの種類、対象となる本人の数・範囲、記録される項目その他の特定個人情報保護評価の対象となる事務において取り扱う特定個人情報ファイルの概要を記載するものとする。また、特定個人情報の入手及び使用の方法、特定個人情報ファイルの取扱いの委託の有無及び委託する場合にはその方法、特定個人情報の提供又は移転の有無及び提供又は移転する場合に

はその方法、特定個人情報の保管及び消去の方法その他の特定個人情報ファイルを取り扱うプロセスの概要を記載するものとする。

ウ　リスク対策

　　特定個人情報ファイルを取り扱うプロセスにおいて個人のプライバシー等の権利利益に影響を与え得る特定個人情報の漏えいその他の事態を発生させる多様なリスクについて詳細に分析し、このようなリスクを軽減するための措置について記載するものとする。全項目評価書様式に示すもの以外のリスクについても分析し、そのようなリスクを軽減するための措置についても記載することが推奨される。

　　また、自己点検・監査、従業者に対する教育・啓発等のリスク対策についても記載するものとする。

　　これらのリスク対策を踏まえ、評価実施機関は、リスクを軽減するための適切な措置を講じていることを確認の上、宣言するものとする。

エ　評価実施手続

　　行政機関等は、上記第5の3（3）アにより実施した国民からの意見の聴取の方法、主な意見の内容等、下記第10の1に定める委員会による承認のために全項目評価書を委員会に提出した日、委員会による審査等について記載するものとする。

　　地方公共団体等は、上記第5の3（3）イにより実施した住民等からの意見の聴取及び第三者点検の方法等について記載するものとする。

オ　その他

　　特定個人情報の開示・訂正・利用停止請求、特定個人情報ファイルの取扱いに関する問合せ等について記載するものとする。

第10　委員会の関与
1　特定個人情報保護評価書の承認
（1）承認対象

　　委員会は、上記第5の3（3）アに基づき行政機関等から委員会に提出された全項目評価書を審査し、承認するものとする。

　　委員会は、基礎項目評価書、重点項目評価書、地方公共団体等から提出された全項目評価書及び任意で提出された全項目評価書の承認は行わないものとする。

（2）審査の観点

　　委員会は、全項目評価書の承認に際し、適合性及び妥当性の2つの観点から審査を行う。

　ア　適合性

　　　この指針に定める実施手続等に適合した特定個人情報保護評価を実施しているか。

　　　・しきい値判断に誤りはないか。

　　　・適切な実施主体が実施しているか。

　　　・公表しない部分は適切な範囲か。

　　　・適切な時期に実施しているか。

　　　・適切な方法で広く国民の意見を求め、得られた意見を十分考慮した上で必要な見直しを行っているか。

　　　・特定個人情報保護評価の対象となる事務の実態に基づき、特定個人情報保護評価書様式で求められる全ての項目について検討し、記載しているか。　　等

　イ　妥当性

　　　特定個人情報保護評価の内容は、この指針に定める特定個人情報保護評価の目的等に照らし妥当と認められるか。

　　　・記載された特定個人情報保護評価の実施を担当する部署は、特定個人情報保護評価の対象となる事務を担当し、リスクを軽減させるための措置の実施に責任を負うことができるか。

　　　・特定個人情報保護評価の対象となる事務の内容の記載は具体

的か。当該事務における特定個人情報の流れを併せて記載しているか。
・特定個人情報ファイルを取り扱うプロセスにおいて特定個人情報の漏えいその他の事態を発生させるリスクを、特定個人情報保護評価の対象となる事務の実態に基づき、特定しているか。
・特定されたリスクを軽減するために講ずべき措置についての記載は具体的か。
・記載されたリスクを軽減させるための措置は、個人のプライバシー等の権利利益の侵害の未然防止、国民・住民の信頼の確保という特定個人情報保護評価の目的に照らし、妥当なものか。
・個人のプライバシー等の権利利益の保護の宣言は、国民・住民の信頼の確保という特定個人情報保護評価の目的に照らし、妥当なものか。　等

　委員会は、提出された全項目評価書の審査の結果、必要と認めるときは、番号法の規定に基づく指導・助言・勧告・命令等を行い、全項目評価書の再提出その他の是正を求めるものとする。

2　承認の対象としない特定個人情報保護評価書の確認

　委員会は、評価実施機関から委員会に提出された特定個人情報保護評価書であって上記1による委員会の承認の対象としないものについては、必要に応じて、その内容を精査し、適合性及び妥当性について確認するものとする。

　委員会は、提出された特定個人情報保護評価書の精査の結果、必要と認めるときは、番号法の規定に基づく指導・助言・勧告・命令等を行い、特定個人情報保護評価の再実施その他の是正を求めるものとする。

第11　特定個人情報保護評価書に記載した措置の実施

　評価実施機関は、個人のプライバシー等の権利利益に影響を与え得る

特定個人情報の漏えいその他の事態を発生させるリスクを軽減するための措置として特定個人情報保護評価書に記載した全ての措置を講ずるものとする。

第12 特定個人情報保護評価に係る違反に対する措置
1 特定個人情報保護評価の未実施に対する措置

特定個人情報保護評価を実施するものとされているにもかかわらず実施していない事務については、情報連携を行うことが禁止される（番号法第21条第2項第2号、第27条第6項）。特定個人情報保護評価を実施するものとされているにもかかわらず実施していない評価実施機関に対して、委員会は、必要に応じて、番号法の規定に基づく指導・助言、勧告・命令等を行い、特定個人情報保護評価の速やかな実施その他の是正を求めるものとする。

2 特定個人情報保護評価書の記載に反する特定個人情報ファイルの取扱いに対する措置

特定個人情報ファイルの取扱いが特定個人情報保護評価書の記載に反している場合、委員会は、必要に応じて、番号法の規定に基づく指導・助言、勧告・命令等を行い、是正を求めるものとする。

別表

（第6の2（2）関係）

特定個人情報保護評価書の名称	重要な変更の対象である記載項目
1　重点項目評価書	1　個人番号の利用 2　情報提供ネットワークシステムによる情報連携 3　特定個人情報ファイルの種類 4　特定個人情報ファイルの対象となる本人の範囲 5　特定個人情報ファイルに記録される主な項目 6　特定個人情報の入手元 7　特定個人情報の使用目的 8　特定個人情報ファイルの取扱いの委託の有無 9　特定個人情報ファイルの取扱いの再委託の有無 10　特定個人情報の保管場所 11　リスク対策（重大事故の発生を除く。）

2　全項目評価書	1　特定個人情報ファイルを取り扱う事務の内容
	2　個人番号の利用
	3　情報提供ネットワークシステムによる情報連携
	4　特定個人情報ファイルの種類
	5　特定個人情報ファイルの対象となる本人の範囲
	6　特定個人情報ファイルに記録される主な項目
	7　特定個人情報の入手元
	8　特定個人情報の使用目的
	9　特定個人情報の使用部署
	10　特定個人情報の使用方法
	11　特定個人情報の突合
	12　特定個人情報の統計分析
	13　特定個人情報の使用による個人の権利利益に影響を与え得る決定
	14　特定個人情報ファイルの取扱いの委託の有無
	15　取扱いを委託する特定個人情報ファイルの対象となる本人の範囲
	16　特定個人情報ファイルの取扱いの再委託の有無
	17　特定個人情報の保管場所
	18　特定個人情報ファイルの取扱いプロセスにおけるリスク対策（重大事故の発生を除く。）
	19　その他のリスク対策

出典：個人情報保護委員会
　　　特定個人情報保護評価指針（PDF:314KB）
　　　http://www.ppc.go.jp/enforcement/assessment/

個人情報の保護に関する法律

(平成十五年五月三十日法律第五十七号)
(最終改正:平成二七年九月九日法律第六五号)
【平成二八年一月一日施行版】

第一章　総則

（目的）

第一条　この法律は、高度情報通信社会の進展に伴い個人情報の利用が著しく拡大していることに鑑み、個人情報の適正な取扱いに関し、基本理念及び政府による基本方針の作成その他の個人情報の保護に関する施策の基本となる事項を定め、国及び地方公共団体の責務等を明らかにするとともに、個人情報を取り扱う事業者の遵守すべき義務等を定めることにより、個人情報の適正かつ効果的な活用が新たな産業の創出並びに活力ある経済社会及び豊かな国民生活の実現に資するものであることその他の個人情報の有用性に配慮しつつ、個人の権利利益を保護することを目的とする。

（定義）

第二条　この法律において「個人情報」とは、生存する個人に関する情報であって、当該情報に含まれる氏名、生年月日その他の記述等により特定の個人を識別することができるもの（他の情報と容易に照合することができ、それにより特定の個人を識別することができることとなるものを含む。）をいう。

2　この法律において「個人情報データベース等」とは、個人情報を含む情報の集合物であって、次に掲げるものをいう。
　一　特定の個人情報を電子計算機を用いて検索することができるように体系的に構成したもの
　二　前号に掲げるもののほか、特定の個人情報を容易に検索することができるように体系的に構成したものとして政令で定めるもの

3　この法律において「個人情報取扱事業者」とは、個人情報データベース等を事業の用に供している者をいう。ただし、次に掲げる者を除く。
　一　国の機関
　二　地方公共団体
　三　独立行政法人等（独立行政法人等の保有する個人情報の保護に関す

る法律（平成十五年法律第五十九号）第二条第一項に規定する独立行政法人等をいう。以下同じ。）

　四　地方独立行政法人（地方独立行政法人法（平成十五年法律第百十八号）第二条第一項に規定する地方独立行政法人をいう。以下同じ。）

　五　その取り扱う個人情報の量及び利用方法からみて個人の権利利益を害するおそれが少ないものとして政令で定める者

4　この法律において「個人データ」とは、個人情報データベース等を構成する個人情報をいう。

5　この法律において「保有個人データ」とは、個人情報取扱事業者が、開示、内容の訂正、追加又は削除、利用の停止、消去及び第三者への提供の停止を行うことのできる権限を有する個人データであって、その存否が明らかになることにより公益その他の利益が害されるものとして政令で定めるもの又は一年以内の政令で定める期間以内に消去することとなるもの以外のものをいう。

6　この法律において個人情報について「本人」とは、個人情報によって識別される特定の個人をいう。

（基本理念）

第三条　個人情報は、個人の人格尊重の理念の下に慎重に取り扱われるべきものであることにかんがみ、その適正な取扱いが図られなければならない。

第二章　国及び地方公共団体の責務等

（国の責務）

第四条　国は、この法律の趣旨にのっとり、個人情報の適正な取扱いを確保するために必要な施策を総合的に策定し、及びこれを実施する責務を有する。

（地方公共団体の責務）
第五条　地方公共団体は、この法律の趣旨にのっとり、その地方公共団体の区域の特性に応じて、個人情報の適正な取扱いを確保するために必要な施策を策定し、及びこれを実施する責務を有する。

（法制上の措置等）
第六条　政府は、個人情報の性質及び利用方法にかんがみ、個人の権利利益の一層の保護を図るため特にその適正な取扱いの厳格な実施を確保する必要がある個人情報について、保護のための格別の措置が講じられるよう必要な法制上の措置その他の措置を講ずるものとする。

第三章　個人情報の保護に関する施策等
第一節　個人情報の保護に関する基本方針

第七条　政府は、個人情報の保護に関する施策の総合的かつ一体的な推進を図るため、個人情報の保護に関する基本方針（以下「基本方針」という。）を定めなければならない。
2　基本方針は、次に掲げる事項について定めるものとする。
　一　個人情報の保護に関する施策の推進に関する基本的な方向
　二　国が講ずべき個人情報の保護のための措置に関する事項
　三　地方公共団体が講ずべき個人情報の保護のための措置に関する基本的な事項
　四　独立行政法人等が講ずべき個人情報の保護のための措置に関する基本的な事項
　五　地方独立行政法人が講ずべき個人情報の保護のための措置に関する基本的な事項
　六　個人情報取扱事業者及び第四十条第一項に規定する認定個人情報保護団体が講ずべき個人情報の保護のための措置に関する基本的な事項
　七　個人情報の取扱いに関する苦情の円滑な処理に関する事項

八　その他個人情報の保護に関する施策の推進に関する重要事項
3　内閣総理大臣は、個人情報保護委員会が作成した基本方針の案について閣議の決定を求めなければならない。
4　内閣総理大臣は、前項の規定による閣議の決定があったときは、遅滞なく、基本方針を公表しなければならない。
5　前二項の規定は、基本方針の変更について準用する。

第二節　国の施策

（地方公共団体等への支援）
第八条　国は、地方公共団体が策定し、又は実施する個人情報の保護に関する施策及び国民又は事業者等が個人情報の適正な取扱いの確保に関して行う活動を支援するため、情報の提供、事業者等が講ずべき措置の適切かつ有効な実施を図るための指針の策定その他の必要な措置を講ずるものとする。

（苦情処理のための措置）
第九条　国は、個人情報の取扱いに関し事業者と本人との間に生じた苦情の適切かつ迅速な処理を図るために必要な措置を講ずるものとする。

（個人情報の適正な取扱いを確保するための措置）
第十条　国は、地方公共団体との適切な役割分担を通じ、次章に規定する個人情報取扱事業者による個人情報の適正な取扱いを確保するために必要な措置を講ずるものとする。

第三節　地方公共団体の施策

（地方公共団体等が保有する個人情報の保護）
第十一条　地方公共団体は、その保有する個人情報の性質、当該個人情報を保有する目的等を勘案し、その保有する個人情報の適正な取扱いが確保されるよう必要な措置を講ずることに努めなければならない。
2　地方公共団体は、その設立に係る地方独立行政法人について、その性格及び業務内容に応じ、その保有する個人情報の適正な取扱いが確保されるよう必要な措置を講ずることに努めなければならない。

（区域内の事業者等への支援）
第十二条　地方公共団体は、個人情報の適正な取扱いを確保するため、その区域内の事業者及び住民に対する支援に必要な措置を講ずるよう努めなければならない。

（苦情の処理のあっせん等）
第十三条　地方公共団体は、個人情報の取扱いに関し事業者と本人との間に生じた苦情が適切かつ迅速に処理されるようにするため、苦情の処理のあっせんその他必要な措置を講ずるよう努めなければならない。

第四節　国及び地方公共団体の協力

第十四条　国及び地方公共団体は、個人情報の保護に関する施策を講ずるにつき、相協力するものとする。

第四章　個人情報取扱事業者の義務等
第一節　個人情報取扱事業者の義務

（利用目的の特定）

第十五条　個人情報取扱事業者は、個人情報を取り扱うに当たっては、その利用の目的（以下「利用目的」という。）をできる限り特定しなければならない。

2　個人情報取扱事業者は、利用目的を変更する場合には、変更前の利用目的と相当の関連性を有すると合理的に認められる範囲を超えて行ってはならない。

（利用目的による制限）

第十六条　個人情報取扱事業者は、あらかじめ本人の同意を得ないで、前条の規定により特定された利用目的の達成に必要な範囲を超えて、個人情報を取り扱ってはならない。

2　個人情報取扱事業者は、合併その他の事由により他の個人情報取扱事業者から事業を承継することに伴って個人情報を取得した場合は、あらかじめ本人の同意を得ないで、承継前における当該個人情報の利用目的の達成に必要な範囲を超えて、当該個人情報を取り扱ってはならない。

3　前二項の規定は、次に掲げる場合については、適用しない。

一　法令に基づく場合

二　人の生命、身体又は財産の保護のために必要がある場合であって、本人の同意を得ることが困難であるとき。

三　公衆衛生の向上又は児童の健全な育成の推進のために特に必要がある場合であって、本人の同意を得ることが困難であるとき。

四　国の機関若しくは地方公共団体又はその委託を受けた者が法令の定める事務を遂行することに対して協力する必要がある場合であって、本人の同意を得ることにより当該事務の遂行に支障を及ぼすおそれがあるとき。

（適正な取得）

第十七条 個人情報取扱事業者は、偽りその他不正の手段により個人情報を取得してはならない。

（取得に際しての利用目的の通知等）

第十八条 個人情報取扱事業者は、個人情報を取得した場合は、あらかじめその利用目的を公表している場合を除き、速やかに、その利用目的を、本人に通知し、又は公表しなければならない。

2　個人情報取扱事業者は、前項の規定にかかわらず、本人との間で契約を締結することに伴って契約書その他の書面（電子的方式、磁気的方式その他人の知覚によっては認識することができない方式で作られる記録を含む。以下この項において同じ。）に記載された当該本人の個人情報を取得する場合その他本人から直接書面に記載された当該本人の個人情報を取得する場合は、あらかじめ、本人に対し、その利用目的を明示しなければならない。ただし、人の生命、身体又は財産の保護のために緊急に必要がある場合は、この限りでない。

3　個人情報取扱事業者は、利用目的を変更した場合は、変更された利用目的について、本人に通知し、又は公表しなければならない。

4　前三項の規定は、次に掲げる場合については、適用しない。

　一　利用目的を本人に通知し、又は公表することにより本人又は第三者の生命、身体、財産その他の権利利益を害するおそれがある場合

　二　利用目的を本人に通知し、又は公表することにより当該個人情報取扱事業者の権利又は正当な利益を害するおそれがある場合

　三　国の機関又は地方公共団体が法令の定める事務を遂行することに対して協力する必要がある場合であって、利用目的を本人に通知し、又は公表することにより当該事務の遂行に支障を及ぼすおそれがあるとき。

　四　取得の状況からみて利用目的が明らかであると認められる場合

（データ内容の正確性の確保）
第十九条　個人情報取扱事業者は、利用目的の達成に必要な範囲内において、個人データを正確かつ最新の内容に保つよう努めなければならない。

（安全管理措置）
第二十条　個人情報取扱事業者は、その取り扱う個人データの漏えい、滅失又はき損の防止その他の個人データの安全管理のために必要かつ適切な措置を講じなければならない。

（従業者の監督）
第二十一条　個人情報取扱事業者は、その従業者に個人データを取り扱わせるに当たっては、当該個人データの安全管理が図られるよう、当該従業者に対する必要かつ適切な監督を行わなければならない。

（委託先の監督）
第二十二条　個人情報取扱事業者は、個人データの取扱いの全部又は一部を委託する場合は、その取扱いを委託された個人データの安全管理が図られるよう、委託を受けた者に対する必要かつ適切な監督を行わなければならない。

（第三者提供の制限）
第二十三条　個人情報取扱事業者は、次に掲げる場合を除くほか、あらかじめ本人の同意を得ないで、個人データを第三者に提供してはならない。
　一　法令に基づく場合
　二　人の生命、身体又は財産の保護のために必要がある場合であって、本人の同意を得ることが困難であるとき。
　三　公衆衛生の向上又は児童の健全な育成の推進のために特に必要がある場合であって、本人の同意を得ることが困難であるとき。
　四　国の機関若しくは地方公共団体又はその委託を受けた者が法令の定める事務を遂行することに対して協力する必要がある場合であって、

本人の同意を得ることにより当該事務の遂行に支障を及ぼすおそれがあるとき。
2　個人情報取扱事業者は、第三者に提供される個人データについて、本人の求めに応じて当該本人が識別される個人データの第三者への提供を停止することとしている場合であって、次に掲げる事項について、あらかじめ、本人に通知し、又は本人が容易に知り得る状態に置いているときは、前項の規定にかかわらず、当該個人データを第三者に提供することができる。
一　第三者への提供を利用目的とすること。
二　第三者に提供される個人データの項目
三　第三者への提供の手段又は方法
四　本人の求めに応じて当該本人が識別される個人データの第三者への提供を停止すること。
3　個人情報取扱事業者は、前項第二号又は第三号に掲げる事項を変更する場合は、変更する内容について、あらかじめ、本人に通知し、又は本人が容易に知り得る状態に置かなければならない。
4　次に掲げる場合において、当該個人データの提供を受ける者は、前三項の規定の適用については、第三者に該当しないものとする。
一　個人情報取扱事業者が利用目的の達成に必要な範囲内において個人データの取扱いの全部又は一部を委託する場合
二　合併その他の事由による事業の承継に伴って個人データが提供される場合
三　個人データを特定の者との間で共同して利用する場合であって、その旨並びに共同して利用される個人データの項目、共同して利用する者の範囲、利用する者の利用目的及び当該個人データの管理について責任を有する者の氏名又は名称について、あらかじめ、本人に通知し、又は本人が容易に知り得る状態に置いているとき。
5　個人情報取扱事業者は、前項第三号に規定する利用する者の利用目的又は個人データの管理について責任を有する者の氏名若しくは名称を変更する場合は、変更する内容について、あらかじめ、本人に通知し、又

は本人が容易に知り得る状態に置かなければならない。

（保有個人データに関する事項の公表等）
第二十四条　個人情報取扱事業者は、保有個人データに関し、次に掲げる事項について、本人の知り得る状態（本人の求めに応じて遅滞なく回答する場合を含む。）に置かなければならない。
　一　当該個人情報取扱事業者の氏名又は名称
　二　すべての保有個人データの利用目的（第十八条第四項第一号から第三号までに該当する場合を除く。）
　三　次項、次条第一項、第二十六条第一項又は第二十七条第一項若しくは第二項の規定による求めに応じる手続（第三十条第二項の規定により手数料の額を定めたときは、その手数料の額を含む。）
　四　前三号に掲げるもののほか、保有個人データの適正な取扱いの確保に関し必要な事項として政令で定めるもの
2　個人情報取扱事業者は、本人から、当該本人が識別される保有個人データの利用目的の通知を求められたときは、本人に対し、遅滞なく、これを通知しなければならない。ただし、次の各号のいずれかに該当する場合は、この限りでない。
　一　前項の規定により当該本人が識別される保有個人データの利用目的が明らかな場合
　二　第十八条第四項第一号から第三号までに該当する場合
3　個人情報取扱事業者は、前項の規定に基づき求められた保有個人データの利用目的を通知しない旨の決定をしたときは、本人に対し、遅滞なく、その旨を通知しなければならない。

（開示）
第二十五条　個人情報取扱事業者は、本人から、当該本人が識別される保有個人データの開示（当該本人が識別される保有個人データが存在しないときにその旨を知らせることを含む。以下同じ。）を求められたときは、本人に対し、政令で定める方法により、遅滞なく、当該保有個人

データを開示しなければならない。ただし、開示することにより次の各号のいずれかに該当する場合は、その全部又は一部を開示しないことができる。

一　本人又は第三者の生命、身体、財産その他の権利利益を害するおそれがある場合
二　当該個人情報取扱事業者の業務の適正な実施に著しい支障を及ぼすおそれがある場合
三　他の法令に違反することとなる場合

2　個人情報取扱事業者は、前項の規定に基づき求められた保有個人データの全部又は一部について開示しない旨の決定をしたときは、本人に対し、遅滞なく、その旨を通知しなければならない。

3　他の法令の規定により、本人に対し第一項本文に規定する方法に相当する方法により当該本人が識別される保有個人データの全部又は一部を開示することとされている場合には、当該全部又は一部の保有個人データについては、同項の規定は、適用しない。

（訂正等）

第二十六条　個人情報取扱事業者は、本人から、当該本人が識別される保有個人データの内容が事実でないという理由によって当該保有個人データの内容の訂正、追加又は削除（以下この条において「訂正等」という。）を求められた場合には、その内容の訂正等に関して他の法令の規定により特別の手続が定められている場合を除き、利用目的の達成に必要な範囲内において、遅滞なく必要な調査を行い、その結果に基づき、当該保有個人データの内容の訂正等を行わなければならない。

2　個人情報取扱事業者は、前項の規定に基づき求められた保有個人データの内容の全部若しくは一部について訂正等を行ったとき、又は訂正等を行わない旨の決定をしたときは、本人に対し、遅滞なく、その旨（訂正等を行ったときは、その内容を含む。）を通知しなければならない。

（利用停止等）

第二十七条 個人情報取扱事業者は、本人から、当該本人が識別される保有個人データが第十六条の規定に違反して取り扱われているという理由又は第十七条の規定に違反して取得されたものであるという理由によって、当該保有個人データの利用の停止又は消去（以下この条において「利用停止等」という。）を求められた場合であって、その求めに理由があることが判明したときは、違反を是正するために必要な限度で、遅滞なく、当該保有個人データの利用停止等を行わなければならない。ただし、当該保有個人データの利用停止等に多額の費用を要する場合その他の利用停止等を行うことが困難な場合であって、本人の権利利益を保護するため必要なこれに代わるべき措置をとるときは、この限りでない。

2　個人情報取扱事業者は、本人から、当該本人が識別される保有個人データが第二十三条第一項の規定に違反して第三者に提供されているという理由によって、当該保有個人データの第三者への提供の停止を求められた場合であって、その求めに理由があることが判明したときは、遅滞なく、当該保有個人データの第三者への提供を停止しなければならない。ただし、当該保有個人データの第三者への提供の停止に多額の費用を要する場合その他の第三者への提供を停止することが困難な場合であって、本人の権利利益を保護するため必要なこれに代わるべき措置をとるときは、この限りでない。

3　個人情報取扱事業者は、第一項の規定に基づき求められた保有個人データの全部若しくは一部について利用停止等を行ったとき若しくは利用停止等を行わない旨の決定をしたとき、又は前項の規定に基づき求められた保有個人データの全部若しくは一部について第三者への提供を停止したとき若しくは第三者への提供を停止しない旨の決定をしたときは、本人に対し、遅滞なく、その旨を通知しなければならない。

（理由の説明）

第二十八条 個人情報取扱事業者は、第二十四条第三項、第二十五条第二項、第二十六条第二項又は前条第三項の規定により、本人から求められ

た措置の全部又は一部について、その措置をとらない旨を通知する場合又はその措置と異なる措置をとる旨を通知する場合は、本人に対し、その理由を説明するよう努めなければならない。

（開示等の求めに応じる手続）

第二十九条　個人情報取扱事業者は、第二十四条第二項、第二十五条第一項、第二十六条第一項又は第二十七条第一項若しくは第二項の規定による求め（以下この条において「開示等の求め」という。）に関し、政令で定めるところにより、その求めを受け付ける方法を定めることができる。この場合において、本人は、当該方法に従って、開示等の求めを行わなければならない。

2　個人情報取扱事業者は、本人に対し、開示等の求めに関し、その対象となる保有個人データを特定するに足りる事項の提示を求めることができる。この場合において、個人情報取扱事業者は、本人が容易かつ的確に開示等の求めをすることができるよう、当該保有個人データの特定に資する情報の提供その他本人の利便を考慮した適切な措置をとらなければならない。

3　開示等の求めは、政令で定めるところにより、代理人によってすることができる。

4　個人情報取扱事業者は、前三項の規定に基づき開示等の求めに応じる手続を定めるに当たっては、本人に過重な負担を課するものとならないよう配慮しなければならない。

（手数料）

第三十条　個人情報取扱事業者は、第二十四条第二項の規定による利用目的の通知又は第二十五条第一項の規定による開示を求められたときは、当該措置の実施に関し、手数料を徴収することができる。

2　個人情報取扱事業者は、前項の規定により手数料を徴収する場合は、実費を勘案して合理的であると認められる範囲内において、その手数料の額を定めなければならない。

（個人情報取扱事業者による苦情の処理）
第三十一条　個人情報取扱事業者は、個人情報の取扱いに関する苦情の適切かつ迅速な処理に努めなければならない。
2　個人情報取扱事業者は、前項の目的を達成するために必要な体制の整備に努めなければならない。

（報告の徴収）
第三十二条　主務大臣は、この節の規定の施行に必要な限度において、個人情報取扱事業者に対し、個人情報の取扱いに関し報告をさせることができる。

（助言）
第三十三条　主務大臣は、この節の規定の施行に必要な限度において、個人情報取扱事業者に対し、個人情報の取扱いに関し必要な助言をすることができる。

（勧告及び命令）
第三十四条　主務大臣は、個人情報取扱事業者が第十六条から第十八条まで、第二十条から第二十七条まで又は第三十条第二項の規定に違反した場合において個人の権利利益を保護するため必要があると認めるときは、当該個人情報取扱事業者に対し、当該違反行為の中止その他違反を是正するために必要な措置をとるべき旨を勧告することができる。
2　主務大臣は、前項の規定による勧告を受けた個人情報取扱事業者が正当な理由がなくてその勧告に係る措置をとらなかった場合において個人の重大な権利利益の侵害が切迫していると認めるときは、当該個人情報取扱事業者に対し、その勧告に係る措置をとるべきことを命ずることができる。
3　主務大臣は、前二項の規定にかかわらず、個人情報取扱事業者が第十六条、第十七条、第二十条から第二十二条まで又は第二十三条第一項の規定に違反した場合において個人の重大な権利利益を害する事実がある

ため緊急に措置をとる必要があると認めるときは、当該個人情報取扱事業者に対し、当該違反行為の中止その他違反を是正するために必要な措置をとるべきことを命ずることができる。

（主務大臣の権限の行使の制限）
第三十五条　主務大臣は、前三条の規定により個人情報取扱事業者に対し報告の徴収、助言、勧告又は命令を行うに当たっては、表現の自由、学問の自由、信教の自由及び政治活動の自由を妨げてはならない。
2　前項の規定の趣旨に照らし、主務大臣は、個人情報取扱事業者が第六十六条第一項各号に掲げる者（それぞれ当該各号に定める目的で個人情報を取り扱う場合に限る。）に対して個人情報を提供する行為については、その権限を行使しないものとする。

（主務大臣）
第三十六条　この節の規定における主務大臣は、次のとおりとする。ただし、内閣総理大臣は、この節の規定の円滑な実施のため必要があると認める場合は、個人情報取扱事業者が行う個人情報の取扱いのうち特定のものについて、特定の大臣又は国家公安委員会（以下「大臣等」という。）を主務大臣に指定することができる。
一　個人情報取扱事業者が行う個人情報の取扱いのうち雇用管理に関するものについては、厚生労働大臣（船員の雇用管理に関するものについては、国土交通大臣）及び当該個人情報取扱事業者が行う事業を所管する大臣等
二　個人情報取扱事業者が行う個人情報の取扱いのうち前号に掲げるもの以外のものについては、当該個人情報取扱事業者が行う事業を所管する大臣等
2　内閣総理大臣は、前項ただし書の規定により主務大臣を指定したときは、その旨を公示しなければならない。
3　各主務大臣は、この節の規定の施行に当たっては、相互に緊密に連絡し、及び協力しなければならない。

第二節　民間団体による個人情報の保護の推進

（認定）

第三十七条　個人情報取扱事業者の個人情報の適正な取扱いの確保を目的として次に掲げる業務を行おうとする法人（法人でない団体で代表者又は管理人の定めのあるものを含む。次条第三号ロにおいて同じ。）は、主務大臣の認定を受けることができる。
　一　業務の対象となる個人情報取扱事業者（以下「対象事業者」という。）の個人情報の取扱いに関する第四十二条の規定による苦情の処理
　二　個人情報の適正な取扱いの確保に寄与する事項についての対象事業者に対する情報の提供
　三　前二号に掲げるもののほか、対象事業者の個人情報の適正な取扱いの確保に関し必要な業務
2　前項の認定を受けようとする者は、政令で定めるところにより、主務大臣に申請しなければならない。
3　主務大臣は、第一項の認定をしたときは、その旨を公示しなければならない。

（欠格条項）

第三十八条　次の各号のいずれかに該当する者は、前条第一項の認定を受けることができない。
　一　この法律の規定により刑に処せられ、その執行を終わり、又は執行を受けることがなくなった日から二年を経過しない者
　二　第四十八条第一項の規定により認定を取り消され、その取消しの日から二年を経過しない者
　三　その業務を行う役員（法人でない団体で代表者又は管理人の定めのあるものの代表者又は管理人を含む。以下この条において同じ。）のうちに、次のいずれかに該当する者があるもの
　　イ　禁錮以上の刑に処せられ、又はこの法律の規定により刑に処せられ、その執行を終わり、又は執行を受けることがなくなった日から

二年を経過しない者
　　ロ　第四十八条第一項の規定により認定を取り消された法人において、その取消しの日前三十日以内にその役員であった者でその取消しの日から二年を経過しない者

（認定の基準）
第三十九条　主務大臣は、第三十七条第一項の認定の申請が次の各号のいずれにも適合していると認めるときでなければ、その認定をしてはならない。
　一　第三十七条第一項各号に掲げる業務を適正かつ確実に行うに必要な業務の実施の方法が定められているものであること。
　二　第三十七条第一項各号に掲げる業務を適正かつ確実に行うに足りる知識及び能力並びに経理的基礎を有するものであること。
　三　第三十七条第一項各号に掲げる業務以外の業務を行っている場合には、その業務を行うことによって同項各号に掲げる業務が不公正になるおそれがないものであること。

（廃止の届出）
第四十条　第三十七条第一項の認定を受けた者（以下「認定個人情報保護団体」という。）は、その認定に係る業務（以下「認定業務」という。）を廃止しようとするときは、政令で定めるところにより、あらかじめ、その旨を主務大臣に届け出なければならない。
2　主務大臣は、前項の規定による届出があったときは、その旨を公示しなければならない。

（対象事業者）
第四十一条　認定個人情報保護団体は、当該認定個人情報保護団体の構成員である個人情報取扱事業者又は認定業務の対象となることについて同意を得た個人情報取扱事業者を対象事業者としなければならない。

2　認定個人情報保護団体は、対象事業者の氏名又は名称を公表しなければならない。

（苦情の処理）
第四十二条　認定個人情報保護団体は、本人等から対象事業者の個人情報の取扱いに関する苦情について解決の申出があったときは、その相談に応じ、申出人に必要な助言をし、その苦情に係る事情を調査するとともに、当該対象事業者に対し、その苦情の内容を通知してその迅速な解決を求めなければならない。
2　認定個人情報保護団体は、前項の申出に係る苦情の解決について必要があると認めるときは、当該対象事業者に対し、文書若しくは口頭による説明を求め、又は資料の提出を求めることができる。
3　対象事業者は、認定個人情報保護団体から前項の規定による求めがあったときは、正当な理由がないのに、これを拒んではならない。

（個人情報保護指針）
第四十三条　認定個人情報保護団体は、対象事業者の個人情報の適正な取扱いの確保のために、利用目的の特定、安全管理のための措置、本人の求めに応じる手続その他の事項に関し、この法律の規定の趣旨に沿った指針（以下「個人情報保護指針」という。）を作成し、公表するよう努めなければならない。
2　認定個人情報保護団体は、前項の規定により個人情報保護指針を公表したときは、対象事業者に対し、当該個人情報保護指針を遵守させるため必要な指導、勧告その他の措置をとるよう努めなければならない。

（目的外利用の禁止）
第四十四条　認定個人情報保護団体は、認定業務の実施に際して知り得た情報を認定業務の用に供する目的以外に利用してはならない。

（名称の使用制限）

第四十五条　認定個人情報保護団体でない者は、認定個人情報保護団体という名称又はこれに紛らわしい名称を用いてはならない。

（報告の徴収）

第四十六条　主務大臣は、この節の規定の施行に必要な限度において、認定個人情報保護団体に対し、認定業務に関し報告をさせることができる。

（命令）

第四十七条　主務大臣は、この節の規定の施行に必要な限度において、認定個人情報保護団体に対し、認定業務の実施の方法の改善、個人情報保護指針の変更その他の必要な措置をとるべき旨を命ずることができる。

（認定の取消し）

第四十八条　主務大臣は、認定個人情報保護団体が次の各号のいずれかに該当するときは、その認定を取り消すことができる。
　一　第三十八条第一号又は第三号に該当するに至ったとき。
　二　第三十九条各号のいずれかに適合しなくなったとき。
　三　第四十四条の規定に違反したとき。
　四　前条の命令に従わないとき。
　五　不正の手段により第三十七条第一項の認定を受けたとき。
2　主務大臣は、前項の規定により認定を取り消したときは、その旨を公示しなければならない。

（主務大臣）

第四十九条　この節の規定における主務大臣は、次のとおりとする。ただし、内閣総理大臣は、この節の規定の円滑な実施のため必要があると認める場合は、第三十七条第一項の認定を受けようとする者のうち特定のものについて、特定の大臣等を主務大臣に指定することができる。
　一　設立について許可又は認可を受けている認定個人情報保護団体（第

三十七条第一項の認定を受けようとする者を含む。次号において同じ。）については、その設立の許可又は認可をした大臣等
二　前号に掲げるもの以外の認定個人情報保護団体については、当該認定個人情報保護団体の対象事業者が行う事業を所管する大臣等
2　内閣総理大臣は、前項ただし書の規定により主務大臣を指定したときは、その旨を公示しなければならない。

第五章　個人情報保護委員会

（設置）
第五十条　内閣府設置法（平成十一年法律第八十九号）第四十九条第三項の規定に基づいて、個人情報保護委員会（以下「委員会」という。）を置く。
2　委員会は、内閣総理大臣の所轄に属する。

（任務）
第五十一条　委員会は、個人情報の適正かつ効果的な活用が新たな産業の創出並びに活力ある経済社会及び豊かな国民生活の実現に資するものであることその他の個人情報の有用性に配慮しつつ、個人の権利利益を保護するため、個人情報の適正な取扱いの確保を図ること（個人番号利用事務等実施者（行政手続における特定の個人を識別するための番号の利用等に関する法律（平成二十五年法律第二十七号。以下「番号利用法」という。）第十二条に規定する個人番号利用事務等実施者をいう。）に対する指導及び助言その他の措置を講ずることを含む。）を任務とする。

（所掌事務）
第五十二条　委員会は、前条の任務を達成するため、次に掲げる事務をつかさどる。
一　基本方針の策定及び推進に関すること。

二　特定個人情報（番号利用法第二条第八項に規定する特定個人情報をいう。第五十四条第四項において同じ。）の取扱いに関する監視又は監督並びに苦情の申出についての必要なあっせん及びその処理を行う事業者への協力に関すること。

三　特定個人情報保護評価（番号利用法第二十六条第一項に規定する特定個人情報保護評価をいう。）に関すること。

四　個人情報の保護及び適正かつ効果的な活用についての広報及び啓発に関すること。

五　前各号に掲げる事務を行うために必要な調査及び研究に関すること。

六　所掌事務に係る国際協力に関すること。

七　前各号に掲げるもののほか、法律（法律に基づく命令を含む。）に基づき委員会に属させられた事務

（職権行使の独立性）

第五十三条　委員会の委員長及び委員は、独立してその職権を行う。

（組織等）

第五十四条　委員会は、委員長及び委員八人をもって組織する。

2　委員のうち四人は、非常勤とする。

3　委員長及び委員は、人格が高潔で識見の高い者のうちから、両議院の同意を得て、内閣総理大臣が任命する。

4　委員長及び委員には、個人情報の保護及び適正かつ効果的な活用に関する学識経験のある者、消費者の保護に関して十分な知識と経験を有する者、情報処理技術に関する学識経験のある者、特定個人情報が利用される行政分野に関する学識経験のある者、民間企業の実務に関して十分な知識と経験を有する者並びに連合組織（地方自治法（昭和二十二年法律第六十七号）第二百六十三条の三第一項の連合組織で同項の規定による届出をしたものをいう。）の推薦する者が含まれるものとする。

（任期等）

第五十五条　委員長及び委員の任期は、五年とする。ただし、補欠の委員長又は委員の任期は、前任者の残任期間とする。
2　委員長及び委員は、再任されることができる。
3　委員長及び委員の任期が満了したときは、当該委員長及び委員は、後任者が任命されるまで引き続きその職務を行うものとする。
4　委員長又は委員の任期が満了し、又は欠員を生じた場合において、国会の閉会又は衆議院の解散のために両議院の同意を得ることができないときは、内閣総理大臣は、前条第三項の規定にかかわらず、同項に定める資格を有する者のうちから、委員長又は委員を任命することができる。
5　前項の場合においては、任命後最初の国会において両議院の事後の承認を得なければならない。この場合において、両議院の事後の承認が得られないときは、内閣総理大臣は、直ちに、その委員長又は委員を罷免しなければならない。

（身分保障）

第五十六条　委員長及び委員は、次の各号のいずれかに該当する場合を除いては、在任中、その意に反して罷免されることがない。
一　破産手続開始の決定を受けたとき。
二　この法律又は番号利用法の規定に違反して刑に処せられたとき。
三　禁錮以上の刑に処せられたとき。
四　委員会により、心身の故障のため職務を執行することができないと認められたとき、又は職務上の義務違反その他委員長若しくは委員たるに適しない非行があると認められたとき。

（罷免）

第五十七条　内閣総理大臣は、委員長又は委員が前条各号のいずれかに該当するときは、その委員長又は委員を罷免しなければならない。

（委員長）

第五十八条　委員長は、委員会の会務を総理し、委員会を代表する。

2　委員会は、あらかじめ常勤の委員のうちから、委員長に事故がある場合に委員長を代理する者を定めておかなければならない。

（会議）

第五十九条　委員会の会議は、委員長が招集する。

2　委員会は、委員長及び四人以上の委員の出席がなければ、会議を開き、議決をすることができない。

3　委員会の議事は、出席者の過半数でこれを決し、可否同数のときは、委員長の決するところによる。

4　第五十六条第四号の規定による認定をするには、前項の規定にかかわらず、本人を除く全員の一致がなければならない。

5　委員長に事故がある場合の第二項の規定の適用については、前条第二項に規定する委員長を代理する者は、委員長とみなす。

（専門委員）

第六十条　委員会に、専門の事項を調査させるため、専門委員を置くことができる。

2　専門委員は、委員会の申出に基づいて内閣総理大臣が任命する。

3　専門委員は、当該専門の事項に関する調査が終了したときは、解任されるものとする。

4　専門委員は、非常勤とする。

（事務局）

第六十一条　委員会の事務を処理させるため、委員会に事務局を置く。

2　事務局に、事務局長その他の職員を置く。

3　事務局長は、委員長の命を受けて、局務を掌理する。

(政治運動等の禁止)
第六十二条　委員長及び委員は、在任中、政党その他の政治団体の役員となり、又は積極的に政治運動をしてはならない。
2　委員長及び常勤の委員は、在任中、内閣総理大臣の許可のある場合を除くほか、報酬を得て他の職務に従事し、又は営利事業を営み、その他金銭上の利益を目的とする業務を行ってはならない。

(秘密保持義務)
第六十三条　委員長、委員、専門委員及び事務局の職員は、職務上知ることのできた秘密を漏らし、又は盗用してはならない。その職務を退いた後も、同様とする。

(給与)
第六十四条　委員長及び委員の給与は、別に法律で定める。

(規則の制定)
第六十五条　委員会は、その所掌事務について、法律若しくは政令を実施するため、又は法律若しくは政令の特別の委任に基づいて、個人情報保護委員会規則を制定することができる。

第六章　雑則

(適用除外)
第六十六条　個人情報取扱事業者のうち次の各号に掲げる者については、その個人情報を取り扱う目的の全部又は一部がそれぞれ当該各号に規定する目的であるときは、第四章の規定は、適用しない。
　一　放送機関、新聞社、通信社その他の報道機関(報道を業として行う個人を含む。)　報道の用に供する目的
　二　著述を業として行う者　著述の用に供する目的

三　大学その他の学術研究を目的とする機関若しくは団体又はそれらに属する者　学術研究の用に供する目的
　四　宗教団体　宗教活動（これに付随する活動を含む。）の用に供する目的
　五　政治団体　政治活動（これに付随する活動を含む。）の用に供する目的
2　前項第一号に規定する「報道」とは、不特定かつ多数の者に対して客観的事実を事実として知らせること（これに基づいて意見又は見解を述べることを含む。）をいう。
3　第一項各号に掲げる個人情報取扱事業者は、個人データの安全管理のために必要かつ適切な措置、個人情報の取扱いに関する苦情の処理その他の個人情報の適正な取扱いを確保するために必要な措置を自ら講じ、かつ、当該措置の内容を公表するよう努めなければならない。

（地方公共団体が処理する事務）
第六十七条　この法律に規定する主務大臣の権限に属する事務は、政令で定めるところにより、地方公共団体の長その他の執行機関が行うこととすることができる。

（権限又は事務の委任）
第六十八条　この法律により主務大臣の権限又は事務に属する事項は、政令で定めるところにより、その所属の職員に委任することができる。

（施行の状況の公表）
第六十九条　委員会は、関係する行政機関（法律の規定に基づき内閣に置かれる機関（内閣府を除く。）及び内閣の所轄の下に置かれる機関、内閣府、宮内庁、内閣府設置法第四十九条第一項及び第二項に規定する機関並びに国家行政組織法（昭和二十三年法律第百二十号）第三条第二項に規定する機関をいう。第七十一条において同じ。）の長に対し、この法律の施行の状況について報告を求めることができる。

2　委員会は、毎年、前項の報告を取りまとめるものとする。

（国会に対する報告）
第七十条　委員会は、毎年、内閣総理大臣を経由して国会に対し所掌事務の処理状況を報告するとともに、その概要を公表しなければならない。

（連絡及び協力）
第七十一条　内閣総理大臣及びこの法律の施行に関係する行政機関の長は、相互に緊密に連絡し、及び協力しなければならない。

（政令への委任）
第七十二条　この法律に定めるもののほか、この法律の実施のため必要な事項は、政令で定める。

第七章　罰則

第七十三条　第六十三条の規定に違反して秘密を漏らし、又は盗用した者は、二年以下の懲役又は百万円以下の罰金に処する。

第七十四条　第三十四条第二項又は第三項の規定による命令に違反した者は、六月以下の懲役又は三十万円以下の罰金に処する。

第七十五条　第三十二条又は第四十六条の規定による報告をせず、又は虚偽の報告をした者は、三十万円以下の罰金に処する。

第七十六条　第七十三条の規定は、日本国外において同条の罪を犯した者にも適用する。

第七十七条　法人（法人でない団体で代表者又は管理人の定めのあるものを含む。以下この項において同じ。）の代表者又は法人若しくは人の代理人、使用人その他の従業者が、その法人又は人の業務に関して、第七十四条及び第七十五条の違反行為をしたときは、行為者を罰するほか、その法人又は人に対しても、各本条の罰金刑を科する。

2　法人でない団体について前項の規定の適用がある場合には、その代表者又は管理人が、その訴訟行為につき法人でない団体を代表するほか、法人を被告人又は被疑者とする場合の刑事訴訟に関する法律の規定を準用する。

第七十八条　次の各号のいずれかに該当する者は、十万円以下の過料に処する。
　一　第四十条第一項の規定による届出をせず、又は虚偽の届出をした者
　二　第四十五条の規定に違反した者

出典：個人情報保護委員会
　　　個人情報保護に関する法律（平成28年1月1日一部施行版）(PDF:282KB)
　　　http://www.ppc.go.jp/personal/legal/

著者プロフィール

水町雅子（みずまち　まさこ）
弁護士（五番町法律事務所）。専門分野は情報法（個人情報保護・番号）・IT法・企業法務全般・行政法務全般。

〔略歴〕
東京大学教養学部（相関社会科学）卒業後、現みずほ情報総研にてITコンサルタント・SE業務等に従事し、東京大学大学院法学政治学研究科法曹養成専攻（法科大学院）を経て弁護士登録。西村あさひ法律事務所にてIT案件・企業法務案件に従事後、内閣官房社会保障改革担当室及び現個人情報保護委員会にてマイナンバー法の制度設計・立法化・執行に従事。

主な著書
『担当者の不安解消！マイナンバーの実務入門』（労務行政研究所、2016年）
『やさしいマイナンバー法入門』（商事法務、2016年）
『マンガでわかるマイナンバー　誰もが知っておくべき13のポイント』（監修、KADOKAWA、2016年）
『あなたのマイナンバーへの疑問に答えます』（中央経済社、2015年）
『特定個人情報保護評価のための番号法解説〜プライバシー影響評価（PIA）のすべて〜』（第一法規、2015年）
『Q&A番号法』（有斐閣、2014年）、
『インターネット消費者相談Q＆A〔第4版〕』（共著＝第二東京弁護士会消費者問題対策委員会編、民事法研究会、2014年）他著書・論文多数。

全日本情報学習振興協会 版
マイナンバー実務検定　公認テキスト

2016年9月4日　初版第1刷発行
2018年2月26日　　第2刷発行

著　者	水町雅子
編　者	一般財団法人 全日本情報学習振興協会
発行者	牧野常夫
発行所	一般財団法人 全日本情報学習振興協会

　　　　　〒101-0061　東京都千代田区三崎町 3-7-12
　　　　　　　　　　　清話会ビル5F
　　　　　　　　　　　TEL：03-5276-6665

発売所	株式会社 泰文堂

　　　　　〒108-0075　東京都港区港南 2-16-8
　　　　　　　　　　　ストーリア品川
　　　　　　　　　　　TEL：03-6712-0333

DTP	株式会社 明昌堂
印刷・製本	大日本法令印刷株式会社

※本書のコピー、スキャン、電子データ化等の無断複製は、著作権法上での例外を除き、禁じられております。
※乱丁・落丁は、ご面倒ですが、一般財団法人 全日本情報学習振興協会までお送りください。送料は弊財団負担にてお取り替えいたします。
※定価は、本体2,000円＋税です。

Ⓒ2016　水町雅子
ISBNコード　978-4-8030-0937-8　C2034
Printed in Japan

好評既刊書籍

マイナンバー実務検定
過去問題・解答・解説集
Vol.3-1 1級　Vol.3-2 2級　Vol.3-3 3級

- マイナンバー対策の決定版
- 詳しい解説で学習効率UP
- 合格必須の過去問題集

```
定価　1級・2級　1,800円＋税
　　　3級　　　 1,200円＋税
```